Édition
Geoffroy Fauchier-Magnan
Cartographie
Alexandre Nicolas
Coordination cartographique
Delphine Papin, Flavie Holzinger
Conception graphique
Quintin Leeds
Maquette
Chloé Laforest, Sandra Fauché
Révision
Matthieu Recarte

Éditions des Arènes
27, rue Jacob 75006 Paris
01 42 17 47 80
arenes@arenes.fr

L'Atlas global se prolonge sur le site www.arenes.fr

L'ATLAS GLOBAL

4
La course folle

5
Le monde global

6
Lire le monde

Conclusion

Monde global, histoire globale, atlas global

L'usage banal de l'adjectif « global » pour qualifier l'ensemble de l'humanité mise en relation date probablement de 1967, quand le Canadien Marshall McLuhan inventa l'expression « village global ». Se combinent ainsi deux sens préexistants : parler de globalité suggère de penser une question abordée dans son ensemble, mais c'est aussi faire référence à un globe, une sphère, dont l'un des usages les plus courants est celui des globes terrestres. Dire « le globe » est d'ailleurs une manière de désigner par sa forme l'ensemble du monde : rien d'étonnant que bien des journaux aient adopté un tel titre. Penser global, pour reprendre une formule à succès, c'est donc tenir compte de l'ensemble de l'humanité, dans ses différentes sociétés et dans son environnement terrestre, en privilégiant les interdépendances. La globalité s'oppose non au local, mais au particulier. En revanche, ce qui sépare les humains, ce qui les oppose souvent, est bien l'inverse du global. Ainsi la vision d'une humanité composée de civilisations étanches et irréductibles, de groupes humains essentialisés qui ne peuvent que s'affronter ou, au moins, se concurrencer, telle que Samuel Huntington en dressa l'inventaire, n'a rien de globale. Mais cette opposition a le mérite de rappeler que l'interdépendance n'a rien d'inéluctable.

Un merveilleux chantre de la mondialité, Édouard Glissant, rêvait de la « créolisation du monde », un métissage foisonnant et imprévisible produisant le « Tout-Monde », qu'il oppose à la mondialisation. Pour Glissant, ce dernier mot désigne une pathologie mortelle : l'uniformisation. C'est effectivement un des risques que porte une globalisation qui ne serait que financière et économique, qui ne concernerait que des producteurs-consommateurs. Entre l'exaltation des particularismes, source de conflits, comme le furent les nationalismes européens du début du XXe siècle, et la « disneylandisation » du monde, deux processus simultanément à l'œuvre, il y a la place pour un monde global. On peut l'appeler le Monde, avec une majuscule, car il représente depuis quelques siècles un être unique, appelé par un toponyme, comme l'Afrique ou la Bretagne, c'est-à-dire un nom propre.

UN MONDE QU'IL FAUT GLOBAL

L'humanité forme-t-elle une société ? D'évidence, aujourd'hui, assez peu. On aurait envie d'écrire « pas encore ». À l'image de notre monde, toute société est, certes, traversées de conflits, de luttes des classes, des castes, des genres, des places, des générations, des religions et idéologies, des visions de l'avenir... qui peuvent parfois devenir même des guerres dites civiles. Mais, sinon le terme n'a plus de sens, une société c'est avant tout un tissu serré d'interdépendances, d'abord intergénérationnelles. Les aînés élèvent les enfants, les humanisent, et ceux-ci, à leur tour, devenus adultes, portent l'ensemble du social. Une société, c'est aussi des relations entre des groupes et des lieux présentant des intérêts complémentaires. Le monde offre quelques traits qui vont dans le sens de ces solidarités temporelles et spatiales ; mais il donne tout autant l'image d'un champ de bataille.

Or, il y a urgence. Si l'on comprend le Monde comme l'humanité sur la Terre, on rappelle que le globe, donc le global, c'est aussi la planète qui nous héberge. Les limites des particularités, les frontières, peuvent être mortelles pour les migrants. Mais ces frontières sont superbement ignorées par les courants aériens, les tsunamis ou les plaques tectoniques. Cependant, jouant sur le puzzle des particularités nationales et régionales, le productivisme pousse à une course folle dont témoignent dérèglements climatiques, utilisations des pays pauvres comme poubelles des riches, vitesse et

Qu'est-ce que l'histoire globale ?

World History, qu'est-ce à dire ? Tout dépend si le monde constitue l'échelle ou l'objet de cette histoire. S'il s'agit de saisir l'histoire à l'échelle mondiale, alors on peut parler d'histoire globale. Malgré le glorieux précédent de Fernand Braudel, les historiens français sont restés longtemps réticents face à cette entreprise de globalisation de l'histoire qui, dans sa tradition académique américaine, consistait pour l'essentiel à écrire le grand récit généalogique de l'occidentalisation du monde. Ils la redécouvrent aujourd'hui, avec la foi exaltée des nouveaux convertis, et cet engouement produit une valse des étiquettes historiographiques – histoire globale, histoire mondiale, histoires connectées… – qui peut donner le tournis. Mais d'autres demeurent méfiants face à ces vastes fresques présentant une narration en longue durée, souvent mal ou inégalement documentée, et reconduisant un primat de l'histoire économique des flux et des échanges. Aussi cherchent-il à saisir localement les effets du monde, au ras du sol – c'est-à-dire en adoptant le point de vue des acteurs eux-mêmes et en exploitant intensivement les archives des rencontres, des contacts, des métissages. Telles sont les histoires connectées, qui prennent le monde comme objet – et dans ce cas, c'est l'histoire tout entière qui est affectée par le tournant global.

virulence croissante des pandémies, migrations sauvages…

Cela n'a rien de nouveau, bien sûr. Chaque changement important d'échelle s'est accompagné de chocs microbiens, de massacres et de pillages, d'exploitations brutales d'humains et de lieux terrestres.

« L'échange colombien », selon la formule de l'historien états-unien Alfred W. Crosby Jr. pour désigner les transferts d'hommes, de plantes et d'animaux, mais aussi de maladies, initiés par la traversée de l'Atlantique de Christophe Colomb, ne fut en rien paisible et égal. L'idée courante que tous les lieux et tous les humains ont quelque chose à offrir s'est à la fois vérifiée tout en avouant sa terrible naïveté.

En quelques décennies, le manioc s'est diffusé en Afrique et le piment en Inde. Le maïs et la pomme de terre ont permis des cultures nourricières sur des terres considérées jusque-là comme ingrates, à tel point qu'on considère que ces cultures d'origine américaines ont contribué à l'essor démographique et économique chinois et européen du XVIIIe siècle. Mais, et ce fut trop longtemps négligé, la mise en contact de sociétés séparées depuis la fin de la dernière glaciation fut immédiatement celle de bassins pandémiques différents. Et l'échange n'eut rien d'égal : en quelques décennies, portés par les conquistadors et souvent même les précédant, les microbes, virus et bacilles de la variole, de la peste, de la tuberculose et de pas mal d'autres infections massacrèrent plus de la moitié au moins des premiers habitants de l'Amérique. En retour, les Européens ne rapportèrent que la syphilis.

La globalité peut être pathogène et souvent injuste. Si le processus est ancien et s'est maintes fois répété, il est aussi douloureusement contemporain.

C'est au début des années 1980 que le vocabulaire courant, tel que les dictionnaires de langues en donnent chaque année l'image, s'est enrichi de termes symptomatiques : mondialisation et globalisation. C'est exactement au même moment qu'a surgi l'épidémie de sida. Alors, face aux risques portés par la confrontation aux altérités du monde, la tentation du repli travaille toutes les sociétés, aujourd'hui encore plus qu'hier puisque l'ailleurs s'impose de plus en plus dans l'ici. Construire, fantasmer même, un Autre irréductible et menaçant, un étrange étranger inassimilable, est un très vieux démon. L'Occident n'en a pas eu le monopole, loin de là ; mais, du fait du rôle de l'Europe dans la première mondialisation entre le XVe siècle et le début du XXe siècle, l'invention de l'Autre y a pris une forme spectaculaire, violente et souvent traduite en actes. L'image du sauvage ou l'orientalisme ont été portés par l'explorateur, le missionnaire et le colon.

Aujourd'hui, les études dites « postcoloniales » font l'inventaire de ces catégories hiérarchisées, mais cette déconstruction est réalisée grâce à une boîte à outils intellectuelle largement fabriquée en Occident.

En effet, penser la globalité du monde – formule redondante pour mettre l'accent sur l'idée que, si l'universel abstrait est un fantasme, un relativisme total est une impasse intellectuelle bien pire – suppose de partir de ce qui existe comme moyens intellectuels de construire une pensée globale. Bien sûr, en reléguant dans un passé arriéré notions, représentations, modes d'investigation des Non-Occidentaux, la science occidentale a bridé la construction d'une pensée globale. On ne peut que se réjouir qu'aujourd'hui les études dites « subalternes » non seulement se livrent à une critique décapante de cette amputation, mais proposent aussi un enrichissement par la confrontation entre pensées aux genèses différentes. Face à l'émergence de différentialismes anti-occidentaux, comme l'affirmation des « droits de l'homme asiatique » de l'ancien dirigeant de Singapour, Lee Kwan You, il y a heureusement des penseurs mondiaux comme Amartya Sen qui cherchent et trouvent des racines de la démocratie dans les traditions indiennes ou africaines, et plus seulement dans les seules cités grecques, les libertés anglaises ou la Révolution française. C'est à cette condition que l'expression paradoxale de « science occidentale » (que signifie une science qui n'aurait pas le projet de l'universalité ?), mais aussi de droits humains, pourront s'affirmer à l'échelle de toute l'humanité.

UNE HISTOIRE DEVENUE GLOBALE

Penser globalement est donc devenu une nécessité scientifique tout autant que civique. La science progresse aujourd'hui en s'affranchissant de découpages obsolètes, mais qui ont eu une utilité fondamentale dans le processus de rationalisation menée naguère en Europe, et qui pratiquaient une disjonction forte entre temps et espace, entre nature et culture, ou qui s'articulaient sur une systématisation du tiers-exclu : rien ne pouvait être une chose et son contraire. Aujourd'hui, de la biochimie à la cognitique, nombreuses sont les démarches où les vieilles frontières deviennent floues.
En systématisant la relativité, formule paradoxale antérieurement, la physique a fait œuvre pionnière dans l'amplification des règles du jeu intellectuel. Quel rapport au monde y a-t-il là ? Les remises en cause ne sont pas dans des champs forcément séparés, la physique d'une part, les sciences humaines de l'autre. Dans tous les cas, il s'agit de rendre relatif ce qui était auparavant compris comme absolu, non pas en juxtaposant d'autres relativités, mais en incluant cet absolu antérieur dans une construction intellectuelle plus vaste, plus globale. Comprendre les outils d'intelligibilité de la science occidentale comme une variante d'une démarche plus large et non plus comme des moyens d'un impérialisme, même si c'est un rôle qu'ils ont pu jouer, est bien l'ambition inverse du fractionnement particulariste, et c'est ainsi que doit se construire la science globale.
S'il est un domaine de la pensée dont on pourrait, non sans quelques indices, supposer qu'il exprime plus les différences, les particularités que l'unité, c'est bien l'histoire. Non seulement la discipline scolaire a naguère imposé en Europe des « romans nationaux », ainsi qu'on nomme les récits d'exaltation des États-nations au début du XXe siècle, mais, surtout, l'histoire, en tant que discipline scientifique, est celle qui présente, au sein des sciences sociales, la plus forte sensibilité aux spécificités, un contrepoint souvent salubre face aux penchants généralisateurs, voire modélisateurs d'autres approches. On ne peut cependant pas penser un fait social sans le placer dans une perspective dynamique, sans écrire son histoire. Il en va ainsi du Monde. Un symptôme de la globalisation intellectuelle contemporaine se découvre justement dans l'affirmation d'une histoire dite « mondiale » ou « globale ».
Cette globalité peut être, doit être, comme pour l'ensemble des champs intellectuels, méthodologique. Longtemps l'histoire a ignoré ou minimisé les sources non occidentales. Aujourd'hui, elle s'efforce d'être « à parts égales », pour reprendre le beau titre de Romain Bertrand. Il s'agit, au-delà

des seuls gisements d'information, d'intégrer tous les moyens de pensée possible, ce dont témoigne le rapprochement de l'histoire et de l'anthropologie, cette autre approche des altérités. Mais, plus largement encore, c'est du sujet du récit lui-même qu'il s'agit. L'histoire du monde suppose son inscription dans une histoire plus globale encore, celle de l'humanité, y compris de son environnement. Penser à l'échelle de l'humanité impose l'émancipation d'une succession linéaire de moments ou de périodes puisque des sociétés ont pu vivre simultanément, au même moment de l'histoire terrestre, alors qu'elles n'avaient aucune relation entre elles, ou très peu. Quand le monde méditerranéen, il y a deux millénaires, vivait l'Antiquité, qu'en était-il des Mayas ou des Papous ? Qu'en était-il également de l'empire Han, la Chine du début de notre ère, qui lui avait bien quelques liens, très ténus et distants mais réels, avec le monde romain ?

Voilà pourquoi, un mode d'écriture de la simultanéité prend une importance globale : la carte. L'histoire globale échappe difficilement au planisphère, seule mise à plat justement du globe. Un recueil de cartes, ce qu'on appelle un « atlas » depuis que le cartographe flamand Gérard Mercator a mis en 1595 une représentation du titan mythologique Atlas sur le frontispice d'un ouvrage cartographique, est sans doute aujourd'hui une écriture qu'on peut difficilement esquiver pour aborder toute histoire globale. Non seulement l'histoire de la mondialisation s'écrit sur un planisphère, mais on ne peut éviter de penser les simultanéités antérieures des sociétés, en particulier celle de l'Ancien Monde, dont est directement issue la mondialisation.

UN ATLAS GLOBAL : L'USAGE DU MONDE

Dans son fameux récit de voyage, Nicolas Bouvier n'avait pas mis de majuscule à ce dont il usait : le monde. Son objet était autant intérieur que cartographiable. En tant que territoire de l'humanité, le Monde devient un toponyme, un nom propre qui justifie une majuscule. Le cartographier devient une opération beaucoup moins innocente qu'on ne pourrait le croire, surtout aujourd'hui. Lorsque l'idée de mondialisation s'est imposée, il y a une quarantaine d'années, le fait frappant, tant géopolitique que géoéconomique, était l'émergence de « l'Asie », comme on disait ; mais en fait il ne s'agissait pas de toute la partie du monde appelée « Asie » dans le découpage continental inventé par les Européens, mais du seul « Extrême Orient », pour reprendre un autre toponyme explicitement occidental : le Japon d'abord, la Corée et Taiwan, puis très vite la Chine. Dès 1985 est inventée l'expression de « triade » pour désigner la multipolarité mondiale dépassant les rives de l'Atlantique nord dominant après-guerre. Il y a une dizaine d'années, la notion de « pays émergent » a signalé que le processus se globalisait. Aujourd'hui la croissance de plusieurs régions d'Afrique est enfin au rendez-vous. Le bouclage du monde ne cesse de se densifier.

Or, le portrait du monde qui est familier, et pas seulement en Europe, reste trop souvent celui centré sur le méridien de Greenwich. Des enquêtes en milieu scolaire rappellent encore aujourd'hui que le choix du méridien 0° serait dû au fait qu'il est « au milieu » (sic). Pourquoi faudrait-il s'en étonner, quand la plupart des planisphères nous le montrent effectivement comme la médiane verticale de la carte du globe, perpendiculaire au parallèle 0°,

l'équateur à mi-distance des deux pôles ?
C'est évidemment oublier que la surface d'une sphère ne peut pas avoir de centre. Celle du globe terrestre n'a rien d'illimité, elle mesure un peu plus de 510 millions de kilomètres carrés, mais elle ne saurait être bornée. Or une surface plane, sauf à la penser illimitée ou dans une géométrie non euclidienne, a nécessairement des bords. Toute carte du monde est donc le choix d'un centre et de limites, ce qui est rien moins qu'innocent.
En effet, la représentation du Monde a anticipé son existence. Alors qu'au XVIe siècle le niveau mondial commençait à se tisser de façon encore bien ténue, les cartographes européens ont beaucoup innové pour donner à voir ce processus. La figure du Monde a ainsi pris une forme devenue petit à petit familière, au point de sembler presque naturelle, alors qu'elle était aussi un programme de conquête des Européens, aspirant à devenir maîtres et possesseurs du globe. Au début du XVIe siècle, en intégrant l'héritage des géographes grecs antiques, de Ptolémée en particulier, les cartographes européens explorèrent bien des possibilités de mises en scène, en particulier sous forme de deux mappemondes juxtaposées. Il y eut même une vogue des projections cordiformes, en forme de cœur, qui permettent de respecter assez correctement les distances. La célèbre carte de Waldseemüller de 1507, dont la notoriété tient au fait que c'est sur ce document que fut écrit pour la première fois le mot « Amérique » (en fait, America en latin), utilise une projection cordiforme. Nous ne pouvions pas refuser l'intérêt esthétique d'une telle projection, d'où le choix de la couverture de l'atlas.
Cependant, c'est dans la seconde moitié du XVIe siècle que le portrait du Monde s'est, pour un temps, figé. Rien de bien surprenant que ce soit en Flandre, alors que les rouliers des mers flamands tissaient alors la toile du commerce qui allait progressivement relier toutes les sociétés, qu'aient été inventées les représentations devenues canoniques. Ce sont les deux géographes anversois Ortelius et Mercator qui en sont les principaux réalisateurs. Le dernier a laissé son nom à la projection la plus répandue qui soit, celle où tous les méridiens et tous les parallèles se croisent à angle droit, comme sur un globe terrestre. En géométrie plane, cela revient cependant à renvoyer à l'infini les deux pôles, à surestimer les surfaces des hautes latitudes, donc à sous-estimer celles de la zone intertropicales.
On ne sera sans doute pas surpris que ce soit autour de 1980, moment de prise de conscience de l'importance du niveau mondial, que les portraits du Monde se soient mis à évoluer. Non pas que les techniques aient changé. La plupart des projections étaient bien connues depuis longtemps, mais restaient l'affaire de quelques spécialistes. Très peu de planisphères s'affranchissaient de la position médiane du méridien de Greenwich. On doit saluer le rôle pionnier de l'ONU naissante (mais n'était-ce pas sa mission ?) : le drapeau choisi en 1947, dont on retient surtout la couleur bleue, comprend l'image d'un planisphère alors peu conventionnel, une projection polaire. Évidemment, on ne s'étonnera pas que beaucoup de carte de *L'Atlas global* soient tracées sur des fonds de ce type. En mettant le pôle Nord au centre, tout le bord de la carte devient le Sud. L'Est et l'Ouest ne sont plus des bords et redeviennent ce qu'ils sont, des indications relatives.
Les années 1980 connurent également une mode cartographique, celle de la carte dite « de Peters ». Il s'agit tout simplement d'une projection de

Mercator, mais dont l'écartement entre les parallèles est affecté d'un coefficient qui permet de restituer la proportionnalité des surfaces. De conforme, le planisphère devient équivalent, donnant l'impression d'étirement des régions de basses latitudes et, inversement, d'écrasement de celles de hautes latitudes. Même si la projection de Peters (c'était en fait une projection mise au point par l'Allemand Gall au début du XIXe siècle) a connu une grande faveur portée par des mouvements tiers-mondistes, ses déformations sont trop importantes et nous ne l'avons pas retenue. Mais si on l'évoque, c'est parce qu'elle illustre justement cette déstabilisation du portrait du Monde depuis une quarantaine d'années. Un usage très bien connu l'a mis quotidiennement en scène : le planisphère en arrière-plan de beaucoup de journaux télévisés. Ainsi en France, alors que derrière les présentateurs en noir et blanc de l'ORTF des années 1960 s'étalait une énorme projection Mercator, les années 1980 montrent, évidemment, des Peters, avant qu'au début des années 2000 la carte se mette à tourner (sur France 2 en particulier) et devienne ainsi effectivement globale.

Un atlas est un type de livre qui rappelle encore trop souvent un poids dans le cartable de l'écolier. *L'Atlas global* a beaucoup plus d'ambition : il veut interpeller en chacun le citoyen du monde. Nous avons tenté, dans les pages précédentes, de défendre l'idée que la pensée du monde de demain comme rétrospectivement celui d'autrefois, ne peut s'écrire que dans la visualisation des simultanéités, donc de manière cartographique. Nulle prétention à l'exhaustivité des thèmes abordés dans les cartes qui suivent. La sélection réalisée cherche à interpeller le lecteur, à le pousser à se situer dans le monde, à réaliser une démarche « glocale » situant son « ici » en lien avec tous les autres, en se pensant réciproquement comme « l'ailleurs » des autres.

Le choix, classique, de mettre en premier le passé ne suppose pas qu'il soit inévitable. Comme le montrent les grands voyages chinois du XVe siècle, l'Europe n'était pas l'unique acteur potentiel de la mondialisation. En revanche, la tendance au global est une tendance lourde, très ancienne, qui n'a d'aussi durable que son inverse, le fractionnement de l'humanité. *L'Atlas global* n'est surtout pas un recueil d'états des lieux, présents ou révolus. Chaque double page est une lecture du monde qui assume l'angle de vue choisi. C'est pour cela qu'elles sont toutes signées et que les auteurs sont volontairement divers. C'est aussi pour cela qu'il n'y a pas une mais plusieurs conclusions : l'histoire du monde est ouverte.

La gouvernance mondiale, comme il est analysé dans le dernier chapitre, n'est d'évidence que très modestement à l'ordre du jour. Mais son urgence est pourtant démontrée par l'avant-dernier chapitre. Penser global suppose donc une rupture par rapport à toutes les constructions des identités collectives, à tous les récits identitaires, qui ont toujours nécessité le repoussoir d'altérités voisines, imaginaires et réelles. Gérer le globe terrestre, la planète Terre ne peut se faire qu'à l'échelle globale. Ainsi, pour reprendre une belle formule du concepteur de la dernière carte de l'atlas, Jacques Lévy, si le monde n'a pas d'ennemi, il a des problèmes. Ajoutons, in fine, qu'il produit une merveilleuse diversité en même temps qu'il la rend accessible. L'échelle globale est incontournable.

Projection de Bonne

Projection de Postel (polaire)

Du globe au planisphère

En deux dimensions, il ne peut y avoir de représentation fidèle de la surface de la Terre, ce qui ne veut pas dire que les planisphères ne sont pas rigoureux : ils déforment avec rigueur ! Passer d'une surface courbe à une surface plane suppose des choix. Toute projection doit arbitrer entre deux qualités, malheureusement exclusives l'une de l'autre : soit elle respecte les formes en conservant les angles, elle est alors dite conforme, soit, qualifiée d'équivalente, elle respecte les surfaces.
Dans le premier cas, parallèles et méridiens se recoupent à angles droits comme sur le globe, ces lignes imaginaires sont des droites. Dans le second, ils se coupent selon des angles non droits et les lignes imaginaires de références sont des courbes, sauf celles choisies comme centres (généralement l'équateur et traditionnellement le méridien de Greenwich).

Projection de Lambert (bipolaire continue)
Les surfaces sont respectées

Projection de Fuller
N'impose pas de nord ni de sud,
peu de déformations des surfaces

On peut combiner deux projections, en particulier pour corriger les déformations des hautes latitudes des cylindriques centrées sur l'équateur. Il existe enfin des projections dites aphylactiques qui peuvent être équidistantes, c'est-à-dire qu'elles ont le mérite de respecter les rapports de distance le long des méridiens, comme celle de Peters. Toutes ces techniques respectent la continuité de la surface terrestre (sauf la coupure du cadre, évidemment). Il existe également de nombreuses projections dites « interrompues » qui coupent la surface terrestre en plusieurs morceaux mis bout à bout. Les mappemondes qui représentent la surface terrestre en deux hémisphères font partie de cette famille. La projection créée en 1954 par Richard B. Fuller également : la surface terrestre est décomposée en vingt triangles pouvant être positionnés de différentes façons. Elle n'impose ainsi ni haut, ni bas, ni milieu. On l'appelle aussi Dymaxion (pour Dynamic Maximum Tension).

Pour représenter le monde, tous les planisphères ne sont pas également utiles. Les premières cartes de l'atlas utilisent des projections bipolaires continues qui permettent de montrer l'ensemble des passages intercontinentaux et des océans. Lorsque le monde est tissé par les Européens, des projections classiques, celles inventées au XVIe siècle sont les plus adaptées, avec justement l'Europe au centre. En revanche, pour le monde global de la fin du XXe siècle et du début du XXIe des projections polaires prolongées, centrées sur le pôle Nord, permettent de donner la meilleure représentation du bouclage des réseaux mondiaux. La préférence a été donnée à la Fuller (ou Dymaxion) qui fragmente l'hémisphère austral, mais respecte les formes continentales. Comme tous les planisphères trahissent quelque peu la globalité du monde, la moins mauvaise solution est de les varier, y compris en utilisant la projection de Bonne qui donne au globe la forme d'un cœur.

Avant l'Occident

Une seule humanité pour un seul monde. Et tant de variété dans les sociétés humaines. Le principal défi d'un atlas global est de saisir du même mouvement ces deux dynamiques contradictoires, de rapprochement et d'éloignement.
L'histoire du monde est d'abord celle du peuplement de la Terre, c'est-à-dire de la constitution de l'écoumène, l'espace habité. À très grande échelle et sur de si longues périodes, elle est inévitablement hypothétique. Aussi les flèches qui zèbrent le planisphère pour figurer la diffusion de l'homo sapiens désignent davantage les mouvements de nos propres connaissances que les parcours de nos ancêtres.
Encore doit-on se souvenir qu'avant l'épopée glorieuse des « Grandes Découvertes », c'est une mondialisation à très faible pente, celle des populations archipélagiques de l'océan Pacifique, qui constitue la principale contribution humaine à la constitution de l'écoumène. Lorsqu'elle s'achève, au moment ou commence le grand récit de l'occidentalisation du monde – disons vers 1500 –, l'occupation humaine de la Terre est pratiquement achevée. Dès lors, l'écoumène ne signifie plus la partie habitée du globe mais la relation que les sociétés entretiennent avec l'étendue terrestre, relation différenciée dont la bigarrure des langues constitue l'étoffe.
Car l'histoire du monde est aussi celle de ses antimondialisations, c'est-à-dire de la différenciation progressive des sociétés à partir d'une seule et même espèce humaine. Cette mise à distance des hommes est évidemment contrainte par la géographie qui impose ses passes, ses axes et ses seuils : on l'observera ici à l'échelle du globe comme à celle, continentale, de l'Amérique que les Européens appellent précolombienne. Mais c'est la compacité de l'Ancien Monde qui en constitue l'image la plus saisissante. L'histoire impose ses dynamiques propres, et notamment depuis l'avènement de l'Islam, principal vecteur de déconnexion des mondes : c'est lui qui explique le branchement partiel de l'Afrique à l'Eurasie dans un système d'échanges dont la propagation épidémique de la peste noire dessine les lignes de force.

La diffusion de l'Homo sapiens
Sites paléolithiques supérieurs et/ou néolithiques
Passages intercontinentaux terrestres
Passages intercontinentaux maritimes
-10 000 Dates suposées dans l'état actuel des connaissances
Terres émergées lors de la dernière glaciation (-70 000 à -10 000 ans)
Tropique du Cancer
De -30 000 à -15 000
OCÉAN PACIFIQUE
800
Hawaï
1 000
-60 000
-200 000
OCÉAN PACIFIQUE
Équateur
OCÉAN ATLANTIQUE
OCÉAN INDIEN
Madagascar
Vers 300
-50 000
-10 000
700
Île de Pâques
-40 000
Îles de la Société
1 250
Nouvelle-Zélande
Tropique du Capricorne
Fidji
-1 000

La planète de l'Homo sapiens

PARTI D'AFRIQUE, L'HOMME MODERNE A, EN 200 000 ANS, PARCOURU LA TERRE ENTIÈRE. LES RECHERCHES RÉCENTES PERMETTENT DE RETRACER EN PARTIE LE PARCOURS CETTE FORMIDABLE ÉPOPÉE.

L'espèce Homo sapiens est bien la nôtre, celle de Cro-Magnon, mise à jour aux Eyzies en France, mais aussi dans des sites d'Indonésie, du Maroc, de Chine, d'Australie, du Chili... Cet homme moderne a un crâne volumineux (1 400 cm^3), des membres inférieurs longs propices à la marche. Il a laissé des outils de pierre, d'os très spécialisés qui attestent de ses capacités techniques. Enfin des sépultures élaborées, des signes, dessins, sculptures témoignent d'une culture symbolique. Les analyses de l'ADN mitochondrial, croisées avec les études linguistiques, permettent de restituer les filiations générationnelles et donc de proposer les pistes probables de migrations. La carte des sites archéologiques dépend surtout de l'ancienneté des recherches préhistoriques. La mondialisation contemporaine est aussi une diffusion de cette curiosité qui permet de mieux connaître aujourd'hui les premières migrations. Ces recherches ne sont pas exemptes d'intentions géopolitiques.

Tout commence en Afrique où, parmi les populations Homo plus anciennes, s'individualise il y a 200 000 ans une innovation biologique à potentiel culturel : l'homme moderne. Cette origine unique est plus avérée que des origines multiples à partir des Homo antérieurs déjà dispersés dans l'Ancien Monde. La seconde sortie d'Afrique se situerait vers -60 000.

La diffusion dans l'Ancien Monde se réaliserait selon deux voies, l'une par le sud-est, vers les latitudes tropicales sur les rivages plus tempérés de l'océan Indien, l'autre continentale vers l'Europe. L'homme moderne y cohabite avec un prédécesseur, l'homme de Néandertal, qu'il finit par remplacer.

L'eau stockée dans les calottes glaciaires provoque un net abaissement du niveau marin, ce qui transforme en gués des détroits marins, précocement (-50 000) vers l'Australie, plus tard (-30 000) vers l'Amérique, par la Béringie. L'installation de l'homme moderne en Amérique s'est faite en deux phases : la première vers -30 000 par des voies terrestres ou littorales, la seconde vers -15 000, qui atteint moins de cinq mille ans après la Terre de Feu. La dernière étape est celle du peuplement de l'Océanie qui débute très vraisemblablement aux îles Fidji en -1 500.

En 150 000 ans l'homme moderne a balisé de ses traces la Terre, longtemps une mosaïque d'habitats distincts car distants les uns des autres. Leur mise en relation s'est réalisée à l'initiative de l'Occident qui qualifia ses découvertes de grandes alors qu'elles étaient relatives à sa propre ignorance des autres.

Jean-Louis Tissier

Des connaissances qui restent ponctuelles

La représentation cartographique ci-contre doit être interprétée avec du recul. Si la localisation ponctuelle des sites ne pose pas de problème, la représentation des aires de présence de l'homme moderne doit être relativisée par le rappel que le peuplement était très peu dense, et sans doute lacunaire. Enfin, toute flèche suggérant une migration d'un site à un autre, impliquant une relation temporelle et spatiale du plus ancien au plus récent, doit être rapportée aux incertitudes relatives des méthodes de datation. Le travail des préhistoriens précise en continu cette diffusion ancienne et planétaire de notre espèce.

Passages et obstacles à la mobilité des hommes

LA DERNIÈRE GLACIATION, EN ABAISSANT LE NIVEAU MARIN, A PERMIS LE PEUPLEMENT DE L'AUSTRALIE ET DE L'AMÉRIQUE. PUIS LE RÉCHAUFFEMENT A COUPÉ LES PASSAGES, COMME L'ARIDIFICATION ET LES RECONQUÊTES FORESTIÈRES. MAIS LES HUMAINS ONT CIRCULÉ DANS LES STEPPES ET MIS EN CULTURE LES FORÊTS.

Les Homos sapiens et, avant eux, les premières formes d'humanité, sont nés en Afrique orientale. Pourtant, il y a plusieurs milliers d'années que notre espèce est présente sur presque toutes les terres émergées importantes. En dehors de l'Antarctique, aucun milieu naturel ne semble avoir découragé le passage et l'établissement des humains. Néanmoins, relief, climat, sol et végétation, mers et cours d'eau représentent des contraintes, parfois positives, parfois négatives, à la diffusion des sociétés. Certains obstacles d'abord infranchissables, comme les immensités océaniques, ont pu devenir des espaces de transit réduisant l'éloignement. Si l'on oublie la variété des paysages naturels du globe, l'histoire humaine devient incompréhensible. Mais l'évolution des sociétés s'inscrit dans une autre histoire, celle de la Nature, avant d'en devenir un acteur important. L'alternance des périodes glaciaires et interglaciaires, des moments d'aridification et d'autres qualifiés de pluviaux, de changement des paysages végétaux où d'épaisses forêts ont pu succéder à des toundras ou des steppes, ont conditionné les possibilités pour les humains de passer ou d'être bloqués, de s'établir ou de fuir. La variation du niveau marin durant les périodes froides, qui atteignit 150 mètres de moins qu'aujourd'hui il y a 20 000 ans, est essentielle pour comprendre le peuplement de l'Amérique et, auparavant, de l'Australie. Résumer en une seule carte l'ensemble de ces conditions naturelles ne peut qu'être schématique. Mais cela permet de mieux comprendre l'histoire humaine.

En dehors des très hautes altitudes et latitudes, ainsi que de régions totalement arides, des sociétés ont pu partout s'établir, mais selon des densités possibles très variables.

En gros, il y a une corrélation entre l'importance de la masse végétale possible, donc les opportunités d'alimentation qu'elles soient de prédation ou de culture, et le nombre des hommes. Mais les épaisses forêts furent longtemps des milieux hostiles. La carte des densités humaines relatives il y cinq mille ans ne pouvait pas être semblable à l'actuelle.

Là où, aujourd'hui, s'étendent les régions de riziculture inondée, donc les plus amples masses démographiques, il y avait quelques millénaires auparavant des forêts tropicales (Inde orientale, Chine méridionale…).

En revanche, les modestes effectifs néolithiques se rencontraient dans des milieux plus ouverts, des steppes ou des savanes, des forêts sensibles au feu comme le Croissant fertile proche-oriental, la vallée de l'Indus, l'Ouest africain ou les plateaux mexicains.

La diffusion tardive dans les « nouveaux mondes » américains et océaniens, explique que l'essentiel de l'humanité était déjà, comme aujourd'hui, rassemblée dans une zone allant des mers de Chine à la Méditerranée, d'abord dans les milieux ouverts avant de mordre dans les masses forestières qui aujourd'hui sont devenus les ensembles fortement humanisés que sont l'Inde, la Chine, le Japon, l'Europe…

CHRISTIAN GRATALOUP

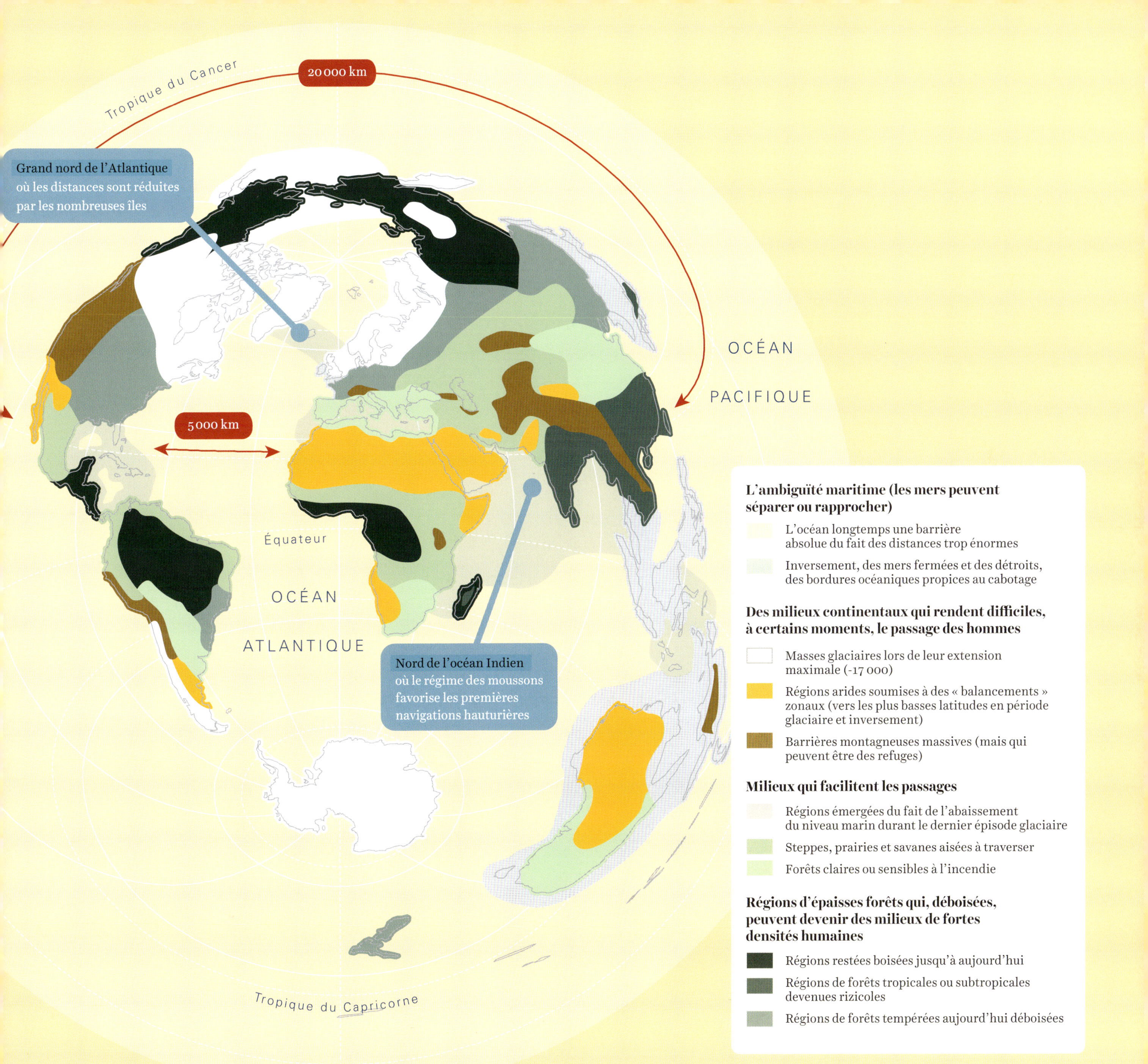
Tropique du Cancer
20 000 km
Grand nord de l'Atlantique
où les distances sont réduites
par les nombreuses îles
OCÉAN
PACIFIQUE
5 000 km
Équateur
OCÉAN
ATLANTIQUE
Nord de l'océan Indien
où le régime des moussons
favorise les premières
navigations hauturières
Tropique du Capricorne
L'ambiguïté maritime (les mers peuvent séparer ou rapprocher)
L'océan longtemps une barrière absolue du fait des distances trop énormes
Inversement, des mers fermées et des détroits, des bordures océaniques propices au cabotage
Des milieux continentaux qui rendent difficiles, à certains moments, le passage des hommes
Masses glaciaires lors de leur extension maximale (-17 000)
Régions arides soumises à des « balancements » zonaux (vers les plus basses latitudes en période glaciaire et inversement)
Barrières montagneuses massives (mais qui peuvent être des refuges)
Milieux qui facilitent les passages
Régions émergées du fait de l'abaissement du niveau marin durant le dernier épisode glaciaire
Steppes, prairies et savanes aisées à traverser
Forêts claires ou sensibles à l'incendie
Régions d'épaisses forêts qui, déboisées, peuvent devenir des milieux de fortes densités humaines
Régions restées boisées jusqu'à aujourd'hui
Régions de forêts tropicales ou subtropicales devenues rizicoles
Régions de forêts tempérées aujourd'hui déboisées

OCÉAN PACIFIQUE
OCÉAN INDIEN
Taiwan
-3500
Philippines
-2000
Bornéo
Java
500
Vers Madagascar
Australie
Palau
Marianes
-1000
MICRONÉSIE
Îles Marshall
Nauru
Kiribati
Îles Salomon
-1100
Vanuatu
MÉLANÉSIE
Nouvelle-Calédonie
-1000
Fidji
-1000
Tonga
-900
Samoa
Kiribati
Kiribati
Hawai
800
POLYNÉSIE
Îles Cook
Tahiti
Les îles de la Société
Îles Marquises
500
Nouvelle-Zélande (Aoteaora)
1250
Pitcairn
Île de Pâques
1200 ?
Les populations des îles de Mélanésie sont restées fidèles à une organisation sociale égalitaires composé de groupes de petite taille organisé les uns par rapport autres par des systèmes d'échange complexe.
Les premiers habitants de l'Australie arrivèrent sur ce continent il y a plus de 50 000 ans, presque à pied sec, en profitant des périodes glaciaires où le bas niveau des mers réunissait l'Australie à la Nouvelle-Guinée.
Les populations des îles de Polynésie ont bâti des sociétés hiérarchisées, quasi féodales avec des chefs, des prêtres et des hommes du commun.
0 1 000 km
Projection Australian centre Lambert

Ils ont peuplé l'océan Pacifique

LORSQUE LA TECTONIQUE DES PLAQUES LAISSE ÉMERGER QUELQUES POINTES DE RELIEF DANS UN TRÈS VASTE OCÉAN, LES HUMAINS COLONISENT, TELS LES VAGUES, CES CHAPELETS DE TERRE AVEC INGÉNIOSITÉ ET RUSE.

L'océan Pacifique, qu'aux États-Unis on aime appeler la « mer américaine » est, en réalité, une aire culturelle asiatique. Ses archipels sont peuplés par des Chinois et des Japonais venus du Nord ainsi que des Indiens arrivés par l'Est. Une limite nette, définie par le biogéographe Alfred Wallace (1823-1913), sépare cependant une Asie très métissée et une Océanie traditionnelle très endémique. On a peine à imaginer que les premiers habitants de l'Australie arrivent il y a plus de 50 000 ans, presque à pied sec, depuis l'Asie. Cette branche de l'arbre de l'humanité qu'on appelle « australoïde » – autrefois les Aborigènes –, s'est dispersée jusqu'en Tasmanie et en Nouvelle-Guinée avant de se retrouver isolée par la montée des eaux.

Il y a 7 000 ans, une nouvelle vague de migrants « austronésiens », d'origine asiatique, rencontre les premiers peuples papous ou mélanésiens et cohabitent avec eux. Avant de se lancer, pour certains, depuis Fidji ou Vanuatu, vers le grand large pacifique alors vide jusqu'à l'île de Pâques. Un autre groupe, poussé par les courants marins et les alizés, atteint Madagascar il y a mille ans. Ces « austronésiens » inventent la pirogue à double balancier, cartographient les étoiles pour se diriger sur la haute mer.

Enfin, dernier peuple des pirogues conquérantes, les Mao'hi s'installent durablement des îles de la Société jusqu'en Nouvelle-Zélande (Aoteaora), témoignant de leur culture marine face à des Mélanésiens aux langues multiples mutuellement incompréhensibles et plutôt terriens.

Le peuplement de l'Océanie résulte donc de cette histoire complexe, faite de la rencontre d'éléments culturels multiples et souvent très anciens. Dans ce puzzle, la Mélanésie, première peuplée, se lit comme une société souple, horizontale, avec des cellules de petite taille, égalitaires. La Polynésie, plus récente, est plus hiérarchisée, verticale, quasi féodale avec des castes de chefs et de prêtres. Pratiquant l'échange généralisé, ces sociétés relèvent, si on veut user d'une métaphore employée par Joël Bonnemaison, de l'arbre, marqué par l'enracinement terrien, et de la pirogue, outil suprême de la mobilité.

BENOÎT ANTHEAUME

Peuplement historique du Pacifique

Première vague de peuplement (entre - 50 000 et - 40 000 ans)

- Terres emergées lors de la dernière glaciation (- 70 000 à 10 000 ans)
- Diffusion maximale de l'espèce humaine il y a 60 000 ans
- Premier mouvement migratoire de - 50 000 à - 40 000 ans
- Principaux sites archéologiques attestant de la présence de l'homme (- 40 000)

Étape probable de la diffusion du peuplement austronesien (entre -4 000 et 1200 ans)

- Origine du peuplement austronésien (émergence d'une culture melanésienne)
- Vague de migration avant J.C.
- Vague de migration après J.C.
- Diffusion du peuplement austronésien (émergence de la culture polynésienne)

L'Amérique avant Colomb

LE CONTINENT QU'ON A APPELÉ « L'AMÉRIQUE » OU « LE NOUVEAU MONDE » ÉTAIT TRÈS AVANCÉ TECHNIQUEMENT ET INTELLECTUELLEMENT. NOTAMMENT PAR LA SCIENCE DE L'ÉNERGIE MAGNÉTIQUE QUI SITUE LES GRANDS CENTRES SUR UN MÉRIDIEN AUJOURD'HUI BIEN IDENTIFIÉ.

Combien étaient les « proto-Américains » au moment du contact avec les Européens, et avant ? Déterminant l'ampleur du choc bactériologique et des génocides, la question a longtemps été plus politique que scientifique. Les estimations varient de 8,4 millions à 90 millions. En 1987, l'anthropologue Russell Thornton envisage un minimum de 72 millions « et probablement légèrement plus ». Depuis, les études archéologiques régionales ont partout fait exploser ces hypothèses.

On a longtemps assimilé ces « Indiens » à des peuples cruels et barbares, sorte de « sous-humanité » encore teintée de bestialité. Pourtant, la découverte récente (1996) de l'écriture Maya, de la mathématique et de l'astronomie de cette civilisation, l'inexplicable précision observée dans les domaines de l'architecture, de l'agronomie ou de la médecine indiquent une profonde avancée intellectuelle et technique.

Les territoires amérindiens s'insèrent par ailleurs dans une géographie beaucoup plus riche que la nôtre. Ainsi, c'est une connaissance précise et déroutante des mécanismes du géomagnétisme qui semble sous-tendre et orienter, comme Élisée Reclus en avait déjà eu l'intuition dès 1894, cette géographie indigène. Les grandes sociétés urbaines, de Cahokia à Cuzco sont alignées sur le Méridien magnétique, l'axe de circulation le plus rapide de l'énergie et de la matière sur terre comme l'a démontré André Rousseau, chercheur au CNRS. Le palais de l'Inca, à Cuzco, le Coriqancha, le plan de la ville tout entière, la division de la vallée en 41 secteurs d'irrigation (ceques, Zuidema), et celle de l'Empire tout entier, le Tawantinsuyu (les quatre parties du monde) s'alignent tous sur la même intersection entre Méridien et Équateur magnétique.

EMMANUEL LÉZY

Le monde américain

La circulation de l'énergie terrestre, facteur premier de la localisation des populations primitives

Les deux axes magnétiques terrestres

- Le méridien magnétique, axe de circulation le plus rapide de l'énergie
- L'équateur magnétique, zone d'équilibre dynamique

Les conséquences de ces axes sur le relief et la tectonique

- Principaux volcans (actifs ou éteints)
- Vieux socles granitiques

L'influence de ces axes sur les courants marins

- Courants chauds
- Courants froids

L'organisation humaine de ce monde

- Villes de 50 000 habitants et plus
- Routes construites (voies Inca, voies aztèques...)
- Pistes et sentiers (piste des bisons, sentiers guyanais...)
- Population indigène estimée au moment du premier contact avec les explorateurs européens
- Organisation du territoire en fonction de la circulation de l'énergie et des ressources

Les principales civilisations

- Zones littorales et fluviales d'agriculture intensive
- Grandes plaines d'élevage extensif et « domiculture » (Amazonie)
- Zones montagneuses, sociétés guerrières

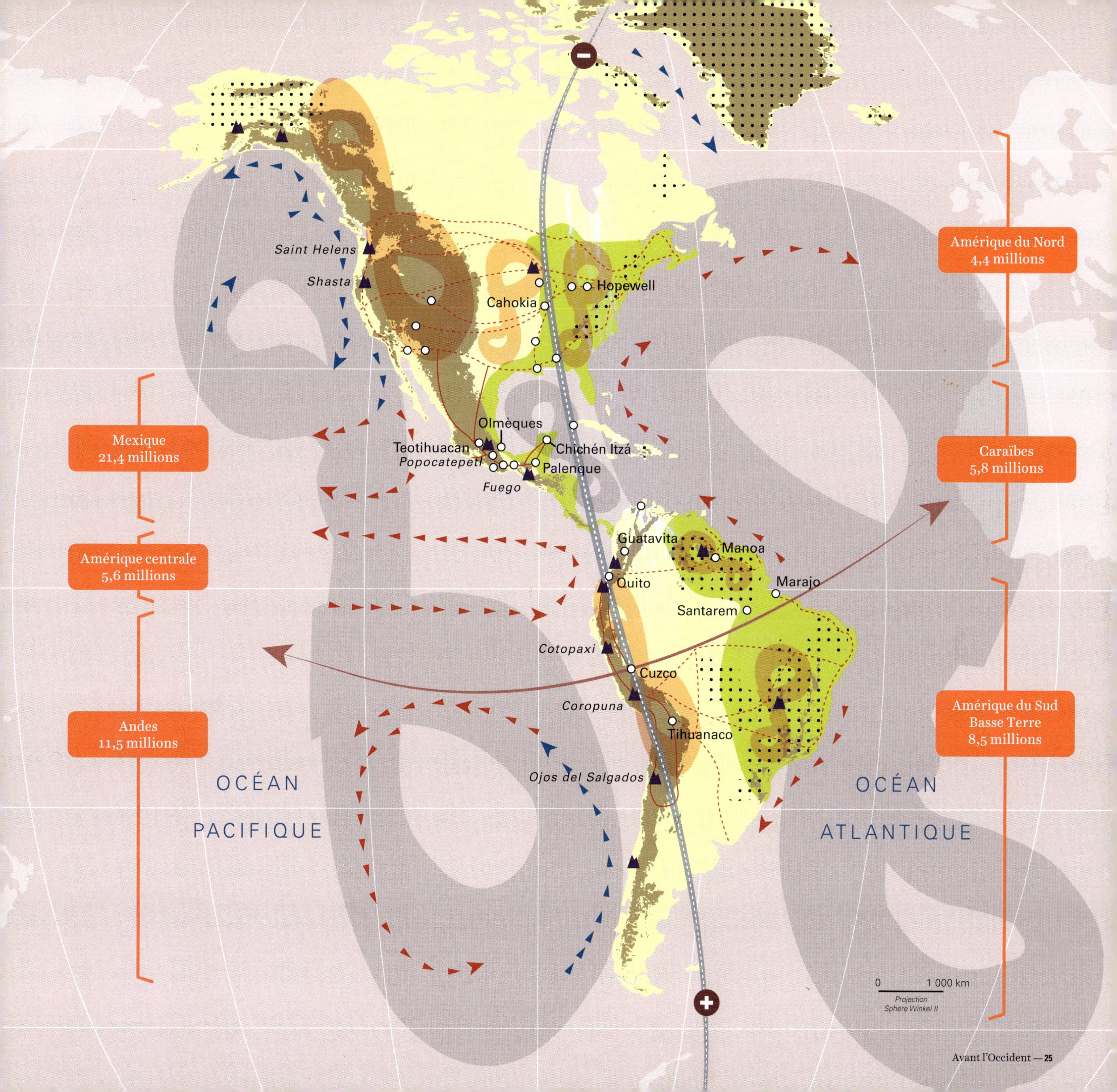

Amérique du Nord
4,4 millions
Caraïbes
5,8 millions
Mexique
21,4 millions
Amérique centrale
5,6 millions
Andes
11,5 millions
Amérique du Sud
Basse Terre
8,5 millions
Saint Helens
Shasta
Cahokia
Hopewell
Olmèques
Teotihuacan
Popocatepetl
Chichén Itzá
Palenque
Fuego
Guatavita
Manoa
Quito
Marajo
Santarem
Cotopaxi
Cuzco
Coropuna
Tihuanaco
Ojos del Salgados
OCÉAN
PACIFIQUE
OCÉAN
ATLANTIQUE
0
1 000 km
Projection
Sphere Winkel II

L'avènement de l'Islam

AU-DELÀ DES FRONTIÈRES DE L'EMPIRE QUI L'AVAIT VU NAÎTRE, L'ISLAM A CONSTITUÉ DES SIÈCLES DURANT UN VÉRITABLE MONDE EN SOI, CIMENTÉ PAR UNE CULTURE (MATÉRIELLE, LÉGALE, POLITIQUE) COMMUNE, ÉTENDU D'UNE EXTRÉMITÉ À L'AUTRE DE L'ANCIEN MONDE PAR LE RÉSEAU DE SES VILLES.

L'islam est aujourd'hui l'une des grandes religions mondialisées pratiquées sur tous les continents. Mais dans un certain nombre de pays, qui occupaient le centre de l'Ancien Monde depuis les côtes atlantiques de l'Afrique jusqu'à l'Indonésie en passant par l'Asie centrale, il représente davantage qu'une simple croyance : une référence à laquelle on mesure encore (ou à nouveau) les pratiques sociales, les appartenances culturelles, les choix politiques. La centralité de la référence islamique dans les pays où les musulmans sont majoritaires est l'empreinte encore profonde laissée par plus d'un millénaire d'histoire au cours duquel ils ne formaient qu'un seul et même monde.

Le monde islamique est l'héritage historique d'un empire mondial qui dura trois siècles, celui des Arabes que la révélation coranique était parvenue à unifier, dont le flambeau fut plus tard repris à l'échelle régionale par d'autres prétendants issus également des marges du monde sédentaire (Turcs, Afghans, Touareg, Somalis). Les conquêtes accomplies entre 630 et 750 par quelques dizaines de milliers de cavaliers venus de la péninsule arabique réunirent durablement, pour la première fois depuis les éphémères conquêtes d'Alexandre, des régions situées à la fois dans l'ouest et l'est de l'Ancien Monde, de part et d'autre de la vieille frontière de l'Euphrate qui séparait dans l'Antiquité les empires romain et perse.

L'empire arabe ne constituait pas un territoire continu de l'Espagne à l'Indus mais un monde interconnecté associant un chapelet de villes parmi les plus peuplées au monde, nourries par des terroirs de type oasien intensément irrigués et cultivés, et d'immenses espaces presque vides d'hommes.

La circulation d'une monnaie d'or acceptée partout (le dinar), l'usage d'une langue comprise à toutes les étapes (l'arabe, qui partagea ensuite cet empire avec le persan), la diffusion d'un modèle adopté de manière croissante par les élites locales (la religion musulmane et ses normes sociales), la codification d'un droit universel commun aux sujets musulmans et non-musulmans (la charia), donnèrent à ce nouveau monde ses ferments d'unité.

L'immense réseau de routes terrestres et océaniques qui irriguait le monde islamique survécut à l'effondrement de l'empire au Xe siècle. Caravanes et navires furent des siècles durant les plus sûrs vecteurs de la diffusion, au-delà de ses anciennes frontières, de la religion musulmane et de la civilisation matérielle de l'islam. Elles formaient ensemble un modèle culturel dynamique adopté par les élites de l'Afrique sahélienne à partir du XIe siècle, par celles des îles indonésiennes à partir du XIVe siècle. Mais l'Islam n'avait pas oublié ses origines impériales. Les principaux gains territoriaux qui étendirent l'empire de la Loi islamique après l'an mil furent le résultat de nouvelles entreprises de conquêtes, plus spectaculaires que la perte progressive de l'Espagne : en Anatolie puis dans les Balkans ; en Inde du Nord puis dans une grande partie du sous-continent. Cette seconde islamisation du monde qui triomphait au XIVe siècle, qu'elle fût pacifique ou guerrière, enrichit de la même manière l'héritage de l'empire arabe : en faisant naître ou renaître des villes à la surface du monde.

JULIEN LOISEAU

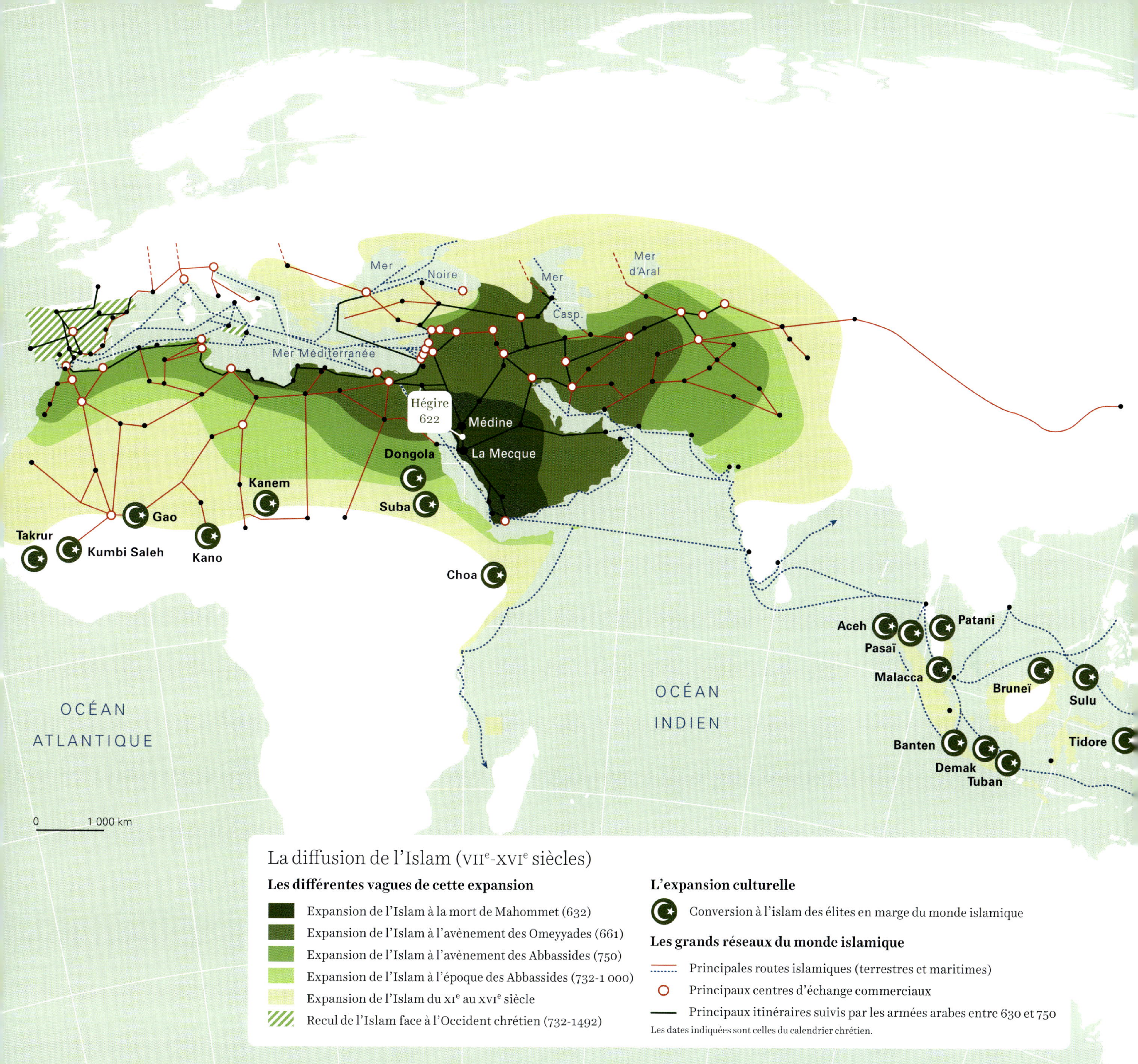

La diffusion de l'Islam (VIIe-XVIe siècles)

Le réseau urbain du monde islamique

Madinat Al-Zahra
Séville
Tolède
Rabat
Málaga
Cordoue
Saragosse
Grenade
Marrakech
Meknès
Fès
Almería
Valence
Tlemcen
Sijilmassa
Tahert
Alger
Awdaghust
Bougie
Buda
Sarajevo
Belgrade
Oualâta
Tunis
Kairouan
Palerme
Kumbi-Saleh
Mahdiyya
Sofia
Tombouctou
Salonique
Edirne
Tripoli
Istanbul
Bursa
Gao
Izmir
Amasya
Konya
Trébizonde
Antalya
Kayseri
Sivas
Erzurum
Agadès
Malatya
Antioche
Damiette
Alep
Amid
Tripoli
Alexandrie
Hama
Tabriz
Kano
Safed
Homs
Fustat-Le Caire
Damas
Mossoul
Gaza
Jérusalem
Samarra
Tachkent
Boukhara
Bagdad
Rayy
Samarcade
Merv
Kufa
Wasit
Qûs
Nishapur
Ispahan
Balkh
Assouan
Bassora
Yazd
Hérât
Dongola
'Aydhab
Médine
Shiraz
Kaboul
Ghazna
Kerman
Zaranj
La Mecque
Lahore
Multan
Delhi
Aden
Ifat
Cambay
Harar
Zayla
Dawlatabad
0 500 km
Projection
Asia North Albers Conic
Mogadiscio
Malindi
Kilwa
Aceh
Pasai
Malacca
Ville monde
Grande ville
Ville importante
Villes de fondation
Villes héritées
Der

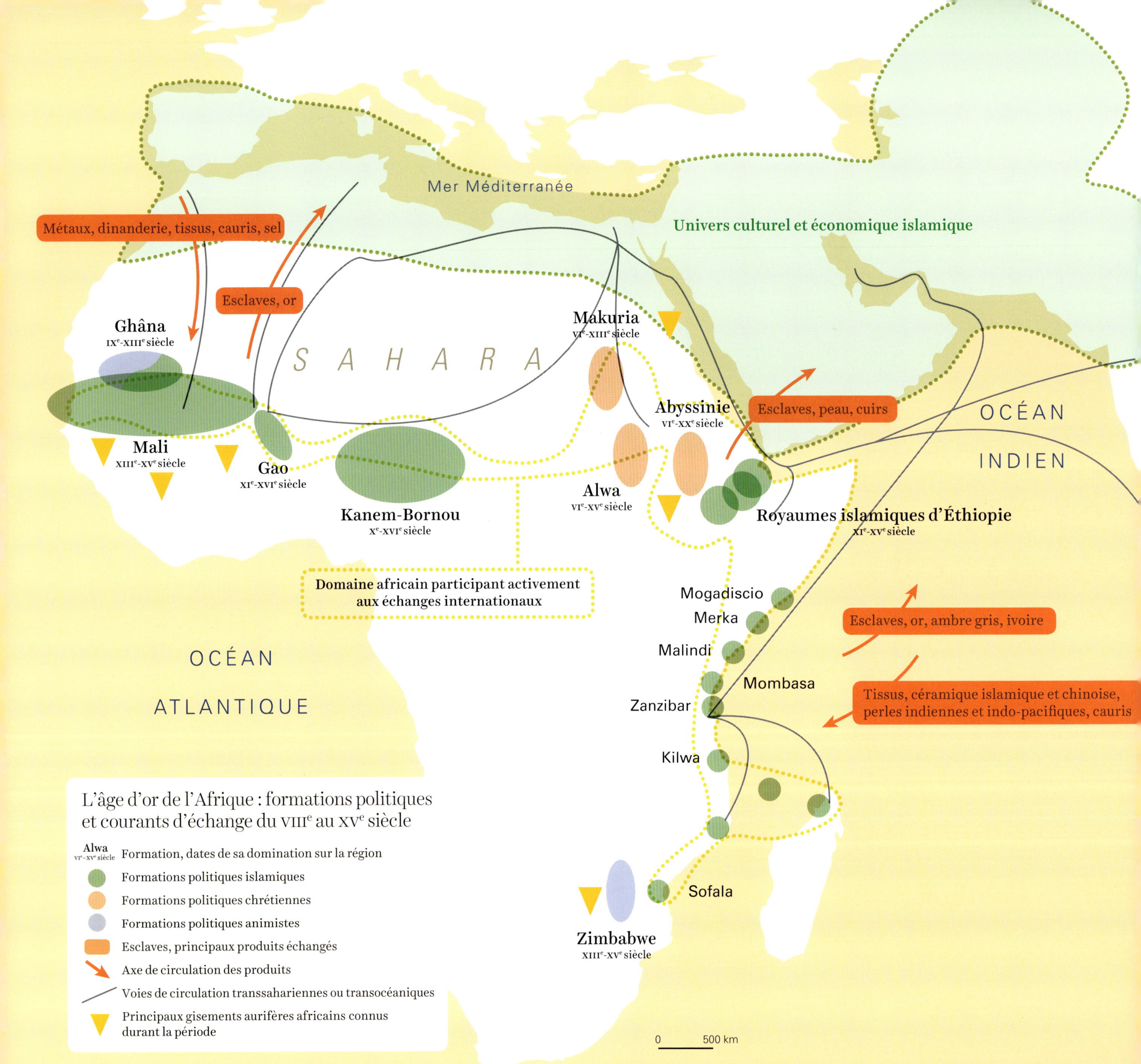

L'âge d'or de l'Afrique : formations politiques et courants d'échange du VIIIe au XVe siècle
Alwa VIe-XVe siècle Formation, dates de sa domination sur la région
Formations politiques islamiques
Formations politiques chrétiennes
Formations politiques animistes
Esclaves, principaux produits échangés
Axe de circulation des produits
Voies de circulation transsahariennes ou transocéaniques
Principaux gisements aurifères africains connus durant la période
Mer Méditerranée
Univers culturel et économique islamique
Métaux, dinanderie, tissus, cauris, sel
Esclaves, or
SAHARA
Ghâna
IXe-XIIIe siècle
Mali
XIIIe-XVe siècle
Gao
XIe-XVIe siècle
Kanem-Bornou
Xe-XVIe siècle
Makuria
VIe-XIIIe siècle
Alwa
VIe-XVe siècle
Abyssinie
VIe-XXe siècle
Esclaves, peau, cuirs
Royaumes islamiques d'Éthiopie
XIe-XVe siècle
OCÉAN INDIEN
Domaine africain participant activement aux échanges internationaux
Mogadiscio
Merka
Malindi
Mombasa
Zanzibar
Kilwa
Sofala
Esclaves, or, ambre gris, ivoire
Tissus, céramique islamique et chinoise, perles indiennes et indo-pacifiques, cauris
OCÉAN ATLANTIQUE
Zimbabwe
XIIIe-XVe siècle
0 500 km

L'Afrique en son âge d'or médiéval

L'AFRIQUE A CONNU UN ÂGE D'OR GRÂCE À SA PARTICIPATION À DES RÉSEAUX DE COMMERCE D'ESCLAVES ET DE PRODUITS PRÉCIEUX AVEC LE MONDE ISLAMIQUE

Les siècles d'or de l'Afrique correspondent à notre Moyen Âge. Entre l'Afrique subsaharienne et le monde islamique, biens de luxe et de prestige circulent à cette époque autant que les conceptions commerciales, politiques et religieuses. Les pouvoirs africains sont alors d'authentiques partenaires d'un vaste système d'échange qui connecte les différentes parties du vieux monde.

Connectée au monde méditerranéen par l'Égypte et les plaines d'Afrique du Nord, l'Afrique antique reçoit les influences du monde gréco-romain, comme en témoigne la christianisation des royaumes de Nubie et d'Aksum. À partir du VIIe siècle, l'Afrique septentrionale se trouve progressivement intégrée aux ressorts territoriaux des pouvoirs islamiques centraux. S'ouvrent alors de nouveaux axes commerciaux réguliers avec des régions plus méridionales du continent. L'Afrique « connectée » de ce monde médiéval, c'est une nouvelle frontière atteinte au travers du Sahara et de l'océan Indien par des marchands berbères, arabes, égyptiens, persans. Au XVe siècle, les caravelles portugaises entrent en concurrence avec les caravanes sahariennes et les sambouk de l'océan Indien, modifiant la géographie politique de l'Afrique.

Du fleuve Sénégal au fleuve Niger, du lac Tchad à la Nubie encore chrétienne, des rives de la Somalie jusqu'à celles du Mozambique, ce sont d'abord de petites communautés musulmanes étrangères qui s'installent auprès des chefs et des rois africains, assurant l'interface commerciale.

Des mosquées s'implantent, des villes naissent autour des marchés devenus pérennes, traduisant par là même l'essor d'élites locales commerçantes et islamisées, devenues actrices du commerce et véhicules de profonds changements sociaux au sein de leurs propres sociétés. Les produits exportés sont l'or, les esclaves, l'ambre de cachalot pour les parfums et les onguents, l'ivoire d'éléphants et d'autres animaux, les peaux de félin. De leur côté, les élites africaines acquièrent et revendent dans l'arrière-pays du sel en barre, des étoffes, des métaux en lingots tel que du cuivre, de la vaisselle de prestige importée du monde islamique ou de Chine, des perles et autres parures qui proviennent d'Inde, des Maldives ou encore du Pacifique.

De multiples formes politiques s'observent en Afrique durant cette période, de la cité-État à l'oligarchie, du royaume à l'empire. Tel le Mali, fondé au XIIIe siècle par un personnage semi-légendaire, Sounjata Keita, dont les descendants s'assurent au siècle suivant le monopole de l'exportation d'or de l'Afrique de l'ouest et une aura considérable dans l'ensemble du monde islamique et méditerranéen.

François-Xavier Fauvelle-Aymar

La Babel linguistique du XVe siècle

LA LANGUE EST AU CŒUR DE CE QUI TISSE UNE SOCIÉTÉ. LA MULTIPLICITÉ DES LANGUES, LEUR VARIABILITÉ HISTORIQUE, TÉMOIGNE DE LA GRANDE VARIÉTÉ DES FORMES DU SOCIAL. LEUR GÉOGRAPHIE ANCIENNE TÉMOIGNE DE LA DISPERSION DES HOMMES SUR LA TERRE, MAIS AUSSI DE LEUR PATRIMOINE COMMUN.

Le vieux mythe de Babel, combinant dispersion et diversification linguistique, donne une image simplifiée mais relativement juste d'un processus qui s'est étalé sur plus de 100 000 ans. Les langues représentent en effet la réalité la plus sociale qu'il soit ; leur historicité est forte et elles évoluent constamment. Ainsi, en se dispersant à la surface de la Terre, les groupes d'êtres humains, parce qu'ils ont besoin de retisser en permanence le lien social, ont constamment transformé les idiomes d'origines. Avec les patrimoines génétiques, la carte des langues, avant que les colonisations récentes ne viennent imposer une européanisation linguistique très visible aujourd'hui, représente le témoignage le plus fiable de l'histoire de la dispersion des groupes humains sur la Terre.
La complexité des structures linguistiques, leur grande variété potentielle, permettent de discerner des familles dont on suppose que les membres ont une origine commune. En raisonnant régressivement, on a même pu imaginer que toutes les langues sont issues d'un même idiome, celui des premiers Homos sapiens. L'existence de cette langue mère originelle reste sans doute hypothétique, mais on peut supposer que chacune des grandes familles dérive d'un unique ensemble linguistique : sémitique, bantou, indo-européen, sino-tibétain, austro-asiatique, etc. Ainsi, l'indice le plus sérieux pour établir la chronologie du peuplement des îles du Pacifique est restitué par les filiations linguistiques entre les diverses langues austronésiennes.
La carte des langues n'est pas cependant réductible à une histoire de diffusion des groupes humains. La grande majorité des peuples latins n'ont pas d'ancêtres nés dans la Rome antique, pas plus que les arabophones descendent tous d'habitants d'Arabie. Même s'il faut parler de langues chinoises au pluriel (seule l'écriture est partagée), la grande variété des peuples sinophones actuels témoigne également qu'à partir d'un noyau d'origine, sans doute dans la vallée du Huang ho, des groupes humains très différents ont été, dans la longue durée, sinisés. Les grandes aires linguistiques peuvent ainsi témoigner de très anciennes configurations impériales : Rome (latinophones), Iran (persophones), Inde septentrionale (hindi et ourdou), empires arabes, Chine, Amérique centrale (langues uto-aztèques), Amérique andine (quechua-aymara)…
En revanche, la fragmentation géopolitique s'est toujours traduite par une diversification linguistique. C'est encore plus vrai quand les distances sont considérables. Ainsi, rien d'étonnant que ce soit l'aire Pacifique qui connaisse la plus grande démultiplication. Les Philippines ont soixante-dix langues différentes, l'archipel indonésien plus de deux cents, la Nouvelle Guinée, la Mélanésie ou la Polynésie plusieurs milliers. Le papou est en fait un ensemble de plus de sept cents langues.
Le cas le plus manifeste de l'histoire géolinguistique pourrait être celui des Aborigènes d'Australie. Avant l'arrivée des Européens (vers la fin du XVIIIe siècle), les quelque sept cents peuples présents parlaient tous des idiomes différents, aussi éloignés les uns des autres que peut l'être le mandarin du suédois. Aucune de ces langues ne peut être rattachée à une famille connue ailleurs. On a ainsi simultanément le témoignage de la très grande ancienneté du peuplement de l'Australie (50 000 ans au moins) et de la fragmentation des différentes vagues migratoires en sociétés de très petites tailles, mais fortement autonomes.

CHRISTIAN GRATALOUP

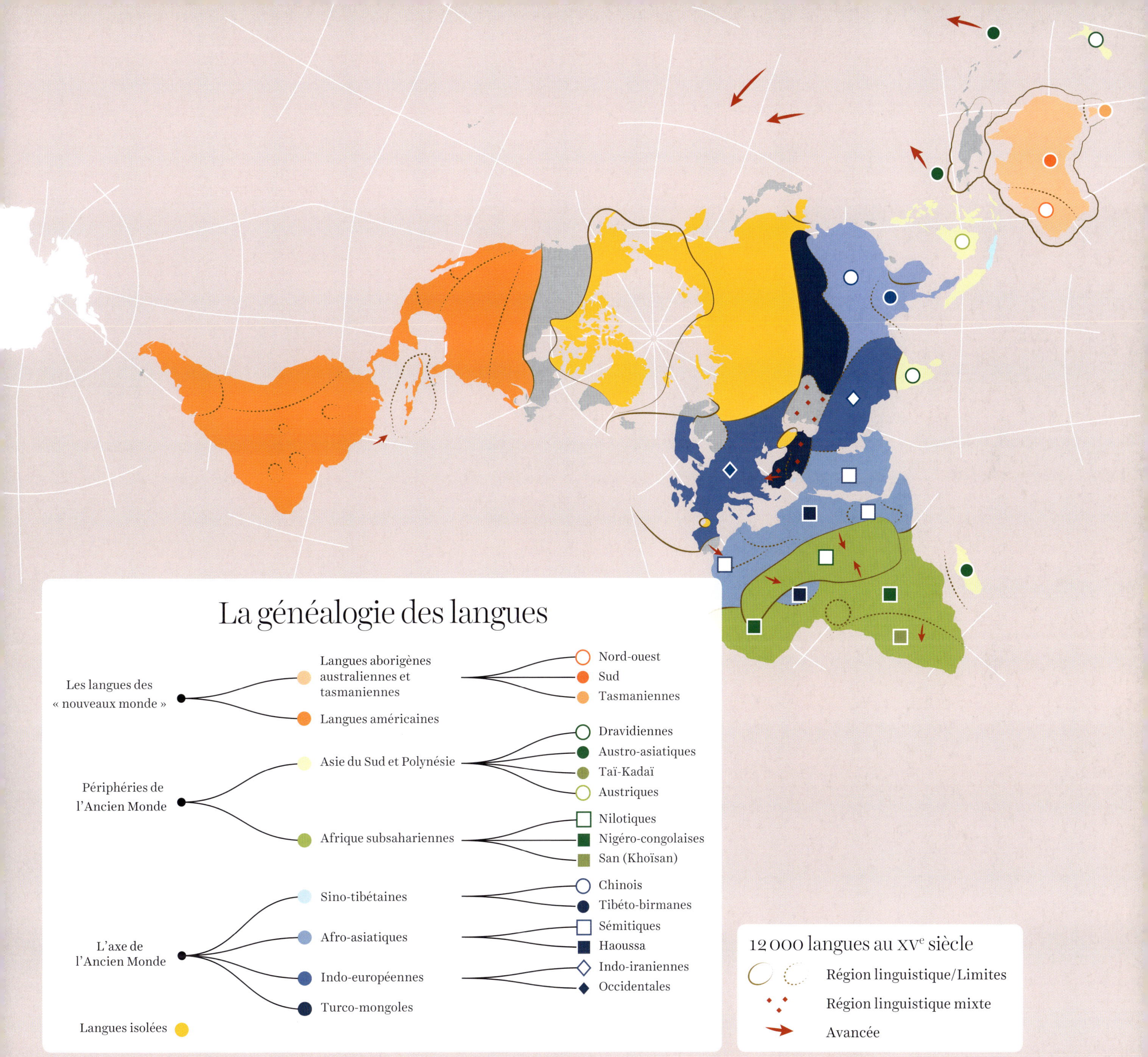
La généalogie des langues
Les langues des « nouveaux monde »
Langues aborigènes australiennes et tasmaniennes
Nord-ouest
Sud
Tasmaniennes
Langues américaines
Périphéries de l'Ancien Monde
Asie du Sud et Polynésie
Dravidiennes
Austro-asiatiques
Taï-Kadaï
Austriques
Afrique subsahariennes
Nilotiques
Nigéro-congolaises
San (Khoïsan)
L'axe de l'Ancien Monde
Sino-tibétaines
Chinois
Tibéto-birmanes
Afro-asiatiques
Sémitiques
Haoussa
Indo-européennes
Indo-iraniennes
Occidentales
Turco-mongoles
Langues isolées
12 000 langues au XVe siècle
Région linguistique/Limites
Région linguistique mixte
Avancée

OCÉAN ATLANTIQUE
OCÉAN INDIEN
1350 Bergen
Berwick
1350 Brême
1349 Londres
1348 Paris
Saint-Jacques-de-Compostelle
1349 Nuremberg
1351 Novgorod
1352 Moscou
Cracovie
Vienne
Kiev
1347 Gênes
Belgrade 1348
1345 Sarai
Basse vallée de la Volga
Oasis de l'Issyk Kul
Hami
1346 Caffa
1347 Constantinople
Alger
Messine 1347
Tripoli
Haute-Mésopotamie
Tbilissi
Erzurum
Tachkent
Boukhara
Samarcande 1338
Khotan
Rhodes
Alep
Téhéran
Hérât
Kaboul
Islamabad
Bagdad
Ispahan
Le Caire 1348
Bassorah
Chiraz
Agra 1348
Benarès
Calcutta
1349 La Mecque
1342 Goa
Malé
Mogadiscio
La diffusion de la peste en Europe au XIVe siècle
Routes commerciales terrestres
Routes commerciales maritimes
Foyers possibles de la peste
Dates et lieux touchés par la peste
Diffusion du virus
Zone majoritairement épargnée par le virus

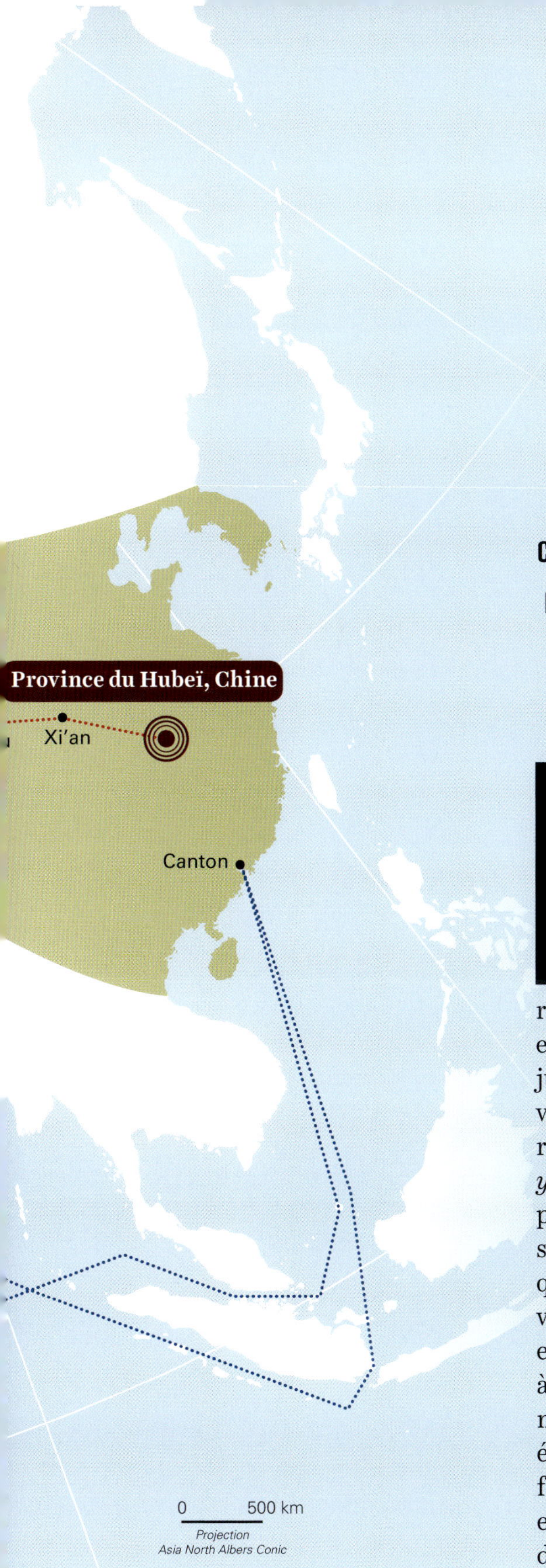

Les routes de la peste noire

LA GÉOGRAPHIE DE L'ANCIEN MONDE EST JALONNÉE DE CATASTROPHES SANITAIRES. CES CRISES MONTRENT COMMENT LES POINTS DE CONTACT DU MONDE, QUI APPORTENT PROSPÉRITÉ PAR LE COMMERCE, ONT UN REVERS À LEUR MÉDAILLE : L'EXPOSITION AUX BACILLES ET VIRUS MORTELS QUI VONT PARFOIS DEVENIR DES ARMES…

Entre son apparition simultanée à Messine (Sicile) et à Alexandrie (Égypte) au début de l'automne 1347 et son extinction en 1353, la peste noire, première épidémie de ce type depuis le VIIIe siècle, ravagea l'ouest de l'Ancien Monde et emporta plus du tiers de la population, jusqu'à 60 % des habitants des grandes villes. On connaît aujourd'hui les responsables du massacre : la bactérie *yersinia pestis*, endémique dans plusieurs régions d'Asie, transportée sur les routes du monde par les puces qui infestaient rats et hommes et voyageaient cachée dans les fourrures et les tissus dont on faisait commerce à longue distance. Cinq à huit semaines après son arrivée, la maladie éclatait sous sa forme bubonique ou sa forme pulmonaire, plus létale encore, et se répandait rapidement en raison d'une mauvaise compréhension des mécanismes de transmission. La prophylaxie dictée par la théorie aériste (la corruption de l'air comme responsable de la « pestilence ») favorisait un peu plus l'épidémie en encourageant ceux qui le pouvaient à fuir. D'autres pratiques bien ancrées dans la société médiévale eurent le même effet : l'itinérance des armées professionnelles et l'importance des pèlerinages, comme celui des musulmans à La Mecque.
Mais la rapidité de la transmission de la peste (moins d'un an pour remonter la vallée du Nil et celle du Rhône, les côtes atlantiques et adriatiques, franchir les Alpes et la steppe syrienne, atteindre Paris et Bagdad) révèle surtout la forte interconnexion à l'échelle mondiale des réseaux du grand commerce médiéval. A contrario, Moscou, situé à l'extrémité des routes de l'Ancien Monde, ne fut atteint qu'en 1352 et l'Islande épargnée par l'épidémie. Depuis les ports de Méditerranée les premiers touchés, les historiens ont cherché à remonter la piste suivie par *yersinia pestis*. Le scénario d'une diffusion par les galées

L'impossible bilan de la peste noire

Établir le bilan global de l'épidémie reste hors de portée des historiens, en raison de la très grande disparité de la documentation d'un bout à l'autre de l'Ancien Monde et du caractère peu fiable des chiffres livrés par les contemporains. De rares trouvailles archivistiques ou archéologiques permettent cependant de mesurer au plus près certaines situations locales.

Les testaments en faveur de la paroisse de Saint-Germain-l'Auxerrois à Paris

(moyenne mensuelle)

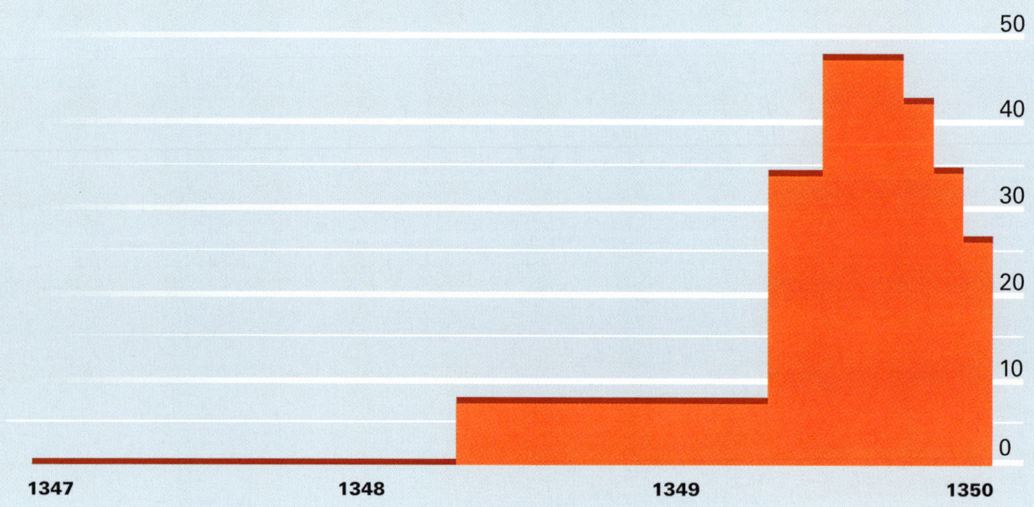

de la cité de Gênes, naviguant depuis leur comptoir de Caffa (Crimée) en passant par ce véritable « hub » du commerce mondial qu'était Constantinople, avant de gagner l'Égypte et la Sicile, est largement admis. L'identification du foyer initial, d'où la maladie endémique aurait été mise en branle par un mouvement inaccoutumé des rongeurs ou des hommes, fait en revanche l'objet d'hypothèses divergentes. Dès 1349, en pleine épidémie, les médecins arabes pointaient une possible origine chinoise. En 1885, des archéologues russes découvraient au sud du lac Balkhach les tombes d'une communauté nestorienne anéantie en 1339 – argument en faveur d'une diffusion de la peste sur les routes de l'Asie intérieure par où transitaient soieries et porcelaines chinoises. Mais à cette date, la décomposition avancée de l'immense empire mongol, qui un demi-siècle plus tôt allait de Pékin à Bagdad, rendait ces itinéraires peu sûrs. Aussi a-t-on proposé d'autres hypothèses : *yersinia pestis* serait sortie des montagnes du Kurdistan ou de la basse vallée de la Volga. Dans un cas comme dans l'autre, la peste se plaça dans le pas des armées mongoles de la Horde d'or qui dominaient alors toute la région et contaminèrent en 1346 les habitants du comptoir génois de Caffa, en catapultant par-dessus les murs de la cité assiégée les corps de leurs soldats morts de la maladie. La peste fut aussi une arme bactériologique.

Julien Loiseau

Les tombes du cimetière nestorien de l'Issyk Kul (lac Balkhach)

La mortalité au Caire d'après l'historien Maqrizi

(courant 1348)

13800

Nombre de cérémonies funéraires au Caire en deux jours

900000

Nombre de morts au Caire en deux mois

5

Nombre de morts quotidiens au sein d'une même famille, au plus fort de l'épidémie

42

Nombre de maisons vides dans le quartier de Barjawan

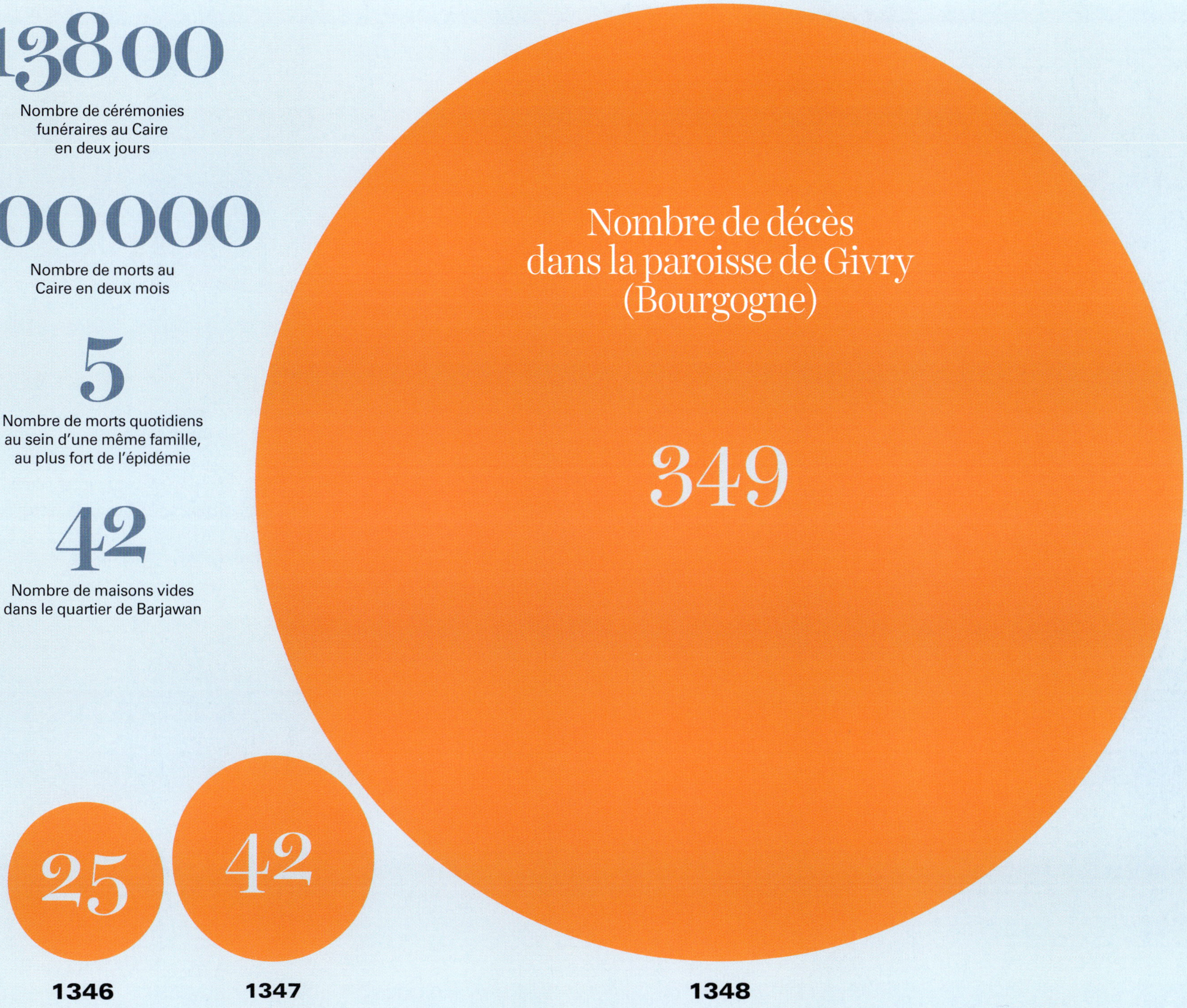

Aux origines de la mondialisation (XVe siècle)

- Principaux pôles économiques (les « cœurs » du système)
- Axe de l'Ancien Monde
- Régions périphériques
- Villes
- Axes maritimes
- Axes terrestres

Le Premier Monde : aux origines de la mondialisation

LA MONDIALISATION ACTUELLE EST LE PROLONGEMENT D'UN TISSU TRÈS ANCIEN D'INTERRELATIONS ENTRE LES SOCIÉTÉS QUI S'ÉTENDAIENT DE LA MÉDITERRANÉE AUX MERS DE CHINE. C'EST LÀ QU'ONT EU LIEU LES INNOVATIONS DÉCISIVES, C'EST DE LÀ QUE SONT PARTIES LES EXPÉDITIONS QUI ONT TISSÉ LE MONDE.

Le découpage de l'Ancien Monde en trois continents (Afrique, Asie, Europe) est un mythe imposé par les Européens pour se penser distincts des autres. L'ensemble de terres en continu de Gibraltar au Japon et du cap Nord à celui de Bonne-Espérance forme la plus grande île du monde qu'on pourrait appeler l'Eufrasie. C'est là qu'est née l'espèce humaine, puis sa dernière version, Homo sapiens. C'est là, aujourd'hui comme au XVe siècle, que vivent pas moins des trois-quarts de l'humanité. Avant l'amorce de la mondialisation européenne avec les « Grandes Découvertes », les sociétés qui vivent au-delà, dans les « nouveaux mondes » (Amérique, Océanie), issues des migrations de la dernière époque glaciaire, sont déconnectées avec celles de l'Eufrasie, mais aussi entre elles. Celles qui habitent l'Ancien Monde sont, elles, toutes reliées les unes aux autres, à des degrés très variables certes, mais sans solution de continuité. Au centre de l'Eufrasie, de la Méditerranée aux mers de Chine, sont même concentrées les principales aires de fortes densités humaines. Elles sont, au XVe siècle, nettement connectées les unes aux autres, par voies terrestres (les « routes de la soie ») et, surtout, maritimes (les « routes des épices »). Ces liens sont anciens : plantes et animaux domestiqués y ont été diffusés depuis des millénaires, les techniques, mais aussi les microbes y circulent. Aux XIIIe et XIVe siècles, l'empire mongol a même transformé une grande partie de ces réseaux en un ensemble géopolitique, celui qu'a parcouru Marco Polo.

Il y a donc une géographie de cet Ancien Monde dans le temps long qu'on peut lire en centres et en périphéries. Au cœur de l'Eufrasie, l'axe de civilisations denses regroupe environ la moitié de l'humanité. Dans la zone de faibles densités qui court de l'Ukraine à la Mandchourie, vivent des peuples d'éleveurs progressivement spécialisés dans les activités caravanières ; ce sont les agents des routes de la soie. Au-delà vers le nord, les peuples des forêts contribuent aux échanges comme fournisseurs de fourrures. En revanche, le midi de l'axe principal est tissé de routes : surtout les voies maritimes qui sillonnent la moitié nord de l'océan Indien, du « carrefour javanais » à l'actuel Mozambique, où œuvrent marins indiens, persans, malais, arabes, chinois, avant que ne s'immiscent les Portugais, avant-garde d'autres Européens. Méditerranée et Pacifique occidental représentent des marges de cet ensemble. À l'ouest, la masse terrestre africaine est partiellement isolée de ces échanges, du fait de la désertification croissante du Sahara. Mais d'autres sociétés de caravaniers assurent la connexion entre les sociétés d'Afrique occidentale, sources d'or et d'esclaves, et celles de Méditerranée ou du Croissant fertile. Ce n'est que bien plus loin vers le sud que se rencontrent des groupes peu intégrés (Pygmées, Khoisans), mais malgré tout jamais totalement isolés.

La disposition en bande des sociétés les plus denses, les plus urbanisées, qui forment l'axe de l'Ancien Monde induit des positions plus centrales, aux développements anciens (Croissant fertile, vallée de l'Indus) et d'autres plus périphériques, qui, à l'échelle des millénaires, apparaissent comme des nouveaux venus (Japon, Europe). Mais c'est de là que partiront les nouvelles routes qui étendront cette très vieille mondialisation de l'Eufrasie à la Terre entière...

CHRISTIAN GRATALOUP

2

Le roman inachevé

À l'origine du monde, il y a l'Europe. Ou tout le moins, du monde tel qu'il existait au début du XXe siècle. Rien d'étonnant à ce que le récit de la longue mondialisation ait été longtemps monopolisé par l'Occident. À l'exaltation des « Grandes Découvertes » débouchant sur le progrès de la modernité, on oppose aujourd'hui un récit noir, celui du fardeau de l'homme blanc qui a volé l'histoire. Ces deux visions manichéennes opposées ne sont ni l'une, ni l'autre sans fondements, mais obscurcissent la pluralité des possibles qui ont permis le monde.
Les voyages chinois du début du XVe siècle montrent qu'une autre histoire aurait pu se réaliser. Les flottes de Zheng he voguèrent jusqu'au Mozambique. Mais ce sont finalement de petites sociétés européennes, coincées dans un petit cap de l'Asie sans or et sans épices, qui ont traversé l'Atlantique, un océan beaucoup moins difficile à vaincre que le Pacifique. Ainsi furent mises en relations des sociétés sans liens depuis des millénaires.
L'histoire mondiale s'est bâtie simultanément sur la mise en commun de patrimoines dispersés jusque-là, mais aussi sur beaucoup de morts. Ce fut d'abord la très rapide diffusion des maladies qui provoqua l'effondrement des populations des Nouveaux Mondes, sans laquelle la conquête européenne est incompréhensible. Ce fut ensuite la traite atlantique qui saigna l'Afrique. L'organisation du monde qui en résulta, dont la dynamique actuelle montre qu'elle n'avait rien d'inévitable, permit un temps à l'Europe une concentration de richesses dont est issue l'accélération de l'histoire depuis le XVIIIe siècle. La géographie mondiale en porte encore des cicatrices qui s'estompent difficilement, ne serait que l'opposition schématisée par l'expression « Nord/Sud ».
La connaissance du monde était devenue une affaire européenne : Jules Verne en offre un savoureux témoignage. Avec sa bonne conscience occidentale, Tintin poursuit la mission. Mais Corto Maltese, plus détaché et désabusé, annonce sans doute un passage de témoin.

Pourquoi l'Europe ?

LONGTEMPS SIMPLE PÉRIPHÉRIE DE L'ANCIEN MONDE, L'EUROPE S'EST IMPOSÉE EN QUELQUES SIÈCLES COMME LE CENTRE D'UN NOUVEAU MONDE. GRÂCE À UNE SITUATION GÉOGRAPHIQUE ET À DES FORMATIONS POLITIQUES FAVORABLES À UNE COURSE VERS L'INCONNU.

Le tissage du Monde commence avec ce que l'historiographie européenne du XIXe siècle nomma les « Grandes Découvertes ». Avant cette connexion globale de toutes les sociétés, il y avait sur Terre plusieurs ensembles humains presque sans relations les unes avec les autres. Ces mondes étaient cependant de tailles très inégales. L'ensemble Asie-Europe-Afrique septentrionale et orientale regroupait près de 80 % de l'écoumène. Surtout, des mers de Chine à la Méditerranée, toutes les sociétés étaient depuis longtemps, au moins depuis l'Antiquité méditerranéenne, en interconnexion. Hommes, marchandises, idées, techniques, croyances, maladies circulaient entre des sociétés qui ne pouvaient totalement s'ignorer. Ce que les Européens nommèrent tardivement les routes de la soie et des épices, selon les produits phares qui venaient de leur Orient, formaient un réseau est-ouest qui n'a cessé de s'épaissir du Néolithique au XVe siècle : les voies des steppes où furent domestiquées les grands animaux de transport (chevaux, dromadaires et chameaux), les routes maritimes centrées sur l'océan Indien, prolongées par les mers bordières du Pacifique occidental et par la Méditerranée. Il y a là, sans solution de continuité, l'origine du réseau d'échange qui, en se prolongeant, en traversant les océans, devient, à partir du XVIe siècle, le Monde.

Rien d'étonnant que ce soit l'une des civilisations de cet axe de l'Ancien Monde qui ait été à l'origine de ce

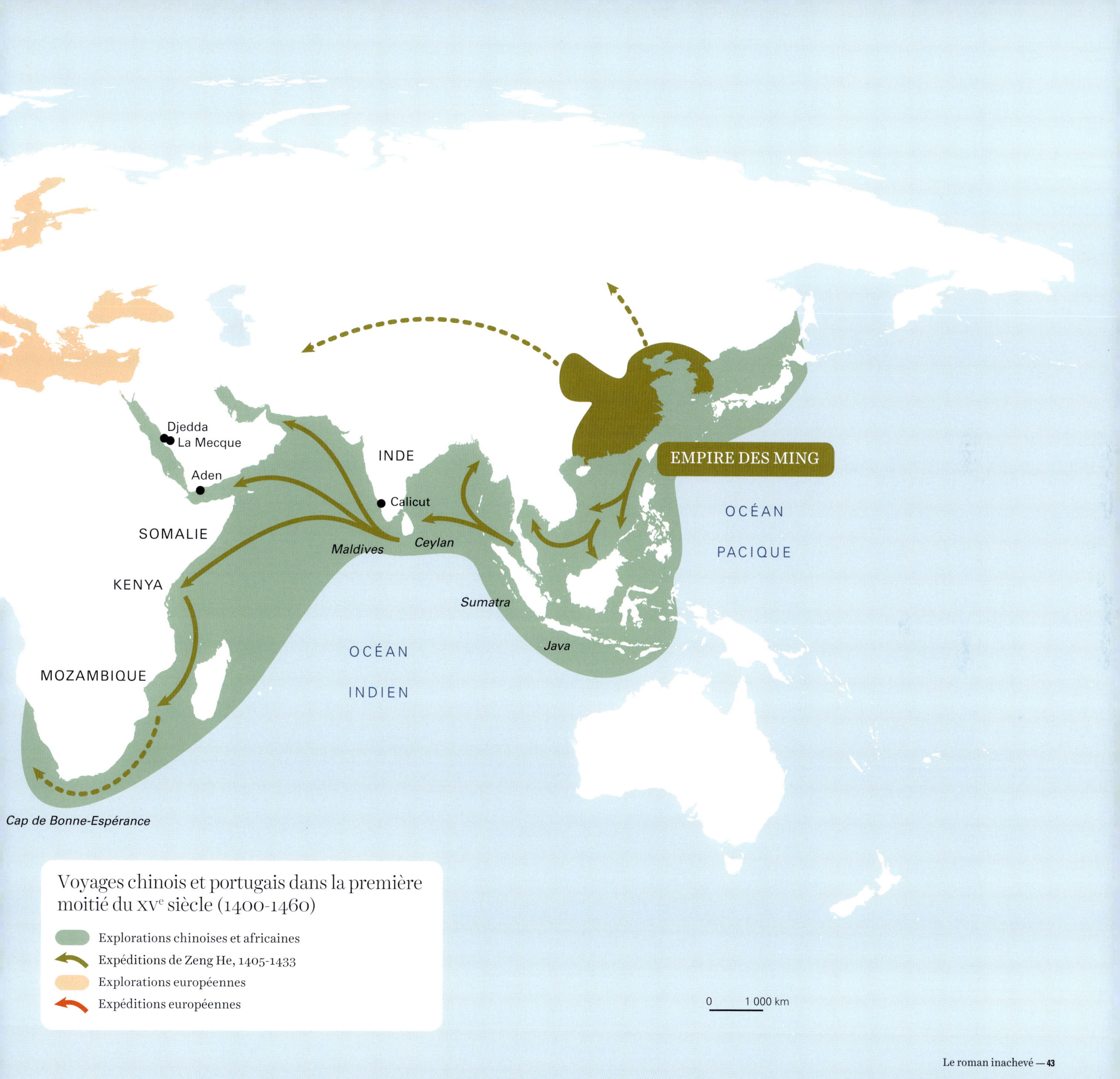

Voyages chinois et portugais dans la première moitié du XVe siècle (1400-1460)

tissage. C'est en effet la plus occidentale d'entre elles, située en bout de route, qui a créé les liens décisifs, en contournant l'Afrique et, plus encore, en franchissant l'Atlantique. Formé par la saga des « Grandes Découvertes », nous ne nous étonnons plus de ce basculement global qui fait passer, du XVe au XIXe siècle, l'Europe d'une situation périphérique à celle de centre du Monde. Ce n'était pourtant pas la société la plus peuplée, la plus avancée techniquement, la plus structurée politiquement. Ce n'était pas non plus un acteur central dans les réseaux de l'Ancien Monde.

En fait, rien de surprenant que ce n'ait pas été le résultat d'initiatives de sociétés placées au centre de ces interrelations, comme, au XVe siècle, les mondes ottoman, perse, indien ou d'Asie centrale. De fait, après la raréfaction des échanges au XIVe siècle consécutive au fractionnement de l'immense empire mongol, largement une mise en forme politique des routes de la soie, aux deux bouts de l'axe, Chinois à l'est et Européens à l'ouest cherchèrent de nouvelles routes maritimes pour resserrer les liens distendus. Ce furent, de 1405 à 1432 les grandes expéditions maritimes de l'amiral Zheng he et, en symétrie, l'avancée européenne dans l'Atlantique.

Dans une comparaison purement quantitative, l'origine de la future mondialisation aurait pu sembler évidente. Le poids démographique et économique de l'empire Ming, sa capacité de projection, comme diraient nos militaires contemporains, les dizaines de milliers de participants aux grands voyages de Zheng he dans d'énormes flottes, ne semblent laisser aucune chance aux minuscules flottilles de quelques petites caravelles des expéditions hispaniques. Pourtant, ce sont bien des Européens et non des Chinois qui ont « découvert » l'Amérique, puis d'autres terres plus modestes. La force de la Chine, sa structuration comme la plus grosse et la plus lourde société sur Terre, représentait aussi son handicap.

Il suffit que le problème récurrent de l'empire, la menace des peuples des steppes, se rappelle à la Chine pour qu'ait été décidé l'arrêt des voyages dans les « mers du Sud ».

C'est donc la force de l'empire chinois qui induit également ses limites. Rien de comparables avec la situation de mondes polycentriques, sans puissance impériale centralisatrice, comme l'Europe médiévale. Plus généralement, une force/faiblesse semblable à celle des Chinois se retrouve dans tous les lieux régulièrement impériaux (Inde du Nord, Iran, Méditerranée orientale).

Inversement, dans des situations plus marginales de l'axe de l'Ancien Monde, des sociétés polycentriques prospèrent sans le même éclat impérial, mais offrant des possibilités de diffusion sans doute plus grande. L'extension de l'empire mongol au XIIIe siècle, forme la plus étendue de la menace des cavaliers des steppes, ne les atteint guère (malgré le succès mongol à Liegnitz l'Europe, trop éloignée, échappe aux « cavaliers du diable » ; les Japonais repoussent l'invasion à Hakata en 1281...). Dans ces mondes polycentriques, l'absence d'un pouvoir central pousse à la concurrence et facilite la diffusion.

Ainsi, la concurrence entre Espagnols et Portugais, rejoints rapidement par d'autres Européens, rendait impossible toute décision venue d'en haut. Les besoins en produits exotiques du « petit cap de l'Eurasie », la faim d'épices et de métaux précieux, motivaient d'autant plus les départs que la découverte de terres effectivement inconnues nourrissait tous les rêves.

L'absence d'unité politique, le fractionnement européen corrélatif à son expansion depuis l'empire carolingien, permettait cette dynamique qui s'est épanouie sur plus de cinq siècles.

Ces expéditions européennes seraient cependant restées longtemps anecdotiques si l'Atlantique avait été beaucoup plus large. Mais il ne représente que 5 000 kilomètres au maximum, contre 20 000 pour le Pacifique.

La possibilité d'aller sur sa rive occidentale a permis à quelques aventuriers d'atteindre, puis de dominer les mondes amérindiens et de s'emparer de leurs territoires. La capture de l'Amérique permit à l'Europe de doublement s'enrichir et, ainsi, de tisser plus serré et plus loin un réseau mondial dont procède directement notre mondialisation contemporaine.

CHRISTIAN GRATALOUP

D'un centre à l'autre

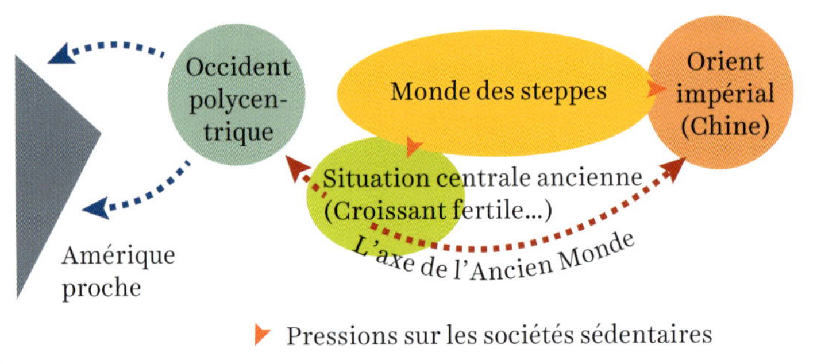

Bataille de Liegnitz (1241)
Hakata, tentative d'invasion du Japon (1281)
Défaite mongole face aux Mamelouks (1260)
Discontinuité saharienne
Régions africaines périphériques de l'Ancien Monde
(productrices d'or et pourvoyeuses d'esclaves)
L'Afrique lointaine, en dehors des axes de l'Ancien Monde
Expédition à Java (1293)
Espaces maritimes intégrés à l'axe de l'Ancien Monde
Les autres mondes (futurs « nouveaux mondes »)
0 1 000 km
Les différents types de société dans l'axe de l'Ancien Monde
Deux types de civilisations différentes
Foyers récurrents d'empires
Zones de sociétés polycentriques
Les réseaux du monde
Principales routes terrestres
Principales routes maritimes
Extension maximale de l'empire mongol à la fin du XIIIe siècle, et ses marches
Offensives mongoles les plus lointaines
Batailles

Dans la nasse de l'esclavage

FONDÉES SUR L'APPARENCE PHYSIQUE, LES DISCRIMINATIONS ENVERS LES AFRICAINS ONT CONDUIT À DES SYSTÈMES SOPHISTIQUÉS DE TRAITE QUE CERTAINS GROUPES ET ÉTATS AFRICAINS ONT ÉGALEMENT ALIMENTÉ.

Sait-on que des esclaves africains étaient déjà présents en Égypte pharaonique et dans les armées d'Hannibal ? Aussi mal documenté qu'il soit, ce commerce antique d'hommes et de femmes se généralise à l'aube de l'Islam aux dépens des populations ne pratiquant pas les religions du Livre. Ainsi les populations conquises en Afrique du nord (notamment des Berbères) sont-elles les premières à subir un prélèvement de captifs, avant qu'une traite organisée ne se mette en place avec les régions subsahariennes. De ce système commercial naissent les grandes routes qui approvisionnent les marchés aux esclaves du Maghreb à l'Égypte et au Yémen. On connaît plusieurs centres de castration, par exemple en Espagne et en Éthiopie (lire ci-contre). Cette traite islamique, peu fournie en archives, est difficile à quantifier. Le chiffre de 17 millions d'esclaves sur un millénaire est extrapolé à partir de données trop ponctuelles. On est en terrain plus sûr en disant qu'il s'agit d'une traite plus féminine que masculine et que les esclaves sont destinés aussi bien aux environnements domestiques qu'aux harems (femmes et castrats), armées, mines et construction.

La traite atlantique a duré moins de temps (fin du XVe siècle-milieu du XIXe siècle), fut beaucoup plus intense (12 à 14 millions de déportés en moins de quatre siècles) et majoritairement masculine. La première période (1440-1640) est celle d'un commerce encore de faible ampleur, mis en œuvre essentiellement par les Portugais, et qui vise la mise en culture des archipels atlantiques avant les plantations des colonies américaines. La seconde période (1640-1807) ou « ère négrière » est celle des grandes compagnies monopolistiques qui fournissent les cargaisons d'esclaves africains aux colonies américaines. La plupart des nations européennes y participent directement, mais pas l'Espagne qui afferme la fourniture d'esclaves à des compagnies étrangères. En France, la traite esclavagiste se pratique surtout à partir des ports de Nantes et Bordeaux. La côte atlantique de l'Afrique est jalonnée de comptoirs où se pratique l'achat d'esclaves auprès de pouvoirs intermédiaires qui sont à l'origine de puissants États africains centralisés (Asante, Dahomey).

Enfin, la dernière période (1807-1870) de la traite atlantique est celle de l'abolitionnisme. Née au XVIIIe siècle, l'idée s'incarne dans un authentique mouvement d'interdiction entraînant un déclin de la traite entre 1807 (abolition par la Grande-Bretagne) et 1848 (abolition par la France).

Ce mouvement d'abolition concerne la traite, et non l'esclavage proprement dit, dont le système a perduré plus longtemps dans les colonies des nations européennes ainsi qu'aux États-Unis.

FRANÇOIS-XAVIER FAUVELLE-AYMAR

Une terrible pratique

« Quand les marchands ont acheté des esclaves [auprès du royaume chrétien], ils les emmènent donc en faisant un détour vers Washlû, où on les castre, ce qui en augmente beaucoup la valeur. [...] À Hadya [...] on leur repasse une seconde fois le rasoir, pour rouvrir le canal urinaire qui s'est trouvé bouché par le pus. Ensuite on les soigne [...] jusqu'à la guérison [...]. Le nombre de ceux qui meurent est supérieur à celui des survivants ; car il est pour eux terrible d'être transporté d'un lieu à un autre sans aucun soin ».

Source : Ibn Fadl Allah al-'Omarî, *Masâlik el absâr fi mamâlik el amsâr*, Paris, Geuthner, 1927, pp. 16-17.

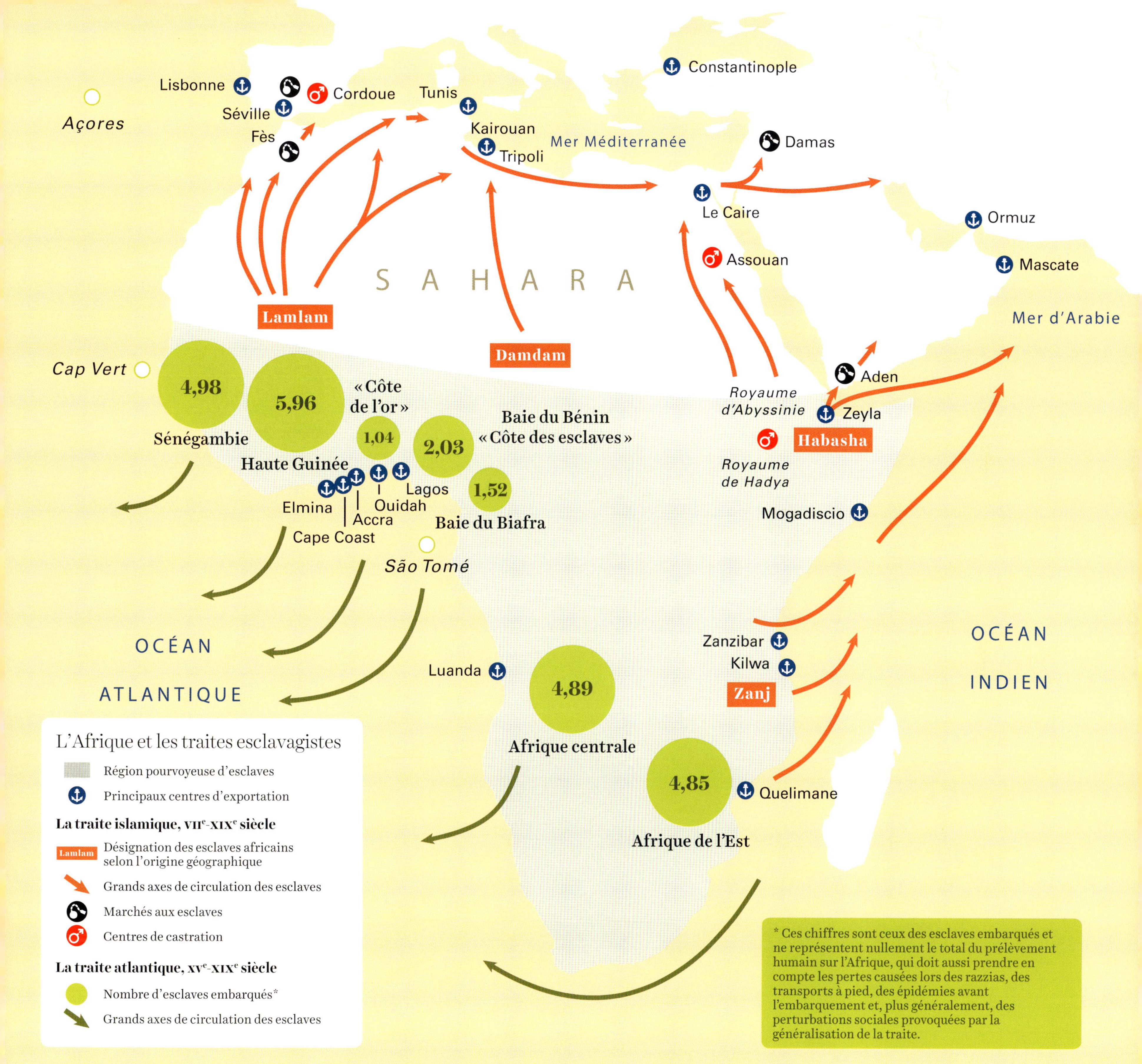
Açores
Lisbonne
Séville
Fès
Cordoue
Tunis
Kairouan
Tripoli
Constantinople
Mer Méditerranée
Damas
Le Caire
Ormuz
Mascate
Assouan
S A H A R A
Lamlam
Damdam
Mer d'Arabie
Cap Vert
4,98
Sénégambie
5,96
Haute Guinée
« Côte de l'or »
1,04
2,03
Baie du Bénin « Côte des esclaves »
1,52
Baie du Biafra
Elmina
Cape Coast
Accra
Ouidah
Lagos
São Tomé
Royaume d'Abyssinie
Aden
Zeyla
Habasha
Royaume de Hadya
Mogadiscio
OCÉAN ATLANTIQUE
OCÉAN INDIEN
Zanzibar
Kilwa
Zanj
Luanda
4,89
Afrique centrale
4,85
Afrique de l'Est
Quelimane
L'Afrique et les traites esclavagistes
Région pourvoyeuse d'esclaves
Principaux centres d'exportation
La traite islamique, VIIe-XIXe siècle
Lamlam
Désignation des esclaves africains selon l'origine géographique
Grands axes de circulation des esclaves
Marchés aux esclaves
Centres de castration
La traite atlantique, XVe-XIXe siècle
Nombre d'esclaves embarqués*
Grands axes de circulation des esclaves
* Ces chiffres sont ceux des esclaves embarqués et ne représentent nullement le total du prélèvement humain sur l'Afrique, qui doit aussi prendre en compte les pertes causées lors des razzias, des transports à pied, des épidémies avant l'embarquement et, plus généralement, des perturbations sociales provoquées par la généralisation de la traite.

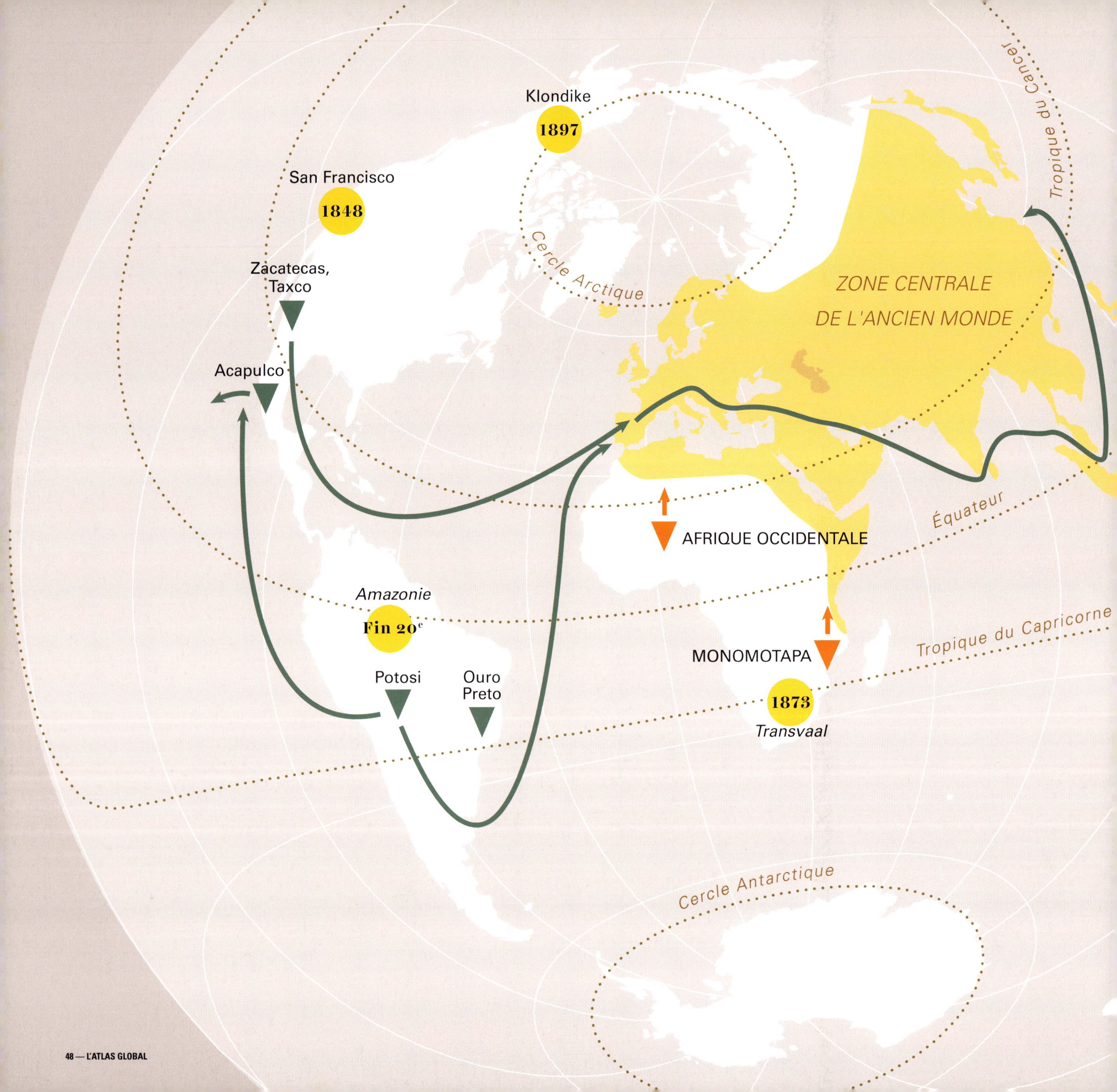

Klondike
1897
San Francisco
1848
Zacatecas,
Taxco
Acapulco
Cercle Arctique
Tropique du Cancer
ZONE CENTRALE
DE L'ANCIEN MONDE
Équateur
AFRIQUE OCCIDENTALE
Amazonie
Fin 20e
Tropique du Capricorne
MONOMOTAPA
Potosi
Ouro
Preto
1873
Transvaal
Cercle Antarctique

La mondialisation des métaux précieux

Avant le XVIe siècle

Zone centrale de l'Ancien Monde où l'or et l'argent étaient utilisés comme valeur monétaire

Région productrice d'or à destination de la zone centrale

Du XVIe au XVIIIe siècle

Régions minières américaines exploitées

Depuis XIXe siècle

Grandes ruées vers l'or

L'Europe, un grand prédateur

LA SOIF DE L'OR ET L'APPÉTIT DES DENRÉES EXOTIQUES ONT POUSSÉ LES EUROPÉENS À METTRE LA TERRE EN COUPE RÉGLÉE. AINSI S'EST CRÉÉE UNE GÉOGRAPHIE DU MONDE TOUJOURS PRÉGNANTE : LE NORD ET LE SUD.

Les Européens sont partis au loin dès le XVe siècle afin de s'assurer des approvisionnements en biens rares que les routes traditionnelles de l'Ancien Monde ne leur assuraient plus en proportion de leur consommation croissante.
Ces produits exotiques recherchés, généralement issus de plantes tropicales qui ne pouvaient pousser dans l'Europe tempérée, sont couramment nommés épices. Pour faire fonctionner ce commerce au long cours, il fallait s'assurer des approvisionnements important en métaux précieux. En effet, dans les réseaux de l'Ancien Monde, la valeur économique avait pris la forme de la monnaie métallique. Il semble aller de soi aujourd'hui que l'or et l'argent sont des « métaux précieux », des matières premières des symboles de la valeur, de la monnaie. Il s'agit pourtant d'un choix historique qui, s'il a des raisons pratiques (raretés de ces métaux, facilité de les façonner, faible altération), n'était pas inévitable. La preuve en est que les sociétés sans lien avec l'Ancien Monde n'en ont jamais fait cet usage.
En entrant en contact avec des mondes sans relations avec l'Eurasie, ils rencontrèrent des sociétés où les métaux précieux n'avaient aucune signification monétaire et n'étaient donc guère utilisés, quand ils l'étaient, que pour de l'orfèvrerie. Ce fut particulièrement le cas en Amérique.
Cela ne veut pas dire que ces sociétés

étaient sans « monnaie », mais d'autres matières premières en représentaient le support (les plumes en Amérique, les coquillages en Afrique…). En découla une série de « ruées » vers des régions minières d'or ou d'argent qui provoquèrent un afflux important, quoique soumis à des variations conjoncturelles sévères, de la masse monétaire dans l'ensemble des circuits mondiaux.
L'Europe devint un lieu de passage des métaux précieux, africains encore au XVIe siècle, puis surtout péruviens et mexicains, qui permis de prendre petit à petit l'avantage dans les échanges orientaux. Le circuit finissait généralement en Chine, qualifiée de « puits d'argent ». Au XIXe siècle, les ruées, surtout vers l'or, continuèrent. La plus célèbre fut en Californie en 1848, suivie de celles d'Australie, d'Afrique du Sud, du Klondike… Véritable front pionnier de la mondialisation, la recherche des mines d'or continue aujourd'hui en Amazonie et en Nouvelle-Guinée.
En s'éloignant de l'ouest de l'Eurasie, les Européens ont pu mettre la main sur des territoires tropicaux où pouvaient pousser des plantes craignant le froid et donc inassimilables chez eux. Ce fut avant tout la canne à sucre, puis le café, le cacao, le thé, mais aussi le coton, l'indigo, l'hévéa… Les îles de l'Atlantique (Madère, les Açores…) servirent de premier laboratoire, en particulier pour « l'or vert » (le sucre). Dès le deuxième voyage de Colomb, des plants de canne à sucre traversent l'Atlantique dans les cales des caravelles. Toutes ces cultures n'étaient organisées que pour être exportées loin de leur lieu de production, outre-mer, sous une forme d'entreprise très contraignante : la plantation. La première forme de main-d'œuvre, les « engagés » européens (des pauvres réduits à une forme de servage) firent vite défaut. Les Européens systématisèrent alors la très ancienne pratique de la traite africaine.
Encore modeste au début du XVIIe siècle, l'économie de plantation prend alors son essor pour culminer au siècle suivant avec une explosion de la traite à l'origine des populations afro-américaines. Au-delà, elle s'étend dans l'océan Indien, puis en Océanie. Partout, la plantation génère un espace économique et social extraverti, entièrement dépendant des besoins métropolitains dont témoigne, entre autres, la descente aux enfers de Haïti après son indépendance pionnière.
Au XXe siècle, une partie du monde, qualifié de « sous-développée », correspond largement à la zone mise en culture de plantation ou saignée par les traites. C'est ainsi que le Tiers Monde et la zone intertropicale ont pu un temps partiellement coïncider.
Au total, mines et plantations, dans le contexte colonial, représentèrent une économie de pillage qui concentra en Europe des moyens venus du monde entier. L'enrichissement ainsi provoqué, particulièrement en Europe occidentale, ne peut être sans rapport avec la grande mutation économique qu'on appelle la Révolution industrielle. Cette « grande transformation » dota un temps l'Europe étendue, devenue le monde occidental, d'un écart de moyens par rapport aux autres sociétés inédit dans l'histoire de l'humanité. Cette époque s'est achevée à la fin du XXe siècle.

Christian Grataloup

L'Europe à l'assaut du monde

Mise en plantation des cultures tropicales

- Modèle de plantation de la culture de canne à sucre (et sa diffusion)
- Plantation de café (origine et diffusion)
- Plantation de thé (origine et diffusion)
- Plantation de chocolat (origine et diffusion)
- Plantation de coton (impulsé par la Révolution industrielle)
- Plantation d'hévéa (impulsé par la Révolution industrielle)
- Flux de main d'œuvre contrainte pour les plantations

Trappe de la fourrure dans les régions polaires

- Grandes régions de trappe des animaux à fourrure

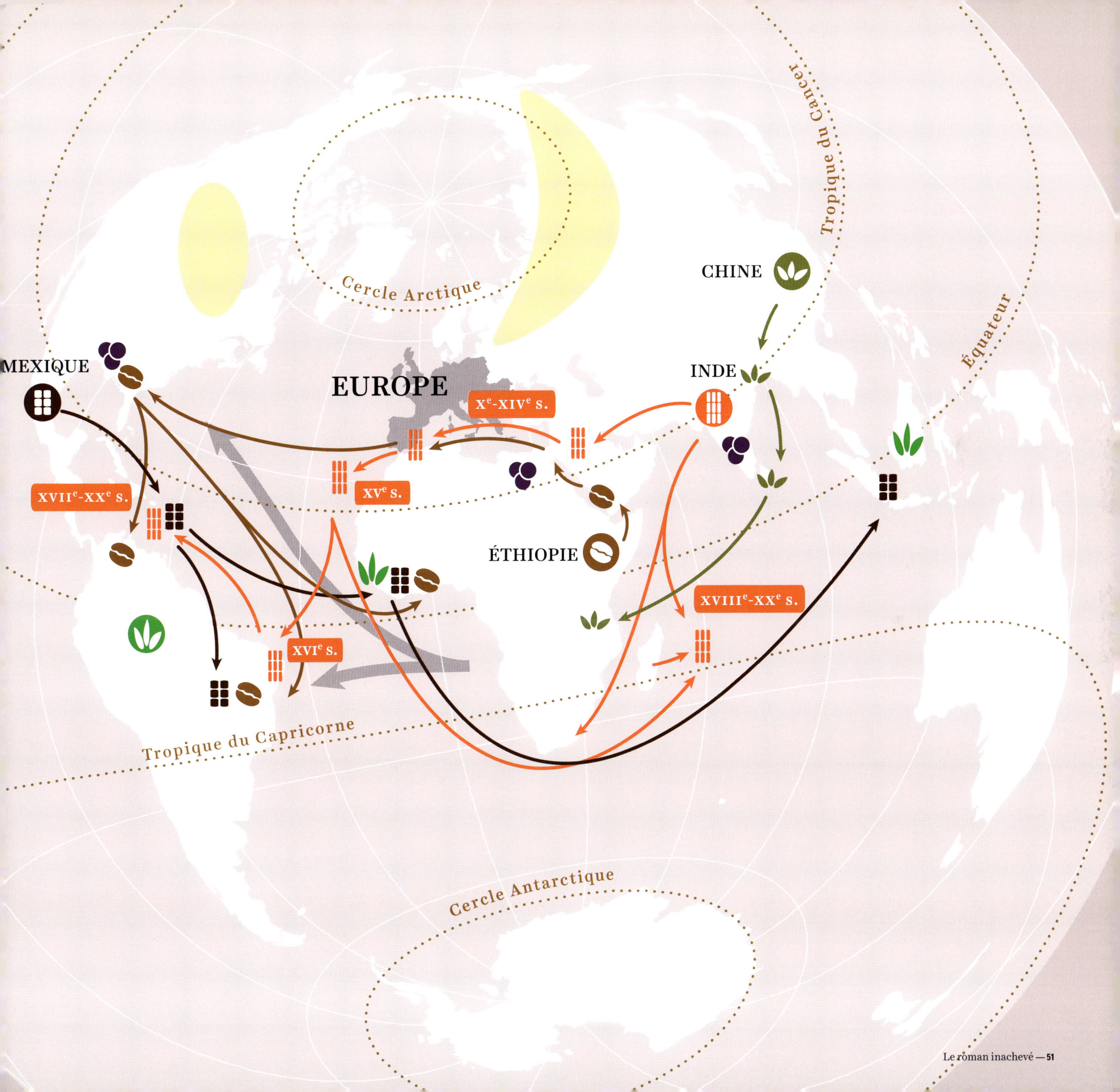
Cercle Arctique
Tropique du Cancer
Équateur
Tropique du Capricorne
Cercle Antarctique
MEXIQUE
EUROPE
CHINE
INDE
ÉTHIOPIE
Xe-XIVe s.
XVe s.
XVIIe-XXe s.
XVIe s.
XVIIIe-XXe s.

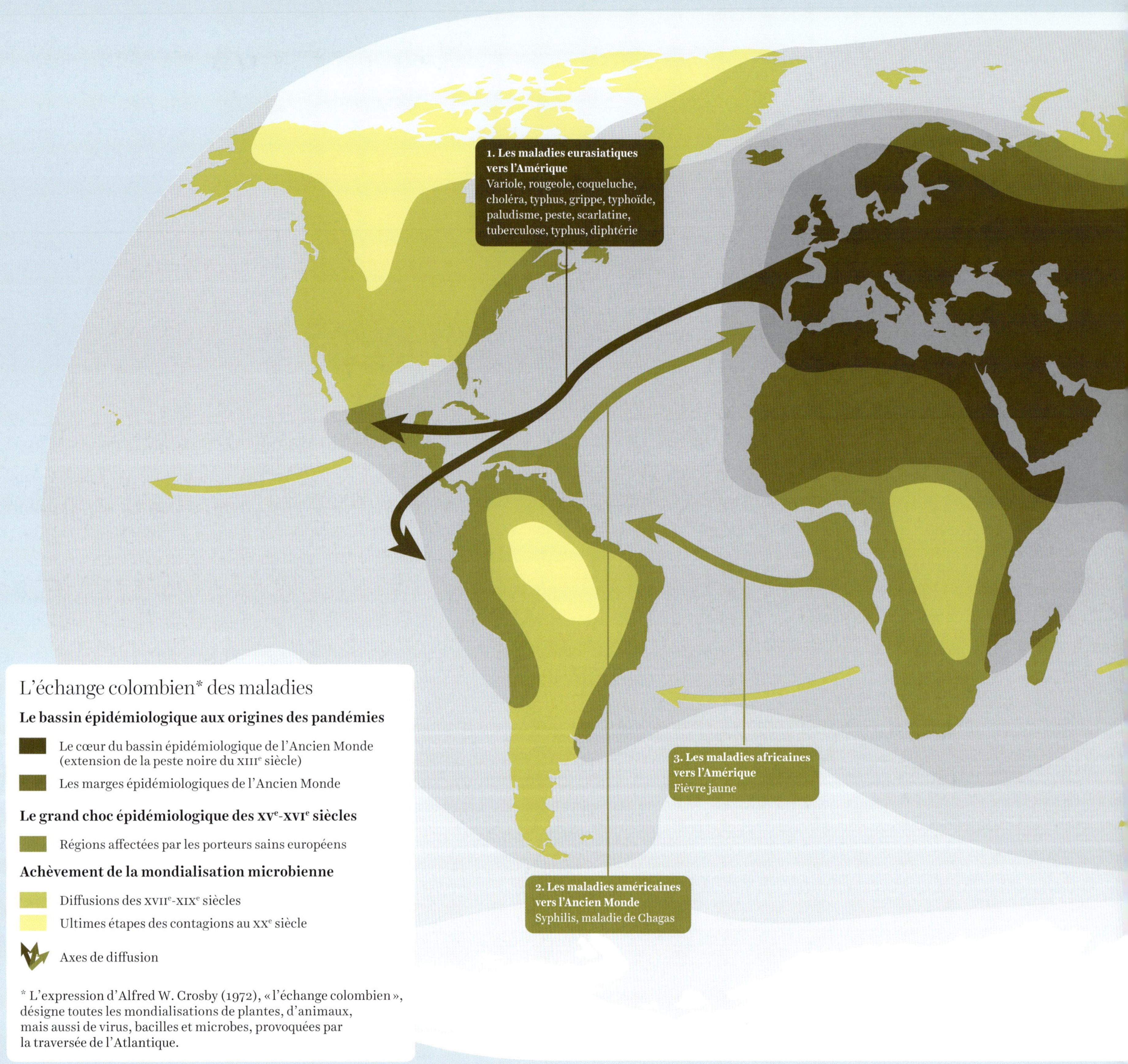
1. Les maladies eurasiatiques vers l'Amérique
Variole, rougeole, coqueluche, choléra, typhus, grippe, typhoïde, paludisme, peste, scarlatine, tuberculose, typhus, diphtérie
2. Les maladies américaines vers l'Ancien Monde
Syphilis, maladie de Chagas
3. Les maladies africaines vers l'Amérique
Fièvre jaune
L'échange colombien* des maladies
Le bassin épidémiologique aux origines des pandémies
Le cœur du bassin épidémiologique de l'Ancien Monde (extension de la peste noire du XIIIe siècle)
Les marges épidémiologiques de l'Ancien Monde
Le grand choc épidémiologique des XVe-XVIe siècles
Régions affectées par les porteurs sains européens
Achèvement de la mondialisation microbienne
Diffusions des XVIIe-XIXe siècles
Ultimes étapes des contagions au XXe siècle
Axes de diffusion
* L'expression d'Alfred W. Crosby (1972), « l'échange colombien », désigne toutes les mondialisations de plantes, d'animaux, mais aussi de virus, bacilles et microbes, provoquées par la traversée de l'Atlantique.

L'Europe est très contagieuse !

SANS LES PANDÉMIES VÉHICULÉES PAR LES EUROPÉENS, LES CONQUÊTES COLONIALES SONT INCOMPRÉHENSIBLES. LA MISE EN CONTACT DE MONDES SÉPARÉS, CE FUT D'ABORD CELLE DES MALADIES. AUJOURD'HUI, IL N'EXISTE PLUS QU'UN SEUL BASSIN ÉPIDÉMIOLOGIQUE.

Les victoires rapides et totales des conquistadors face aux empires américains, aztèque et inca, seraient incompréhensibles sans l'invisible, mais très puissant, avantage dont ont inconsciemment bénéficié les aventuriers européens : leur supériorité épidémiologique. La densité des échanges de l'Ancien Monde représentait aussi le plus vaste bassin épidémiologique, dont la tristement célèbre peste noire diffusée par les conquêtes mongoles avait été la dernière grande pandémie. Les « découvertes » européennes ont étendu à d'autres sociétés cette aire de mise en commun bactériologique, jusqu'à des groupes humains qui n'étaient pas porteurs des anticorps dus à une longue fréquentation des maladies de l'Ancien Monde. Des maladies bénignes en Europe comme la rougeole firent des ravages et les populations amérindiennes disparurent à plus de 80 %. La population précolombienne est estimée à une centaine de millions de personnes à la fin du XVe siècle ; elle n'aurait plus été que d'une dizaine de millions à la fin du XVIe siècle.

Sans ce choc biologique, qui fut également un traumatisme psychologique considérable, la réussite de Cortez ou de Pizarro est incompréhensible.

Ce sont en effet les catégories sociales dirigeantes, parce qu'elles étaient les moins isolées, qui ont été les premières frappées. Avec elles, c'est toute la structure sociale qui s'est effondrée. Ce sinistre scénario se reproduisit chaque fois que les « découvreurs » européens arrivèrent dans une société largement isolée, chez les Aborigènes australiens ou dans les îles du Pacifique. En revanche, en Asie ou en Afrique, les Européens se trouvèrent face à des populations qui partageaient avec eux depuis longtemps les mêmes maladies et ne bénéficièrent donc d'aucune supériorité épidémiologique. La pénétration coloniale y fut beaucoup plus lente et tardive. Jusqu'au XIXe siècle l'influence européenne ne dépassa pas quelques points littoraux.

CHRISTIAN GRATALOUP

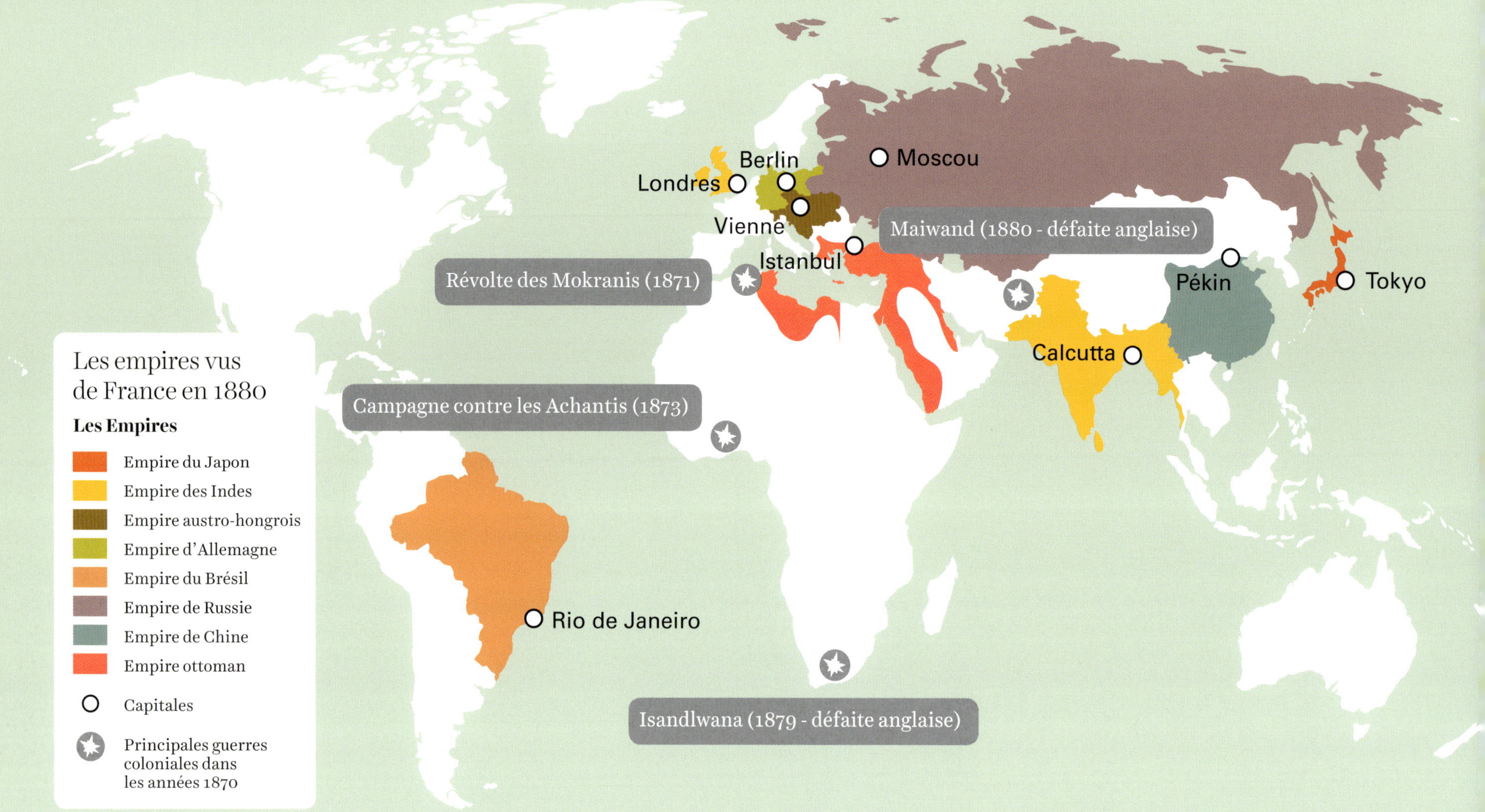

Les empires vus de France en 1880

AU TOURNANT DES XIXe ET XXe SIÈCLES, LES PRINCIPAUX ÉTATS EUROPÉENS SE PARTAGENT LE MONDE. À LA VEILLE DE CETTE PHASE D'EXPANSION, LES EMPIRES NE SONT POURTANT PAS ENCORE CE QU'ILS SONT DEVENUS.

Les cartes aussi peuvent jouer avec les mots. On connaît trop bien la carte des empires en 1914 : vastes territoires coloniaux qui expriment cette volonté d'un partage du monde par les grands États européens, dont le congrès de Berlin, en 1885, aurait été la manifestation diplomatique la plus évidente.
Oui mais voici : plaçons-nous quelques années auparavant, en 1880, et interrogeons un(e) Français(e) un peu au fait des affaires politiques du monde. La République, née dix ans plus tôt de la déchéance du Second Empire, est en train de se consolider. L'Algérie est française, certes, de même que le Sénégal et la Cochinchine, mais la grande poussée coloniale ne commencera que quelques années plus tard, avec les expéditions de Tunisie (1881) et du Tonkin (1883-85).
Pour ce(tte) Français(e), l'empire a mauvaise presse. Il évoque Napoléon III, le vaincu de Sedan. Plus encore peut-être, il évoque Guillaume Ier, devenu empereur d'Allemagne à Versailles par la grâce de la défaite militaire française.
De façon générale, les empires sont à l'est : vieux empires russe, ottoman, chinois, japonais ; ancien empire autrichien devenu, en 1867, cette bizarre et nouvelle construction : empire d'Autriche et royaume de Hongrie. Plus neuf encore (1877) : l'empire des Indes, à la tête de laquelle on a placé Victoria d'Angleterre, qui ne verra jamais sa capitale, Calcutta.
Michelet, qui vient de mourir, disait que le progrès du monde s'effectuait d'Orient vers l'Occident. De fait, à l'ouest, pas d'empire – ou presque. Le Nouveau Monde est républicain. Seul l'Empire du Brésil, proclamé en 1822 fait exception. Il disparaîtra d'ailleurs en 1888.
Mais tout cela ne dura qu'un bref moment. Les conquêtes coloniales vont bientôt faire disparaître cette représentation du monde. Rétrospectivement, les nouveaux conquérants désigneront comme « empires » les États des peuples qu'ils auront vaincus (annamites, ashantis, toucouleurs, zoulous...). Les Européens, y compris les Français, s'enorgueilliront de leurs « empires » coloniaux. À Cuba et aux Philippines, les États-Unis eux-mêmes apparaîtront comme l'instrument d'un « impérialisme » nouveau.
Et pourtant, dans la tête d'un(e) Français(e) de 1880, le monde ne se présentait pas nécessairement sous cette forme. Il ne serait pas venu à l'esprit d'un Français de se considérer comme étant à la tête d'un « empire ».

Sylvain Venayre

Les empires coloniaux européens en 1914

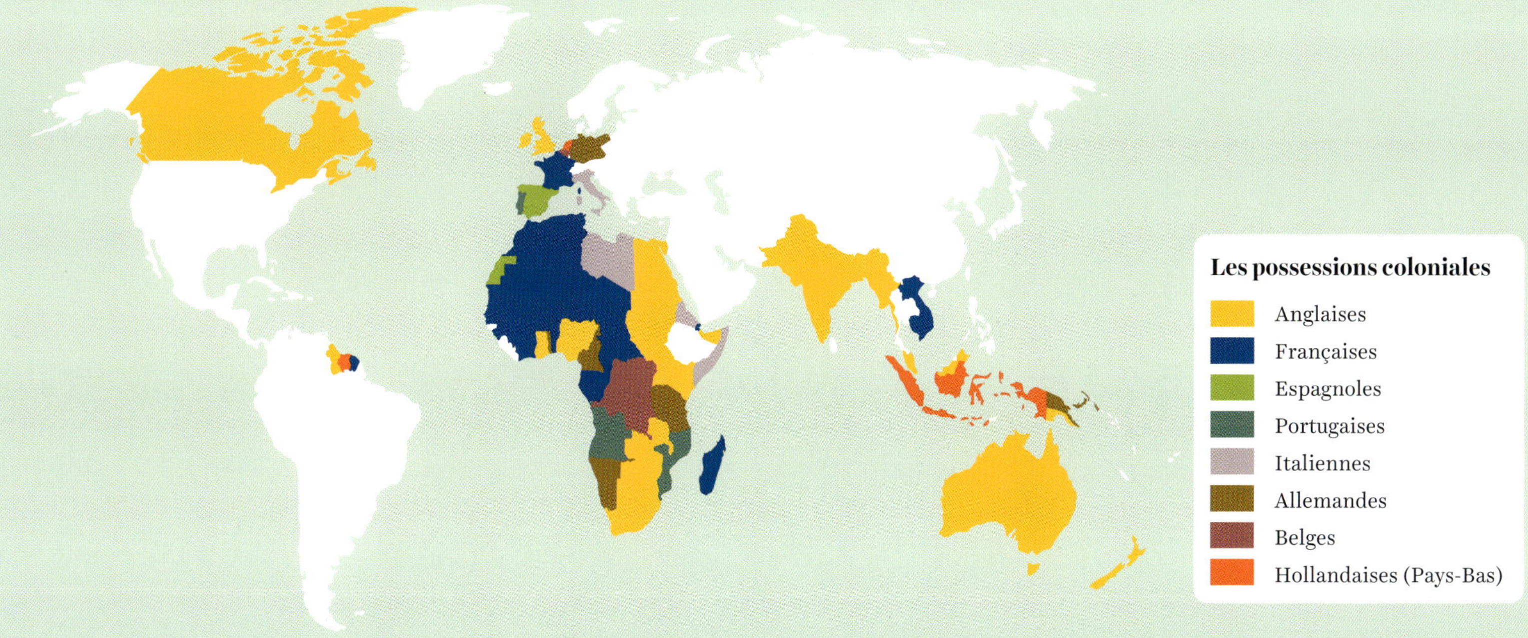

Pôle Nord
OCÉAN GLACIAL ARCTIQUE
Les Aventures du capitaine Hatteras
Upernavik
Voyage au centre de la Terre
Maelström
Reykjavik
Robur le Conquérant
Saint-Pétersbourg
Perm
Ishim
Glasgow
Liverpool
Hambourg
Moscou
Nijni Novgorod
Londres
Une ville flottante
Astrakan
Paris
Yellowstone
Québec
Chicago
Vigo
Brindisi
Kearney
San Francisco
Philadelphie
New York
Stromboli
Téhéran
Atlantide
Port-Saïd
Le Tour du monde en quatre-vingts jours
Les Enfants du capitaine Grant
Suez
OCÉAN
ATLANTIQUE
Un capitaine de quinze ans
Saint-Louis
Tombouctou
Ingemini
Sego
Zinder
Détroit de Bab-el-Mandeb
Vingt Mille Lieues sous les mers
Panama
La Jangada
Cinq semaines en ballon
Belém
Iquitos
Manaus
Uyofu
Zanzibar
OCÉAN
PACIFIQUE
Luanda
Kazonndé
Chutes Victoria
Robur le Conquérant
Aventures de trois Russes et de trois Anglais dans l'Afrique australe
Tristan da Cunha
Concepción
Punta Arenas
Un capitaine de quinze ans

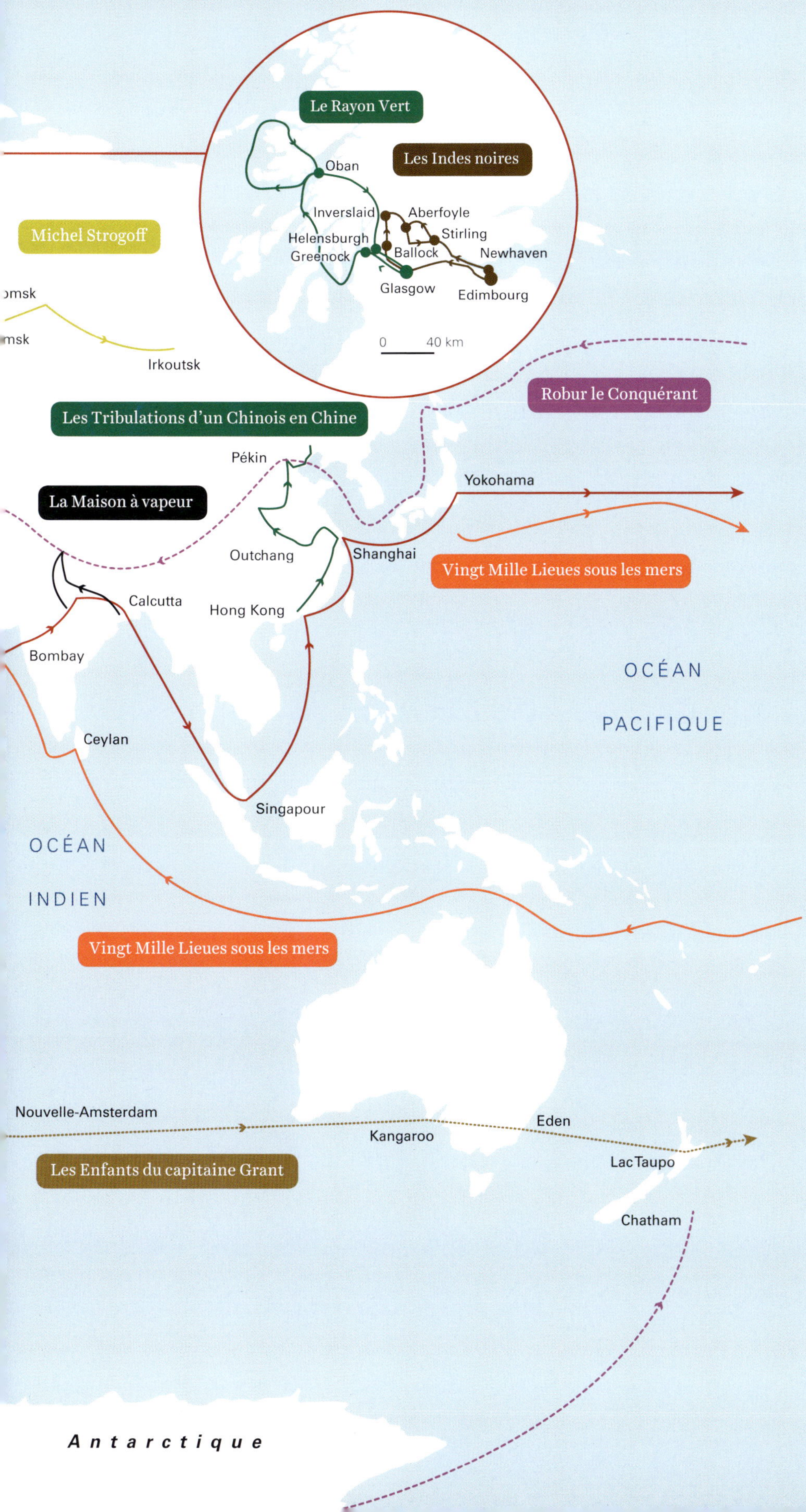

Jules Verne, citoyen du monde

L'AUTEUR FRANÇAIS LE PLUS LU DANS LE MONDE A FAIT DÉCOUVRIR LA PLANÈTE À DES CENTAINES DE MILLIONS DE LECTEURS. MAIS COMMENT LA CONNAISSAIT-IL LUI-MÊME ?

C'est un des lieux communs qui accompagne la légende de Jules Verne : l'auteur des Voyages extraordinaires n'aurait presque pas voyagé. Vers 1980, on disait que ses livres formaient la quatrième œuvre la plus diffusée au monde, derrière la Bible, les textes de Lénine et les romans d'Agatha Christie. Les histoires inventées par l'écrivain français auraient ainsi circulé à travers toute la planète, exactement comme le font les personnages nés de son imagination. Par rapport à ses livres et à leurs héros, Jules Verne, né à Nantes en 1828 et mort à Amiens en 1905, aurait donc été très sédentaire. Est-ce vrai ? Il est déjà remarquable que cet auteur si lié à l'édition parisienne ait préféré habiter la Somme en un temps où Paris passait pour la capitale des arts et des lettres. Du cap d'Antibes à Dinard, il a par ailleurs participé au développement de la villégiature balnéaire, rendue possible par la multiplication des chemins de fer. De l'Écosse à la Scandinavie et jusqu'à New York, il a bénéficié des perfectionnements du voyage d'agrément sous l'effet de la navigation à vapeur : songeons que, lorsqu'il traversa l'Atlantique, pour la seule fois de sa vie, il le fit à bord de ce paquebot fabuleux, le *Great Eastern*, qui avait été utilisé en 1865 pour dévider le câble sous-marin qui devait permettre la liaison télégraphique entre l'Ancien et le Nouveau Monde. Plus encore, passionné des choses de la mer, ce Nantais installé en baie de Somme posséda trois yachts, avec lesquels il fit des croisières qui, pour ne guère s'éloigner des côtes, l'emmenèrent du nord au sud de l'Europe et, à deux reprises, jusqu'au Maghreb. Dans la seconde moitié du XIXe siècle, tout le monde ne pouvait pas en dire autant. De ces voyages, il tira la matière de plusieurs romans : *Une ville flottante* (1870), qui donne à voir la sidération du passager du *Great Eastern*, *Les Indes noires* (1877) et *Le Rayon vert* (1882), où perce l'amour de Verne pour les paysages d'Écosse, *Clovis Dardentor* (1896) et certains chapitres de *Matthias Sandorf* (1885), où l'écrivain met en scène ses impressions en Afrique du Nord et en Méditerranée.

Et pourtant, rien ne peut nous défaire de ce sentiment : Verne n'a pas voyagé. Tant qu'on se souviendra de lui, ce sera comme d'un auteur imaginatif, rêvant le monde entier tout en demeurant vissé à sa table de travail, astreint à une stricte discipline dont lui-même s'enorgueillissait – écriture le matin, lecture l'après-midi. Et, à rebours de toutes les représentations de la vie d'artiste, des nuits calmes et reposantes auprès d'une femme que les lecteurs les plus enthousiastes de Verne ne souhaiteraient pas avoir pour épouse.

Alors, pourquoi ? Parce que, même si Blaise Cendrars adorait *Le Rayon vert*, les romans les plus célèbres de Verne ne concernent pas des lieux visités par l'écrivain. Du vivant de Verne, ses livres les plus vendus furent, dans l'ordre, *Le Tour du monde en quatre-vingts jours* (1873), *Cinq semaines en ballon* (1863), *Vingt Mille Lieues sous les mers* (1869), *Michel Strogoff* (1876), *Voyage au centre de la Terre* (1864), *Les Enfants du capitaine Grant* (1867), etc. Autant d'histoires qui ont pour cadre les lieux les plus lointains du globe, que Verne n'a pas connus.

Et surtout, ceci : Verne n'a pas connu les terres qu'il décrivait mais il vivait en un siècle qui, pour la première fois, en offrait des représentations nombreuses et fidèles. Il ne s'agit pas

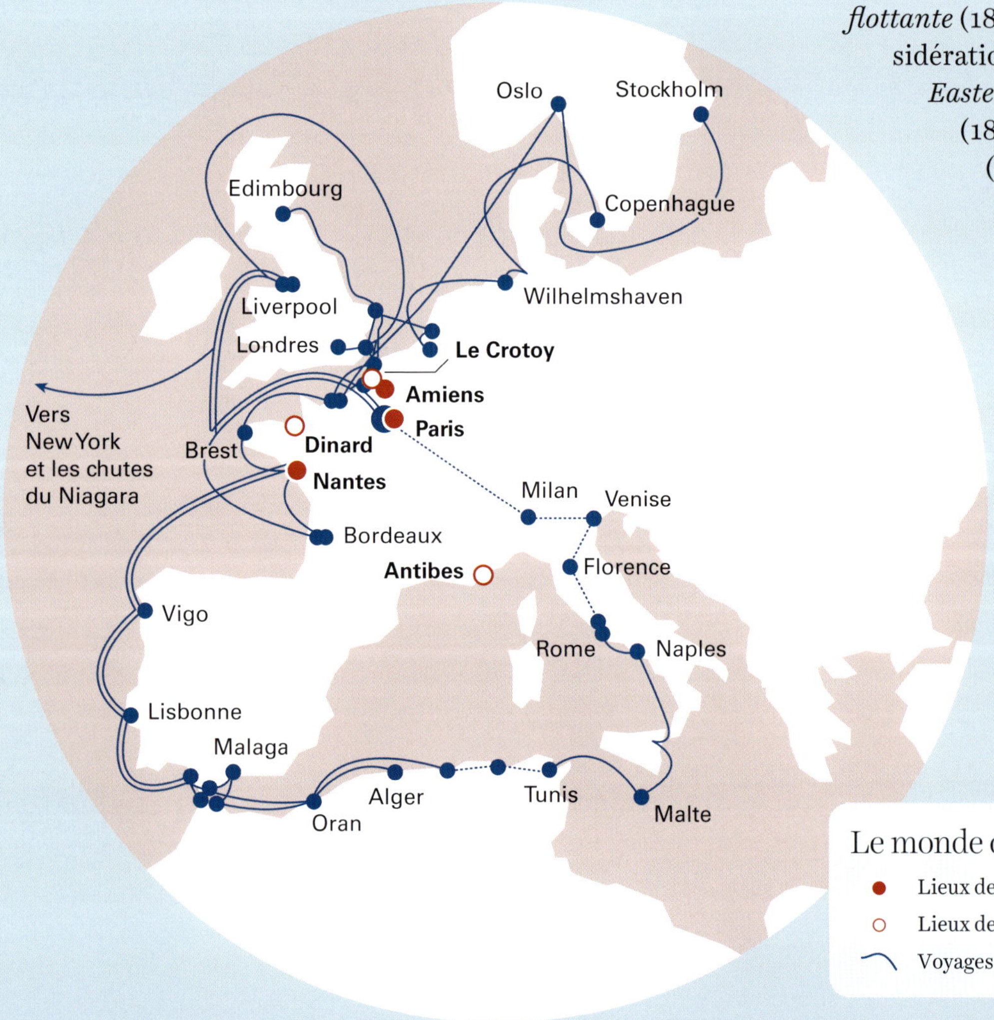

Le monde de Jules Verne

- Lieux de résidence de Jules Verne
- Lieux de villégiature de Jules Verne
- Voyages de Jules Verne

de glorifier ici, une fois de plus, l'héroïsme d'explorateurs européens partis aux confins du monde connu pour en rapporter les descriptions les plus exactes. Ce qui comptait bien davantage, c'étaient les transformations phénoménales de l'industrie du livre et du journal, sous l'effet de cette innovation qui date précisément de la naissance de Jules Verne : l'illustration.
Car imaginons Verne en ses après-midi amiénois, penché sur les ouvrages et les revues de la bibliothèque de la « Société industrielle », lisant les grandes revues illustrées de l'époque, peuplées d'images et de cartes : *L'Illustration,* bien sûr, mais aussi le *Musée des familles*, dans lequel Verne fit paraître ses premiers articles au début des années 1850, ou *Le Tour du monde,* dont il s'honorait de posséder la collection complète. Alors, nous aurons la représentation la plus exacte du monde de Jules Verne : non pas le monde des voyages de l'écrivain, ni celui des voyages de ses personnages, mais le monde tel que pouvaient alors le donner à voir, à un public plus vaste que jamais, les images nouvelles nées de la révolution de la presse illustrée.

SYLVAIN VENAYRE

Aux sources du Nil

Un jour, après avoir reconnu qu'avec un bonheur insolent, on pouvait avoir une chance sur mille de réussir, il feignit de se rendre aux désirs du docteur ; mais, pour reculer le voyage, il entama la série des échappatoires les plus variées. Il se rejeta sur l'utilité de l'expédition et sur son opportunité. Cette découverte des sources du Nil était-elle vraiment nécessaire ?... Aurait-on réellement travaillé pour le bonheur de l'humanité ?... Quand, au bout du compte, les peuplades de l'Afrique seraient civilisées, en seraient-elles plus heureuses ?... Était-on certain, d'ailleurs, que la civilisation ne fût pas plutôt là qu'en Europe – peut-être. Et d'abord ne pouvait-on attendre encore ?... La traversée de l'Afrique serait certainement faite un jour, et d'une façon moins hasardeuse... Dans un mois, dans dix mois, avant un an, quelque explorateur arriverait sans doute...
Ces insinuations produisaient un effet tout contraire à leur but, et le docteur frémissait d'impatience.
« Veux-tu donc, malheureux Dick, veux-tu donc, faux ami, que cette gloire profite à un autre ? Faut-il donc mentir à mon passé ? Reculer devant des obstacles qui ne sont pas sérieux ? Reconnaître par de lâches hésitations ce qu'ont fait pour moi, et le gouvernement anglais, et la Société royale de Londres ?
— Mais..., reprit Kennedy, qui avait une grande habitude de cette conjonction.
— Mais, fit le docteur, ne sais-tu pas que mon voyage doit concourir au succès des entreprises actuelles ? Ignores-tu que de nouveaux explorateurs s'avancent vers le centre de l'Afrique ?
— Cependant...
— Écoute-moi bien, Dick, et jette les yeux sur cette carte. »
Dick les jeta avec résignation.
« Remonte le cours du Nil, dit Fergusson.
— Je le remonte, dit docilement l'Écossais.
— Arrive à Gondokoro.
— J'y suis. »
Et Kennedy songeait combien était facile un pareil voyage... sur la carte.
« Prends une des pointes de ce compas, reprit le docteur, et appuie-la sur cette ville que les plus hardis ont à peine dépassée.
— J'appuie.
— Et maintenant cherche sur la côte l'île de Zanzibar, par 6° de latitude sud.
— Je la tiens.
— Suis maintenant ce parallèle et arrive à Kazeh.
— C'est fait.
— Remonte par le 33° degré de longitude jusqu'à l'ouverture du lac Oukéréoué, à l'endroit où s'arrêta le lieutenant Speke.
— M'y voici ! Un peu plus, je tombais dans le lac.
— Eh bien ! sais-tu ce qu'on a le droit de supposer d'après les renseignements donnés par les peuplades riveraines ?
— Je ne m'en doute pas.
— C'est que ce lac, dont l'extrémité inférieure est par 2° 30′ de latitude, doit s'étendre également de deux degrés et demi au-dessus de l'équateur.
— Vraiment !
— Or, de cette extrémité septentrionale s'échappe un cours d'eau qui doit nécessairement rejoindre le Nil, si ce n'est le Nil lui-même.
— Voilà qui est curieux.
— Or, appuie la seconde pointe de ton compas sur cette extrémité du lac Oukéréoué.
— C'est fait, ami Fergusson.
— Combien comptes-tu de degrés entre les deux pointes ?
— À peine deux.
— Et sais-tu ce que cela fait, Dick ?
— Pas le moins du monde.
— Cela fait à peine cent vingt milles, c'est-à-dire rien.
— Presque rien, Samuel.

Jules Verne, *Cinq semaines en ballon* [1863], Paris, Le Livre de Poche, pp. 31-34.

Les mondes imaginaires de Tintin et de Corto Maltese

TINTIN ET CORTO MALTESE SONT DE GRANDS VOYAGEURS QUI PARCOURENT UN MONDE FABRIQUÉ PAR LA BANDE DESSINÉE. MAIS L'ORGANISATION DU MONDE QUE TISSENT LEURS VOYAGES EST DISSEMBLABLE. S'ILS SONT TOUS DEUX IMAGINAIRES, LE MONDE DE CORTO N'EST PAS CELUI DE TINTIN.

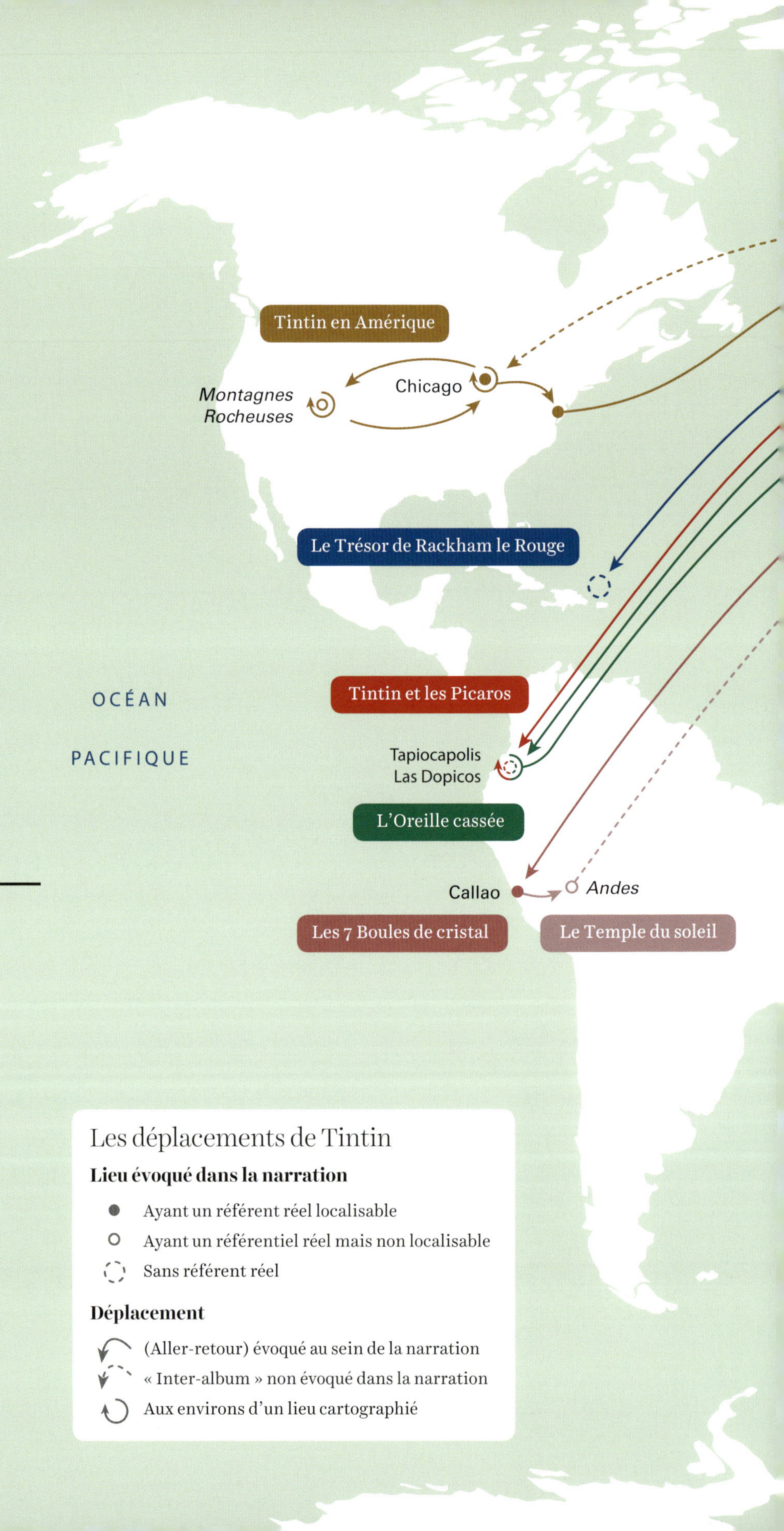

Bruxelles/
Moulinsart
(centre du monde de Tintin)
Le Havre
La Rochelle
Bagghar
Maroc
Le Crabe aux pinces d'or
Port-Saïd
Le Caire
Désert
Tintin au Tibet
Tibet
Katmandou
New Delhi
Arboujah
Khemkhâh
Khemed
Coke en stock
Les Cigares du pharaon
Tintin au pays de l'or noir
Îles Farasan
Île de Dahlak-Kébir
Taï P'in Lou
Hou Kou
Shanghaï
Le Lotus bleu
OCÉAN
PACIFIQUE
OCÉAN INDIEN
Kalabelou
Tintin au Congo
Djakarta
Pulau-pulau
Bompa
Nord du Groenland
0 500 km
OCÉAN
ATLANTIQUE
L'Étoile mystérieuse
Akureyri
Tintin au pays des soviets
Sydney
Vol 714 pour Sydney
Écosse
Kiltoch
Bruxelles
Moscou
Berlin
L'Île noire
Londres
Douvres
Prague
L'Affaire Tournesol
Genève
Bordurie
Marseille
Syldavie
Le Sceptre d'Ottokar

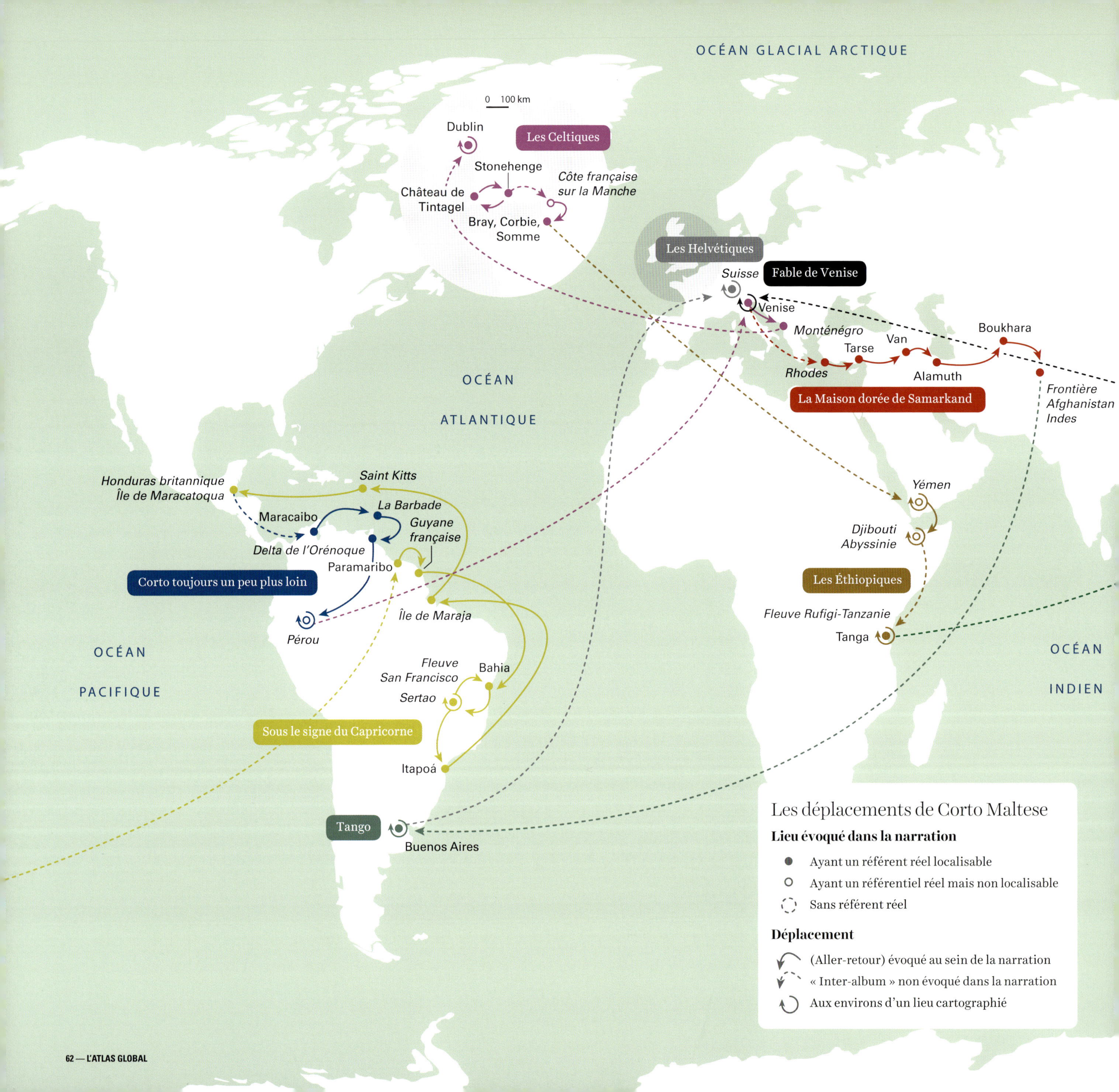
OCÉAN GLACIAL ARCTIQUE
0 100 km
Dublin
Les Celtiques
Stonehenge
Côte française sur la Manche
Château de Tintagel
Bray, Corbie, Somme
Les Helvétiques
Suisse
Fable de Venise
Venise
Monténégro
Boukhara
Tarse
Van
Rhodes
Alamuth
Frontière Afghanistan Indes
La Maison dorée de Samarkand
OCÉAN
ATLANTIQUE
Honduras britannique
Île de Maracatoqua
Saint Kitts
La Barbade
Maracaibo
Guyane française
Delta de l'Orénoque
Paramaribo
Corto toujours un peu plus loin
Île de Maraja
Pérou
Yémen
Djibouti
Abyssinie
Les Éthiopiques
Fleuve Rufigi-Tanzanie
Tanga
OCÉAN
PACIFIQUE
Fleuve San Francisco
Bahia
Sertao
Sous le signe du Capricorne
Itapoá
Tango
Buenos Aires
OCÉAN
INDIEN
Les déplacements de Corto Maltese
Lieu évoqué dans la narration
Ayant un référent réel localisable
Ayant un référentiel réel mais non localisable
Sans référent réel
Déplacement
(Aller-retour) évoqué au sein de la narration
« Inter-album » non évoqué dans la narration
Aux environs d'un lieu cartographié

Comme l'illustrent ces deux cartes, si l'on cherche à figurer sur un planisphère les pérégrinations des héros d'Hergé et d'Hugo Pratt, on voit apparaitre une série de lieux reliés les uns aux autres, formant une image du monde qui correspond à ce que le héros découvre et fait découvrir au lecteur au fil de ses aventures. Les lieux fréquentés par Tintin et par Corto Maltese sont très divers et confèrent à ces deux espaces vécus une étendue mondiale. Cependant, la forme des parcours qui les constituent est éminemment dissemblable.

Il existe chez Tintin un lieu central, que l'on peut associer à sa résidence usuelle, son appartement ou le château de Moulinsart. Ainsi, pratiquement chaque album conduit le héros à quitter son espace proche et l'y ramène au final. Il apparaît alors très nettement une segmentation du monde entre un centre européen, où se situe l'essentiel des lieux fréquentés par le héros, et des périphéries réparties sur l'ensemble du globe. Résumé schématiquement, il apparaît un monde que l'on peut qualifier de touristique. Certes Tintin ne visite pas les pays qu'il traverse, mais il reste toujours un étranger, qui n'a pas pour volonté de demeurer en un lieu une fois son devoir accompli.

À l'inverse, il n'est pas possible d'identifier de lieu central chez Corto Maltese. S'il existe des lieux dont la fréquentation est plus intense, comme l'ensemble caribéen, l'espace vécu du héros prend la forme d'un réseau, d'un ensemble de lieux structuré par des liens, dont chaque élément semble presque équivalent, comme si où qu'il soit, le gentilhomme de fortune était chez lui.

Outre cette différence d'organisation de leurs mondes, le fonctionnement temporel de ces espaces imaginaires est très éloigné. Chez Corto Maltese, le retour en arrière, qui nécessite un monde stable, n'est pas possible, Escondida, l'île cachée de *La Ballade la mer salée,* n'existe plus à partir du moment où elle est découverte. Ainsi, l'enchaînement des aventures pousse le héros toujours plus loin.

Chez Tintin, il n'existe pas d'indication qui permette de situer historiquement et chronologiquement les aventures. Tintin est un héros de son temps, perpétuellement moderne ; modernité caractérisée par la vitesse avec laquelle, comme un touriste au temps de la mondialisation, il parcourt le globe. Ainsi à l'éternel jeune homme qu'est le héros correspond un monde sans histoire, sans évolution.

Ainsi, le monde tel que le présente Tintin est un monde bien ordonné, doté d'un centre européen, espace de vie civilisé, et spatialement segmenté des périphéries. L'altérité apparaît alors dans une relation de dépendance, comme dominée et non menaçante. À l'inverse, Corto Maltese, marqué par une vision romantique du monde, le décentre et dans le même mouvement ne le segmente pas. Il constitue ainsi une image d'un monde aventureux, ouvert et incertain, que ne recoupe ni les divisions habituelles, ni les frontières.

Julien Champigny

3
Les derniers feux

Longtemps sur le devant de la scène, l'Occident serait-il dans une phase d'épuisement et de déclassement ? Si on compare les indicateurs de richesse matérielle, on est encore loin d'un abandon, d'un isolement. Mais les empires ne meurent jamais brutalement.
Regardons sur nos tables : nous nous approvisionnons au Sud pour le café, le thé, le chocolat que nous ne pourrons pas, à moins d'organismes génétiquement très modifiés, produire dans les pays tempérés. Dans nos laboratoires de recherches et nos universités, les performances scientifiques ne sont-elles pas aussi liées à l'appel de matière grise venant des pays en développement ?
Le Bhoutan invente un indicateur pour mesurer le bonheur national brut et, en même temps, nos aptitudes à nous émerveiller, nos capacités d'empathie, de solidarité sont mises à mal. Les films qui font rêver les êtres humains sont-ils encore produits à Hollywood dont les ambitions mondiales se heurtent aux codes culturels de l'Inde et de la Chine ? On peut sourire des images qui nous viennent de Bollywood, mais la violence omniprésente sur nos écrans ne vaut pas forcément mieux…
Dans l'industrie des médias, la beauté est une denrée chère payée. Les canons occidentaux de la peinture européenne et du cinéma américain cèdent le pas devant des modèles plus métissés, les concours de beauté dévoilant des rêves anatomiques dont l'Occident n'a plus l'apanage. Le sport mondialisé fournit encore un autre cas du déplacement d'un centre de gravité autrefois européen. L'organisation événementielle reste largement au Nord, mais les équipes qui concourent recrutent beaucoup au Sud.
Certains feux allumés par l'Europe au XVIe siècle pourraient être les derniers d'une domination qui laisse nostalgique les Européens pensant que le classement de l'histoire moderne devait être immuable.

Le Sud, garde-manger des riches

LE SUD A SOUVENT FAIM. MAIS ON OUBLIE DE VOIR DE NOMBREUX PAYSANS ATTELÉS À LA PRODUCTION DE MATIÈRES PREMIÈRES AGRICOLES POUR LES PAYS RICHES DU NORD. EST-CE UN NÉOCOLONIALISME ? UN PARTAGE DE VALEURS ?

La solidarité souvent claironnée des pays riches envers les pays en développement mérite une petite leçon de géographie globale. Car après tout, depuis le XVIIIe siècle, l'Europe et les pays riches se servent à volonté dans les régions tropicales pour boire leur thé, leur café et leur chocolat. Trois plantes arrivées sur les tables en Europe et qui ont révolutionné les manières de boire et de manger.
Car les plantes à boisson que sont le raisin pour le vin et l'orge pour la bière ont l'inconvénient d'être alcoolisées. Avec le thé, le café, le chocolat, les Européens, puis les autres pays adoptant leurs modes de vie peuvent se doper sans prendre d'alcool. Notamment les femmes, peu portées sur le vin et la bière, et qui furent les premières à apprécier.
Il y a plus encore. Les femmes de la bourgeoisie européenne ont commencé leur ascension sociale avec le café dans les cafés. Ne pouvant briser le plafond de verre de l'aristocratie, elles s'émancipent d'autant que les maternités sont moins dangereuses pour elles que par le passé. Les reines, elles, ont imposé le thé comme une boisson sociale. Et les femmes les plus aisées ont imposé progressivement le chocolat pour elles-mêmes et leurs enfants. Ce nouveau continent alimentaire féminin, peuplé de plantes dopantes sans grand danger pour le corps et l'esprit, est une révolution de la biodiversité alimentaire, dégageant le Nord de l'obligation de boire des boissons fermentées réputées plus sûres sur le plan sanitaire. Du coup, s'installe une division internationale du travail agricole à même de fournir les matières premières qui ne peuvent pas être acclimatées en milieu tempéré.

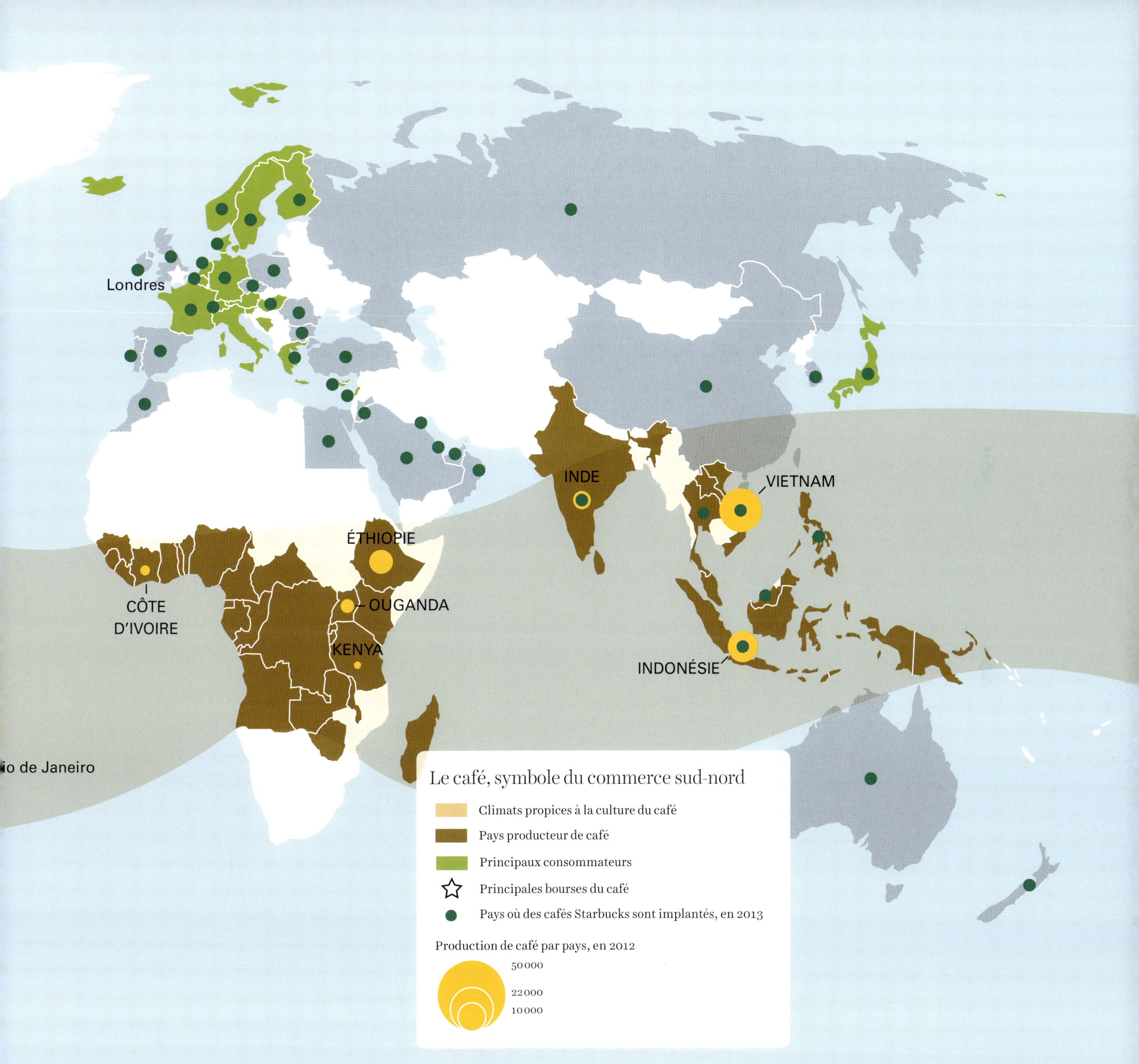
Londres
INDE
VIETNAM
ÉTHIOPIE
CÔTE D'IVOIRE
OUGANDA
KENYA
INDONÉSIE
io de Janeiro
Le café, symbole du commerce sud-nord
Climats propices à la culture du café
Pays producteur de café
Principaux consommateurs
Principales bourses du café
Pays où des cafés Starbucks sont implantés, en 2013
Production de café par pays, en 2012
50 000
22 000
10 000

Certaines boissons comme le café et le thé et certains produits comme le sucre de canne deviennent les vecteurs de formes politiques et artistiques nouvelles : liberté acquise pendant la période des Lumières, renouvellement littéraire comme en témoigne l'apogée du roman inconcevable sans imaginer des auteurs addicts à la caféine, révolution dans la pâtisserie avec le sucre abondant, nouvelles sociabilités en Angleterre avec la célébration du *tea at five o'clock*, etc. Ces facilités et cette abondance se paient dans les pays en développement par des conditions de travail qui se dégradent souvent, la colonisation ne laissant pas toujours d'heureux souvenirs au nouveau prolétariat de la terre, y compris l'esclavage jusqu'au mitan du XIXe siècle. Aujourd'hui, la structure émiettée à l'excès des cacaoyères et des plantations de café et de thé est le signe d'une forme de domination pour garantir les approvisionnements sécurisés par des bourses de matières premières situées à Londres ou New York.

Le café est emblématique du chemin parcouru par cet arbuste depuis les hautes terres éthiopiennes et yéménites, confisqué par les élites arabes qui le chérissent pour leur boisson sociale, le kawa, avant que les Néerlandais volent des plants à la fin du XVIIe siècle pour leur nouvelle colonie des Indes orientales. Sortie de son berceau, la plante est acclimatée aux Antilles, puis dans l'empire brésilien durant les XVIIIe et XIXe siècles avant de gagner à nouveau les rivages de l'Asie du Sud-Est où le

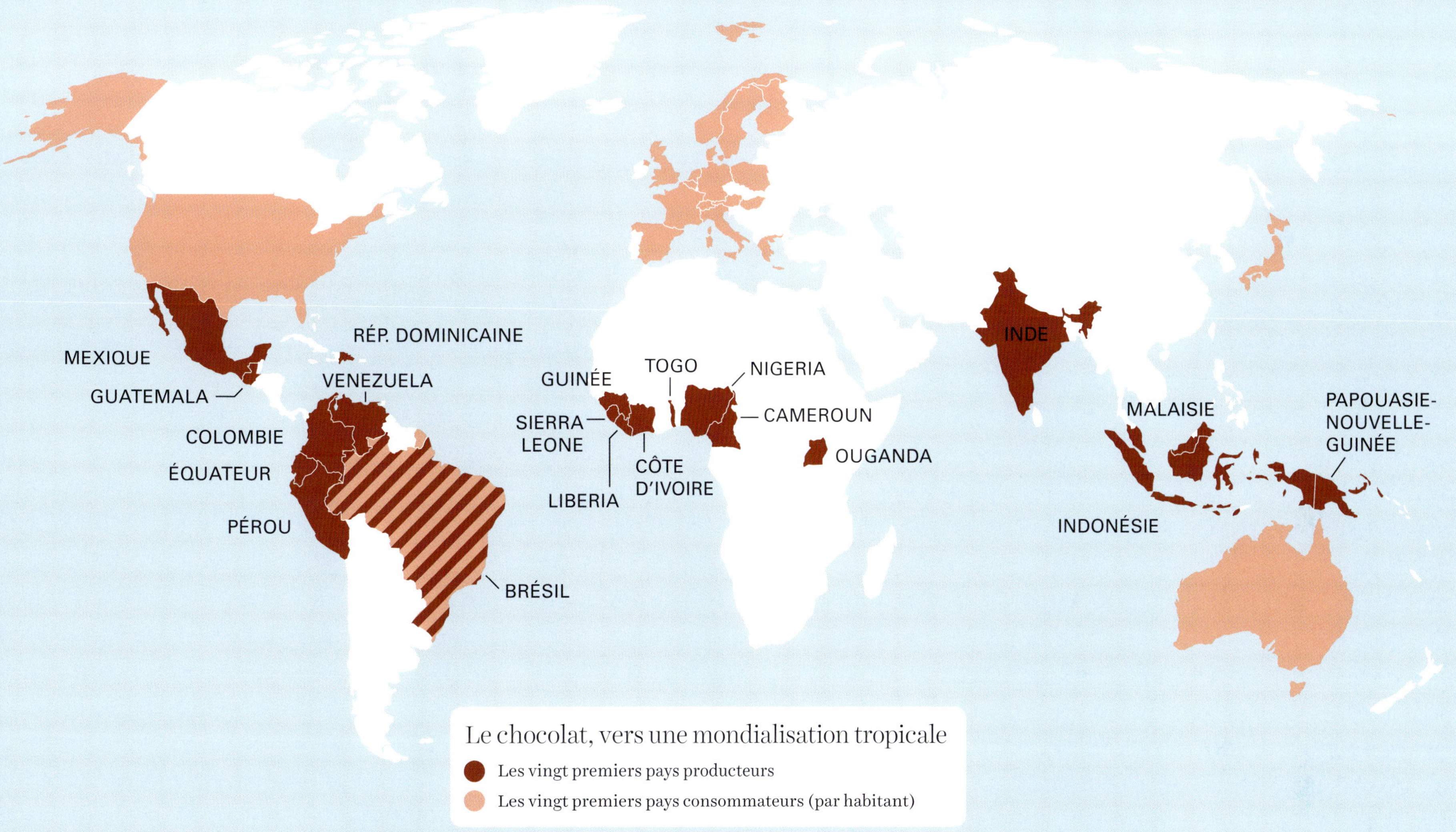

Vietnam s'impose comme le challenger du Brésil à la faveur de sévères gelées dans les années 1980.

Hors du café, la richesse agroalimentaire du Sud est autrement plus conséquente. Aujourd'hui, le Brésil est en passe de gagner son pari d'être le premier producteur mondial de soja devant les États-Unis. Ce modèle du soja n'est pas celui du café ou du chocolat mais il s'y apparente dans sa relation avec les pays riches. Les gigantesques réserves de terres du Mato Grosso et de celles de l'Amazonie sont disponibles pour des variétés de soja atteignant jusqu'à trois récoltes par an lorsqu'il est génétiquement modifié.

Les riches peuvent bien se débarrasser de leurs surplus alimentaires ou vouloir prendre en charge l'alimentation des pays pauvres avec leurs céréales abondantes. Car, en réalité, ils mangent beaucoup dans la main des pauvres. Les « locavores » qui promeuvent l'alimentation locale sont les premiers à se rendre compte qu'une vie sans café ni thé ni chocolat n'est plus tout à fait la même que lorsqu'on peut travailler jusqu'à des raffinements inouïs sur ces trois plantes magiques et cette légumineuse qu'est le soja.

Garde-manger du Nord, le Sud pourrait être en passe de prendre une revanche géopolitique en forme de boomerang s'il venait à refuser de collaborer avec les multinationales occidentales. En quelque sorte, un pouvoir vert inversé dont certains cartels pétroliers ont profité depuis 1973.

Gilles Fumey

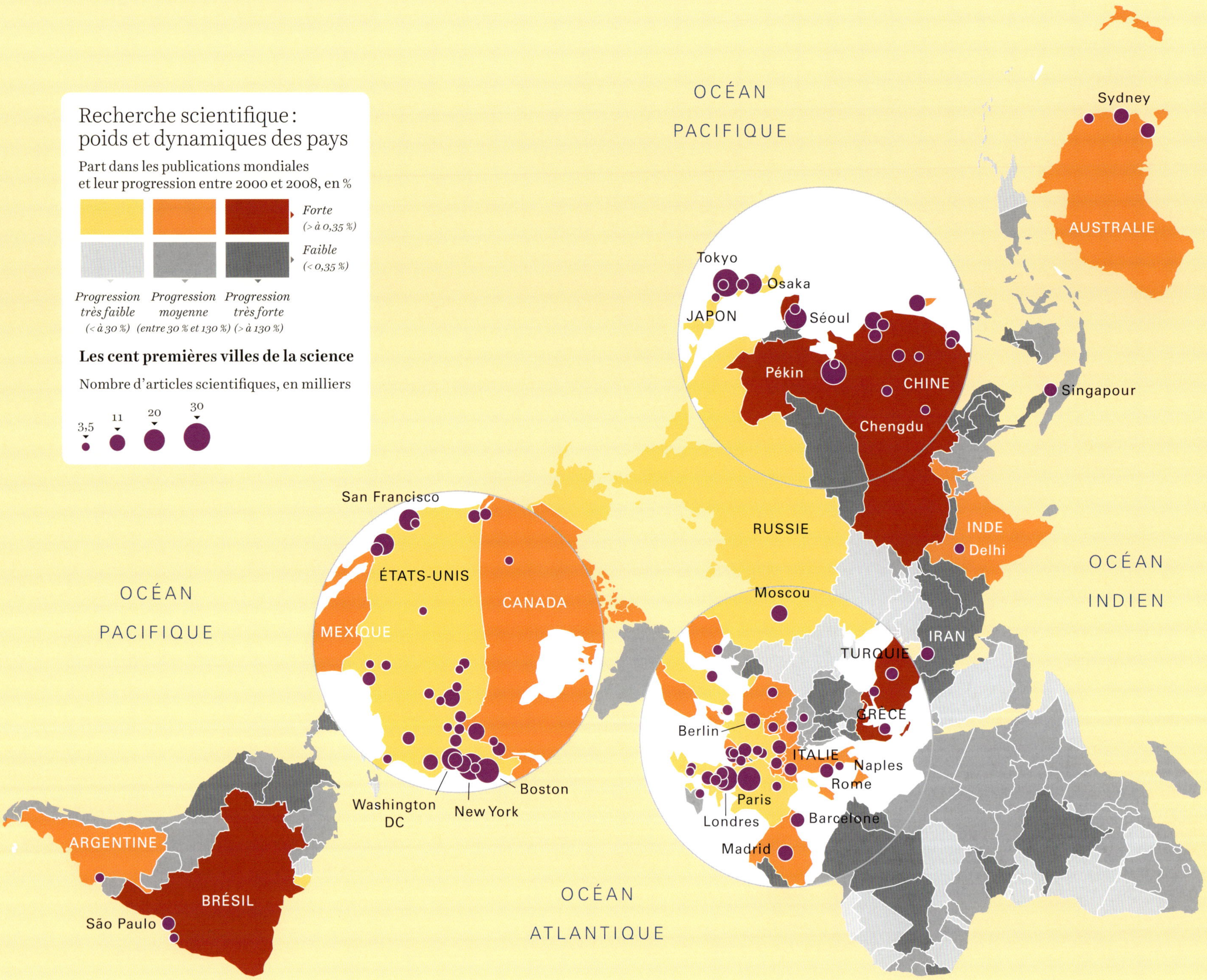
Recherche scientifique : poids et dynamiques des pays
Part dans les publications mondiales et leur progression entre 2000 et 2008, en %
Forte (> à 0,35 %)
Faible (< 0,35 %)
Progression très faible (< à 30 %)
Progression moyenne (entre 30 % et 130 %)
Progression très forte (> à 130 %)
Les cent premières villes de la science
Nombre d'articles scientifiques, en milliers
3,5
11
20
30
OCÉAN PACIFIQUE
OCÉAN PACIFIQUE
OCÉAN ATLANTIQUE
OCÉAN INDIEN
Sydney
AUSTRALIE
Tokyo
Osaka
JAPON
Séoul
Pékin
CHINE
Chengdu
Singapour
INDE
Delhi
RUSSIE
Moscou
IRAN
TURQUIE
GRÈCE
Berlin
ITALIE
Naples
Rome
Paris
Londres
Barcelone
Madrid
San Francisco
ÉTATS-UNIS
CANADA
MEXIQUE
Washington DC
New York
Boston
ARGENTINE
BRÉSIL
São Paulo

Un « tout petit » monde scientifique

LA RECHERCHE ET LE SAVOIR TRAVAILLENT POUR LE FUTUR. POUR L'INSTANT, LES LIEUX DE PRODUCTION SONT LIMITÉS À L'OCCIDENT, AU JAPON ET AUX PAYS DU BRIC (BRÉSIL, RUSSIE, INDE ET CHINE), MAIS POUR COMBIEN DE TEMPS ?

Pour avoir une vision de l'activité de la recherche à l'échelle du monde, l'indicateur le plus fiable est sans doute le nombre d'articles scientifiques publiés chaque année. Ces articles, paraissent dans des milliers de revues différentes et très spécialisées (mais aussi quelques grandes « généralistes » dont les plus connues sont *Nature* et *Science*). Rien qu'en 2012, plus de 1,5 million d'articles avaient été répertoriés dans la base de données Science Citation Index. C'est ce que reflète cette carte, où figurent trois types de renseignements : la part des pays du monde et leur évolution dans l'activité mondiale (couleurs par pays), enfin le nombre d'articles publiés dans les cent premières villes scientifiques du monde.

Que voit-on ? D'abord que la planète de la recherche est plutôt polarisée. Les cent plus grandes villes de la science, situées majoritairement en Amérique du Nord (New York et Boston respectivement au 2e et 4e rang mondial), Europe (Londres et Paris 3e et 7e) et au Japon (Tokyo et Osaka, 1er et 11e), concentrent à elles seules la moitié de l'activité scientifique. Sans surprise, les zones de forte concentration se trouvent dans les « vieux pays de la science ». Les États-Unis sont de très loin le premier contributeur, avec plus de 400 000 articles. Cela ne doit pas masquer un développement récent, notamment dans des pays d'Asie orientale : en Corée du Sud (Séoul au 9e rang mondial), à Taiwan et en Chine continentale (Pékin au 5e rang mondial). Car la « carte de la science » mondiale bouge. Des pays presque absents il y a vingt ou trente ans sont aujourd'hui des contributeurs actifs à la production scientifique mondiale. Outre les pays d'Asie orientale, on peut également citer le Brésil (29 000 articles en 2008), la Turquie (21 000) voire l'Iran (13 000).

D'ailleurs, si l'on distingue deux catégories de pays – ceux qui produisent peu de science (en gris plus ou moins foncé) et ceux qui y contribuent fortement (du jaune au rouge) – on voit bien que, dans chacun des deux groupes, les dynamiques sont contrastées. Les « grands pays » traditionnels de la science n'augmentent que peu leur production (de la Russie +4 % à l'Allemagne +27 %, en passant par le Japon +19 %, les États-Unis +22 % et la France +23 %) alors que de nouvelles puissances scientifiques émergent, avec des taux de croissance très élevés (pays en rouge). Le Brésil (+130 %), la Turquie (+230 %) et la Chine (+298 %) attirent tout particulièrement l'attention. Cette dernière est ainsi devenue, à la fin des années 2000, le deuxième foyer scientifique mondial, avec près de 107 000 articles par an ! À partir de quelques foyers, le monde de la science semble devenir progressivement multipolaire. Ce monde selon le Web of Science reste « tout petit », « étroit », pour citer quelques bribes de la dernière phrase du roman éponyme de David Lodge publié en 1984, tellement on cherche les villes africaines dans des pays très marginaux (1,2 % des articles).

MYRIAM BARON, DENIS ECKERT, LAURENT JÉGOU

Une géographie du bonheur

LE BONHEUR EST UNE VALEUR À LAQUELLE LES HUMAINS ASPIRENT. SANS FORCÉMENT PASSER PAR LE PROGRÈS MATÉRIEL. MAIS SANS LE REJETER NON PLUS…

Que peut nous dire une carte du bonheur ? Elle pourrait ressembler à la carte du Tendre, avec ses écueils et ses havres de paix. Mais en fait l'indice du bonheur reste insaisissable. Plusieurs existent cependant, qui proposent chacun leur vision : le tout premier indice du genre a été proposé par le Bhoutan dans les années 1970. Ce petit pays himalayen a lancé le bonheur national brut, pour faire pièce à l'implacable produit national brut, censé refléter le degré de développement d'un pays et, partant, son épanouissement. L'indice de développement humain, proposé par deux fameux économistes dans les années 1990 devait permettre de mieux prendre en compte les conditions de vie et non plus seulement la production.

Articuler le qualitatif et le quantitatif est une tâche ardue, car comment définir le bonheur, et comment le mettre en équation ? Un des derniers indices proposés est le HPI, pour Happy Planet Index, qui prend en compte empreinte écologique (une notion très contestable), espérance de vie et sentiment de bien-être. Tous ces indicateurs donnent autant de cartes différentes.

Le classement proposé ici reprend comme base l'IDH, mais en y ajoutant d'autres données, prises comme autant d'informations sur la vie quotidienne dans les pays concernés. L'IDH conjugue richesse produite par habitant, alphabétisation et espérance de vie. S'y ajoutent la malnutrition, les morts violentes, y compris les suicides ; les décès engendrés par les conditions environnementales ; le chômage ; le respect des libertés ; la sécurité et la stabilité politique ; enfin, l'obésité, prise comme révélatrice de déséquilibres dans le mode de vie et le rapport au corps. Le monde qui apparaît à travers ce classement est en partie familier, mais pas totalement : les pays riches apparaissent généralement bien classés, mais ils ne sont pas forcément en tête. Certains autres qui auraient mauvaise réputation apparaissent plutôt mieux classés.

L'Afrique apparaît comme un continent difficile. Les pays en guerre font aussi partie des moins bien lotis.

Mais il manque en fait à la carte les très petits territoires, souvent bien classés. Les petites îles du Pacifique sortent donc du lot. Surtout, le classement se base sur des données officielles collectées par les Nations unies ou certaines ONG. Or, les statistiques sont parfois difficiles à collecter. Les pays d'Afrique pâtissent certainement de ces lacunes.

Cette carte n'est donc qu'une proposition, une évocation de tendances, qui évoluent rapidement. Deux exemples : la Syrie et la Corée du Nord, voient leur situation réelle difficile à cerner, mais très dégradée. Quand un pays va mal, il supprime ou trafique ses statistiques. Mais ce n'est pas effacer la souffrance. À l'opposé, avoir des projets, des rêves, et pouvoir les réaliser en toute tranquillité, dans un certain idéal d'harmonie (un mot trop oublié), c'est probablement ce qui se rapprocherait le plus d'une certaine idée du bonheur.

BRICE GRUET

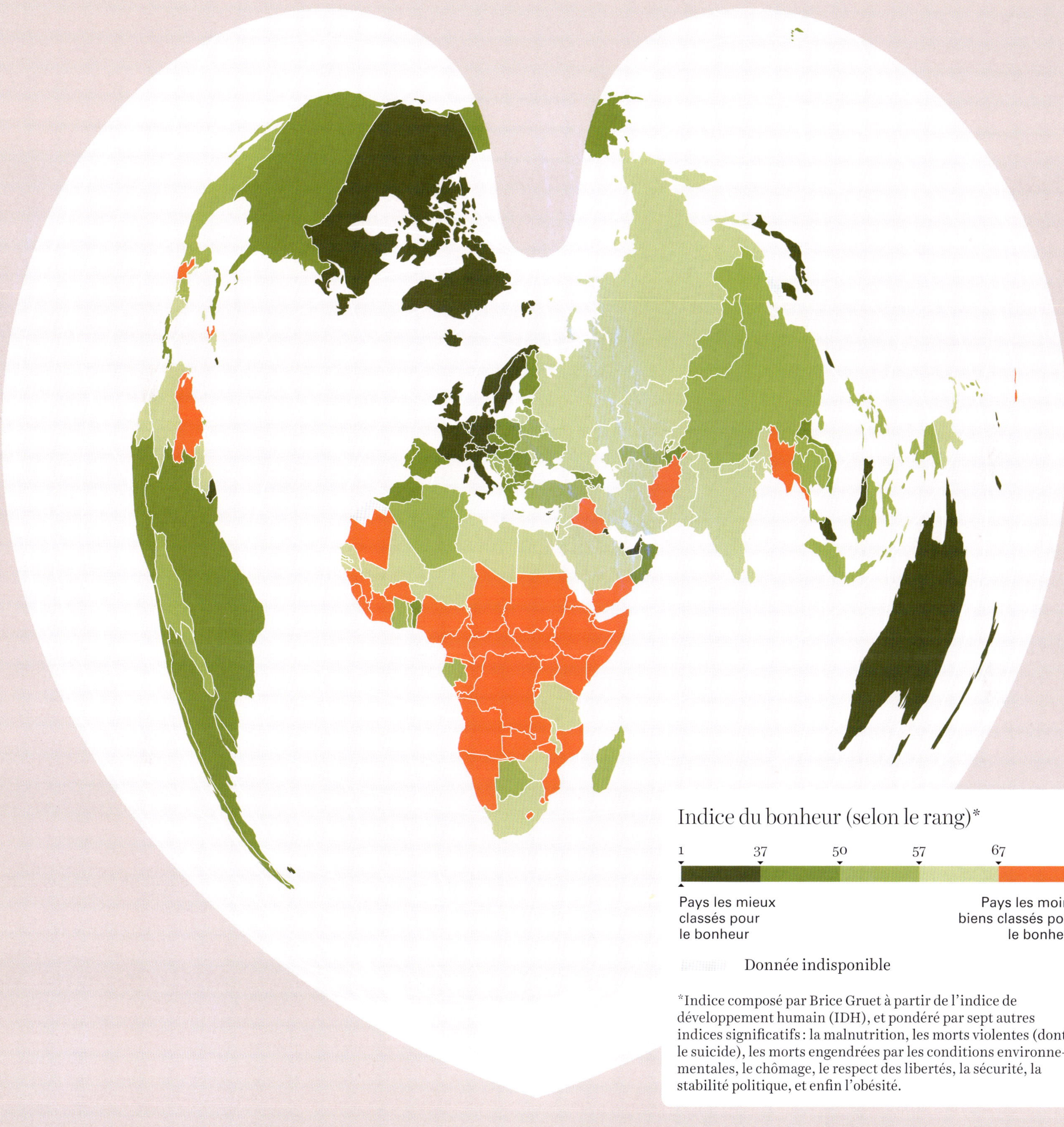

*Indice composé par Brice Gruet à partir de l'indice de développement humain (IDH), et pondéré par sept autres indices significatifs : la malnutrition, les morts violentes (dont le suicide), les morts engendrées par les conditions environnementales, le chômage, le respect des libertés, la sécurité, la stabilité politique, et enfin l'obésité.

Le cinéma comme récit du monde

LE CINÉMA EST UNE LONGUE AVENTURE COMMENCÉE À LYON. LES ÉTATS-UNIS S'EN SONT EMPARÉS SANS POUR AUTANT ATTEINDRE L'HÉGÉMONIE MONDIALE. ET INTERNET ENTRE DANS LE JEU DE CETTE PLANÈTE DES IMAGES QUI N'EN FINIT PAS DE GRANDIR.

Hollywood, Bollywood, Nollywood et les autres

L'influence mondiale d'Hollywood et de Bollywood

- Les États-Unis, super-puissance cinématographique
- Pays « États-Unis-dépendant »
- Zones d'influence des États-Unis
- L'Inde, puissance à vocation mondiale
- Pays soumis à l'influence du cinéma indien

Puissances secondaires à vocation régionale

Pays	Zone d'influence
Chine	Chinoise
Égypte	Égyptienne
France	Française
Russie	Russe
Nigeria	Nigériane (vidéo)

Les séries ne sont pas prises en compte.

Gros producteurs et gros consommateurs

- 686 Pays produisant en moyenne plus de 100 longs-métrages par an (vidéo comprise)
- Centres de la production mondiale
- Les grands consommateurs (plus de quatre entrées par an par habitant)
- Quatorze festivals compétitifs et généralistes agrées par la FIAPF
- Public « nationaliste »

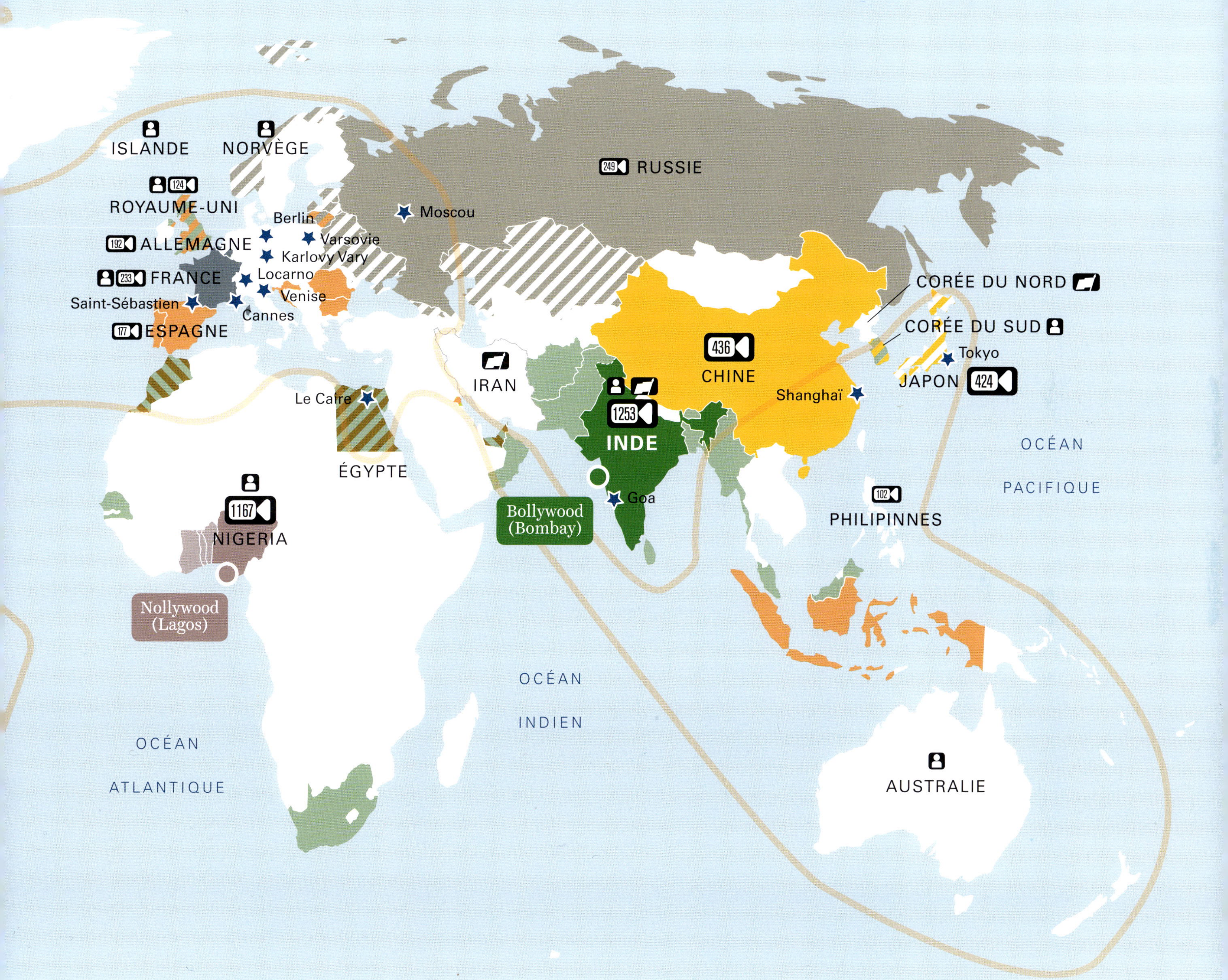
ISLANDE
NORVÈGE
124
ROYAUME-UNI
192
ALLEMAGNE
233
FRANCE
177
ESPAGNE
Berlin
Varsovie
Karlovy Vary
Locarno
Venise
Cannes
Saint-Sébastien
Moscou
249
RUSSIE
IRAN
Le Caire
ÉGYPTE
1253
INDE
Goa
Bollywood (Bombay)
1167
NIGERIA
Nollywood (Lagos)
436
CHINE
Shanghaï
CORÉE DU NORD
CORÉE DU SUD
Tokyo
JAPON
424
102
PHILIPINNES
OCÉAN PACIFIQUE
OCÉAN INDIEN
OCÉAN ATLANTIQUE
AUSTRALIE

Le cinéma cristallise un sentiment répandu, réduisant la mondialisation à l'uniformisation-américanisation du monde. Cette théorie impérialiste, qui fait du cinéma hollywoodien le cheval de Troie de l'*American Way of Life*, dispose d'arguments : sur la quasi-totalité des Amériques, en Espagne, en Australie, en Roumanie ou en Indonésie, l'essentiel des grands succès en salles vient de Hollywood, où les *majors* sont passées maîtres dans l'art de produire des œuvres populaires et contrôlent les circuits de distribution mondiaux. En France, au Maghreb, au Japon, une production nationale importante ne fait que limiter ce phénomène.
Cependant, le public de quelques pays dont l'Iran tend, quoique de moins en moins, à réserver ses faveurs d'abord à la production nationale – mais pas plus que le public ô combien nationaliste des États-Unis.
D'autres centres de production progressent. L'Inde, Bollywood en tête, propose plus de mille films par an à un public, lui aussi, encore rétif à la production étrangère, ainsi qu'à quelques pays importateurs – Pakistan, Afrique du Sud et Égypte, notamment. Chine, Égypte, France et Russie exercent pour leur part une influence régionale, tandis que le Nigeria alimente le juteux marché ouest-africain de la vidéo et que des acteurs isolés sur ce vaste continent africain tentent leur chance. Dernière nuance, les opportunités offertes par le numérique et Internet présagent d'une recomposition spectaculaire de la géographie mondiale de l'audiovisuel, sans nécessairement mettre en péril la position de Hollywood. Parallèlement, d'innombrables festivals permettent, à travers le monde, la diffusion d'une riche production provenant d'Afrique de l'Ouest, d'Asie centrale, d'Amérique latine…
Le cinéma n'est cependant pas qu'affaire d'économie : forts de leur succès, les productions états-uniennes et indiennes créent un monde filmique évolutif mais relativement cohérent, modifiant nos représentations et nos pratiques et, donc, le monde « réel ».
Du point de vue hollywoodien, les paysages de Ouarzazate servent d'idéaux-types de l'Orient et on les mobilise pour figurer l'Égypte ou l'ancienne Mésopotamie, cependant que Kho Tapu, la « James Bond Island », est devenue un haut lieu touristique thaïlandais après la sortie de *L'Homme au pistolet d'or* en 1974. De même, les déserts de l'Utah et du Nouveau-Mexique ont permis – aussi dans la publicité – de symboliser la *frontier* et, corollairement, de cristalliser le nationalisme nord-américain, d'une manière très comparable – en dépit de différences évidentes – à la mobilisation des paysages du Cachemire par Bollywood, ou encore du Xinjiang par les cinéastes chinois. Cohérents, ces mondes peuvent même communiquer entre eux et engendrer des univers de sens partageables. Ainsi retrouve-t-on l'urbanisme futuriste de Dubaï tant dans les *blockbusters* hollywoodiens que dans les romances bollywoodiennes, tout comme la *skyline* new-yorkaise, avec les rêves de réussite qu'elle symbolise pour les spectateurs occidentaux comme pour la diaspora indienne.

Manouk Borzakian

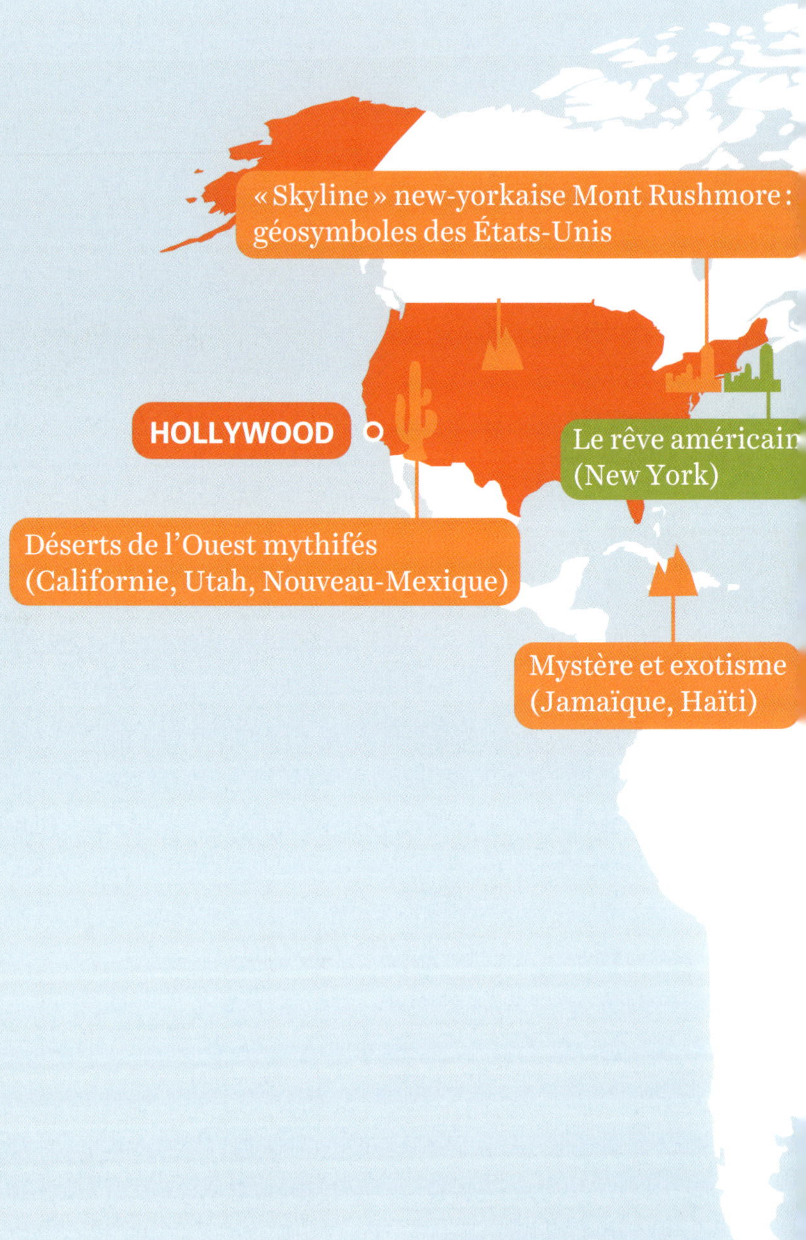

Une mondialisation des imaginaires géographiques
Les paysages emblématiques des cinémas d'Hollywood et de Bollywood

Hollywood
Bollywood

Occident rêvé et Cachemire alternatif (Alpes bernoises)
Faste et glorieux passé indien (Rajasthan)
Haut lieu de la diaspora (Londres)
Paysages nationalistes du Cachemire
Luxe et volupté de la French Rivieira
Luxe et futurisme des Émirats
Puissance chinoise grandissante (Shanghai et Hong Kong)
L'Orient idéal-typique (Ouarzazate, Casablanca)
Majesté des pyramides d'Égypte
BOLLYWOOD
Paysages de guerre « vietnamiens » (Philippines)
007
« James Bond Island » (Khao Phing Khan)
L'Afrique sauvage (réserves est-africaines)
Terre du Milieu de Tolkien (Nouvelle-Zélande)

Quand la chirurgie esthétique embellit les corps

Classement des vingt-cinq pays plus gros consommateurs de chirurgie esthétique… et leur profil selon les trois interventions les plus pratiquées.

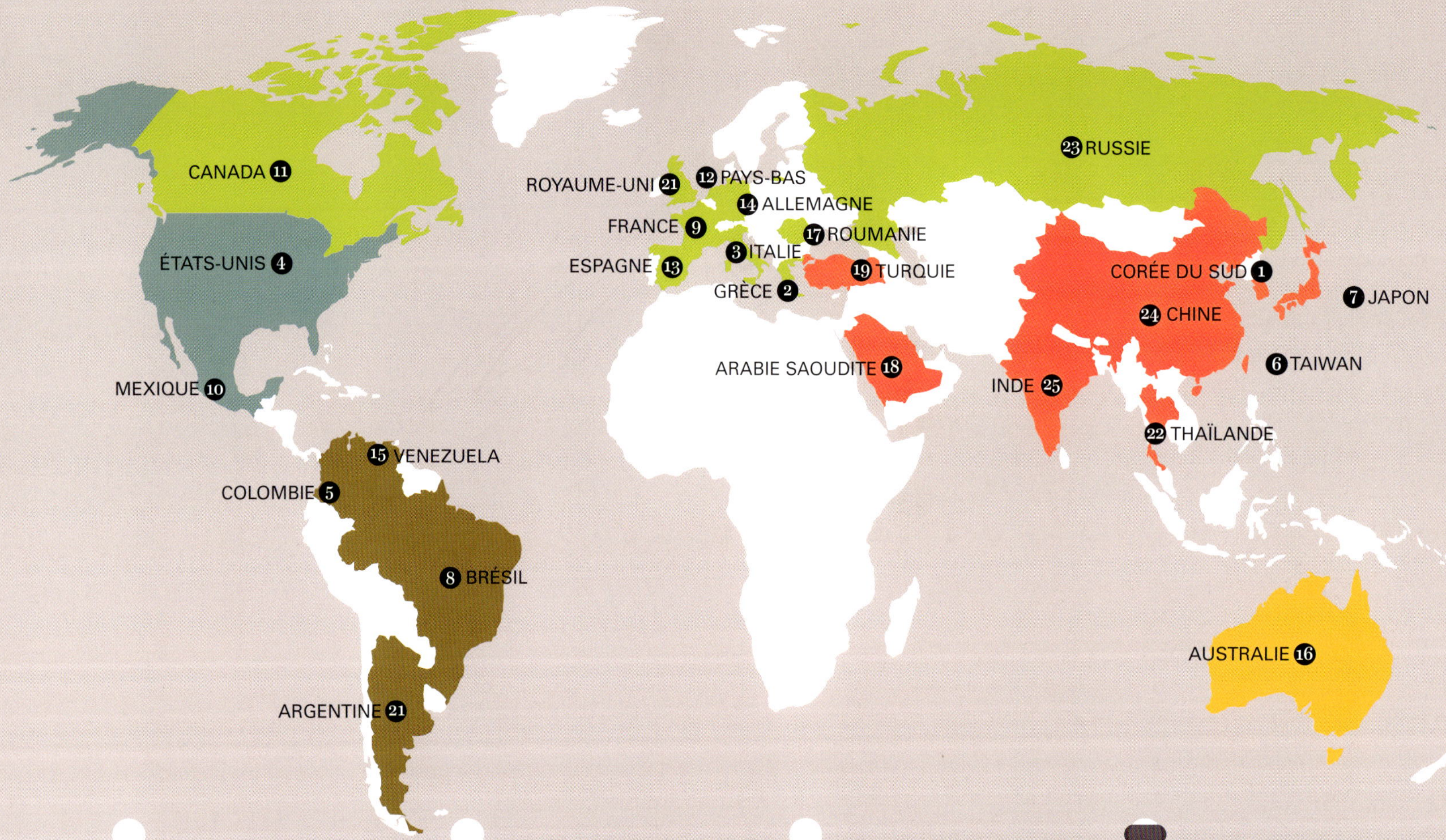

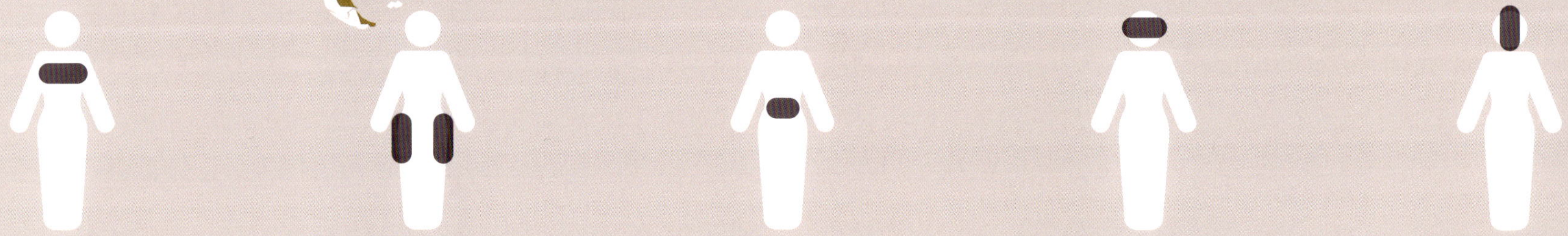

Mammoplastie
Reconstruction et remodelage des seins

Liposuccion
Aspiration de la graisse

Abdominoplastie
Remodelage de l'abdomen

Blépharoplastie
Élimination des excès de peau au niveau des paupières

Rhinoplastie
Remodelage du nez

La beauté et ses canons régionaux

POURQUOI TANT DE FEMMES VÉNÉZUÉLIENNES OCCUPENT-ELLES LE PODIUM DU CONCOURS INTERNATIONAL DE MISS MONDE ? LA BEAUTÉ A AUSSI UNE GÉOGRAPHIE.

De quelle beauté s'agit-il ? Le sociologue François de Negroni craindrait que l'humanité soit condamnée à l'avènement des poupées Barbie et des balèzes. Sans doute ne parle-t-il que d'un modèle américain ? Mais dans les classes dominantes du monde entier, l'ordre matrimonial impose des correctifs culturels contre la vulgarité, la sophistication contre le naturel, la parure contre le dépouillement.
La multiplication des images, le narcissisme de masse et l'exhibition de soi (sur les réseaux sociaux) donnent de nouveaux canons pris en charge par la sphère marchande.
Pour les riches, la beauté est un travail sur le corps : le sport en salle, les manucures et pédicures dans les « bars » spécialisés, les décolorations et les extensions de cheveux, les faux cils, les lentilles de contact, le blanchiment des dents, les prothèses ongulaires, mammaires, pectorales et fessières, les tatouages comme bijoux de peau, etc.
Féminine, la beauté est aussi une affaire d'hommes. Réservée aux élus par la génétique et aux riches qui en cultivaient la grâce, elle est devenue *low cost* : le tourisme chirurgical en Roumanie, en Espagne ou au Brésil casse les prix des seins ou des dents à refaire. Pour la romancière Bénédicte Martin, elle consacre la victoire du corps sur le visage. Les yeux, « miroirs de l'âme » séduisent moins qu'un corps bien fait. La sublimation via le maquillage décline. Les stars du rugby et du cinéma ne rechignent plus à s'afficher peau nue pour se rendre populaires et descendre de leur piédestal.
Car la vraie beauté se veut aujourd'hui plus éthérée, étrange, « pensante » (B. Martin), voire interlope, maculée à l'image de ces vêtements déchirés qui se veulent chic. « Il n'y a plus d'universalité. Il y a communauté. On enfile sur nos épaules la peau sociale du clan dont on veut (et peut) suivre les rites, les modes de vie ». La géographie de la chirurgie esthétique ne dit rien d'autre : dans les pays en développement d'Afrique, d'Islam ou d'Amérique latine, les riches se débrouillent et les pauvres sont parfois habillées comme des reines. Les vêtements offrent de construire ce qui fait rêver l'être humain devant ce grand mystère de la beauté physique qui n'est plus un cruel tirage au sort.

Gilles Fumey

Le podium des Miss Monde

Leur classement par continent

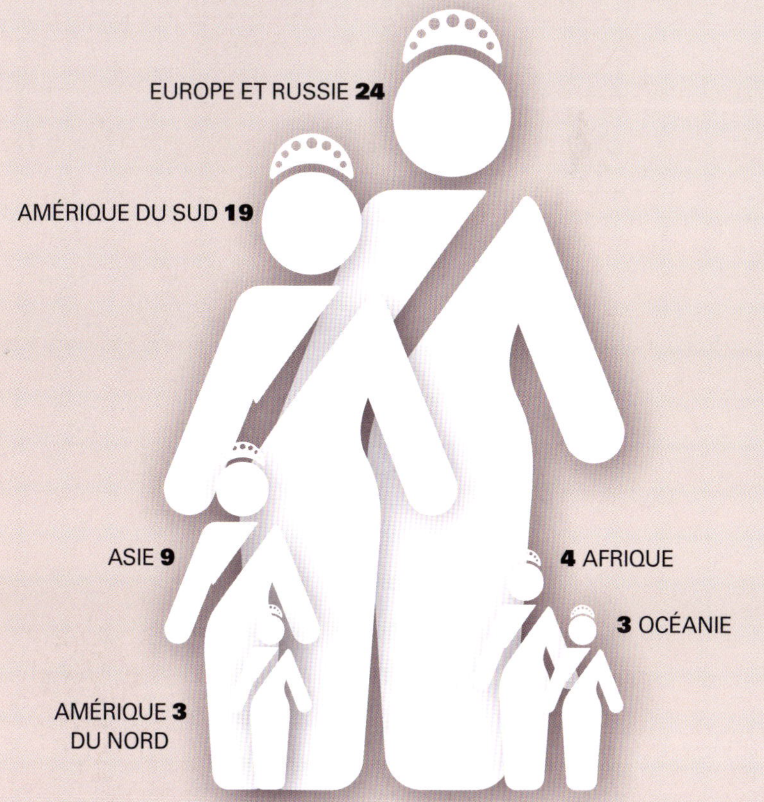

Les joueurs africains majoritaires sur le marché français

Nombre de joueurs étrangers des clubs de division 1 du championnat de France (2011-2012)

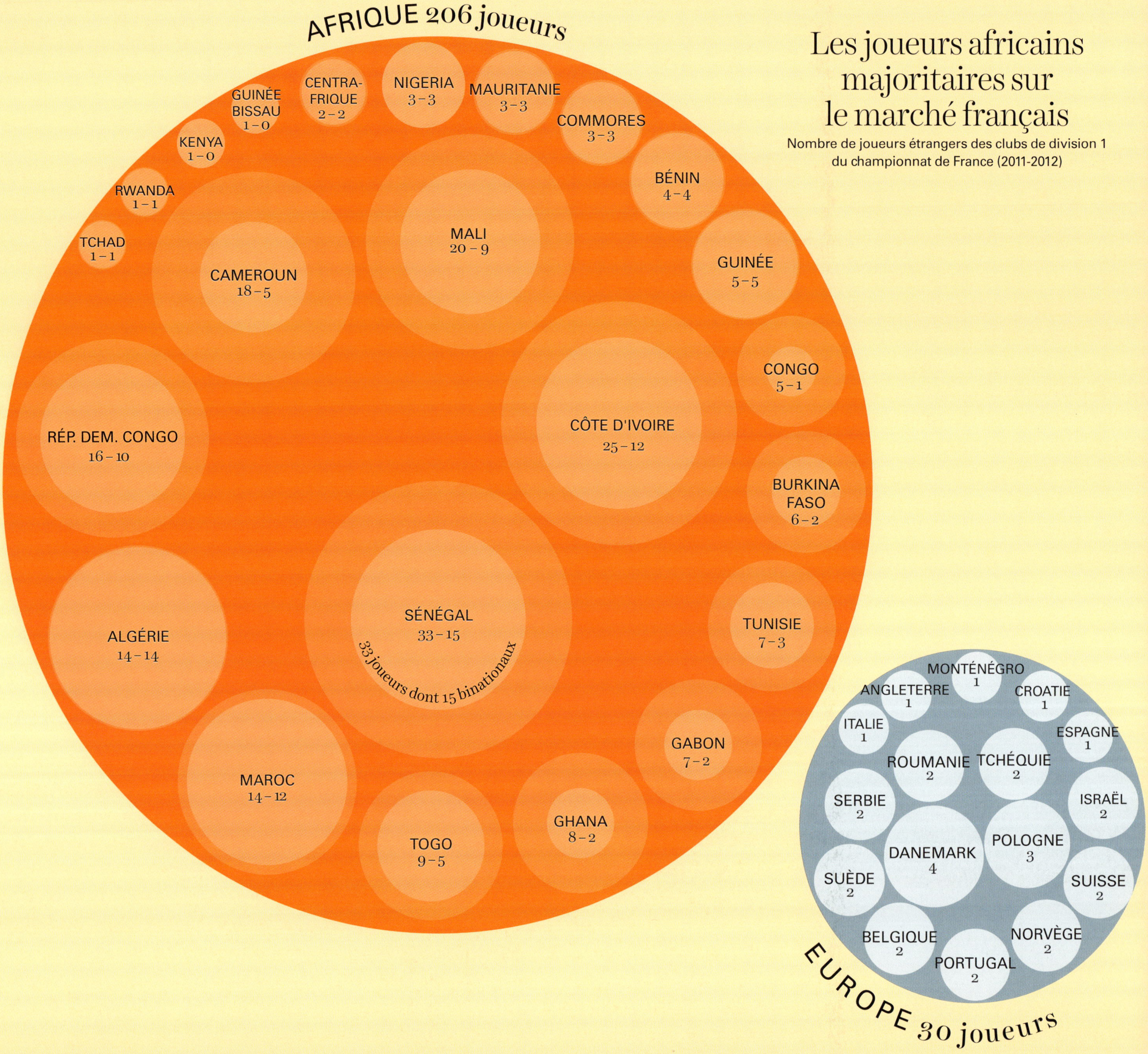

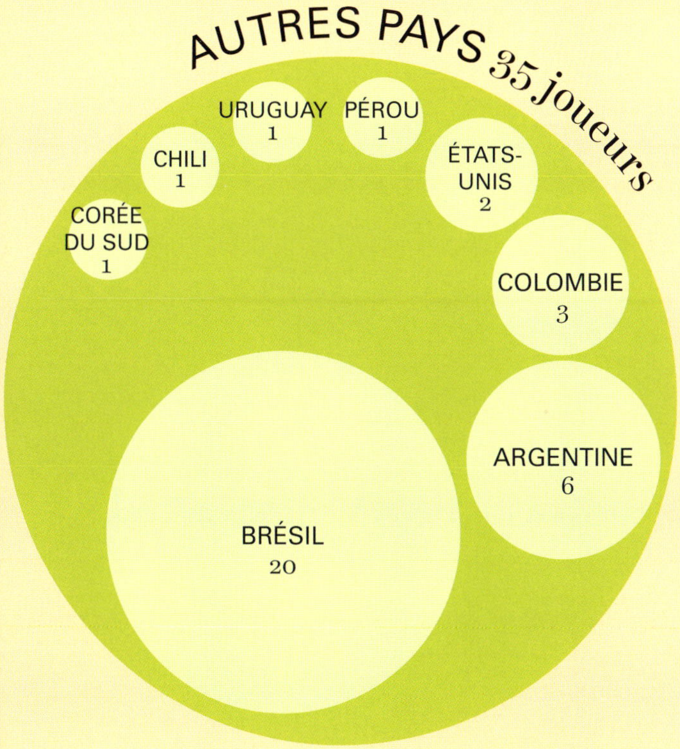

Le football français, kaléidoscope identitaire

LA COMPOSITION DES ÉQUIPES DE FOOTBALL EST UN EXERCICE SUBTIL DE MONDIALISATION. LA FRANCE ACCUEILLE DE NOMBREUX JOUEURS ÉTRANGERS DONT ELLE ATTEND UNE CONSÉCRATION. MISSION IMPOSSIBLE ?

Dès la création de la Ligue professionnelle de football en 1932 en France, les pelouses françaises ont été foulées par de nombreux joueurs étrangers. La mise en synergie des joueurs nationaux et des joueurs étrangers fait la gloire des clubs tout en aidant les équipes nationales à être performantes dans les compétitions internationales. Toutefois la logique protectionniste a été longtemps la règle par la mise en place de quotas. L'arrêt Bosman (1995) assouplit les règles et les quotas de manière décisive dans une logique d'ouverture libérale. L'arrêt du Conseil d'État « Malaja » (2002) repousse encore les limites des quotas, ouvrant les horizons footballistiques de joueurs africains, repli de notre histoire coloniale sur fond de francophonie. Les joueurs français s'exportent (une centaine en 2012 ; la France est le deuxième pays de gisement après le Brésil) vers les championnats rémunérateurs (Angleterre, Espagne, Italie, Allemagne). Par effet mécanique, nombre de joueurs étrangers jouent en France. Pour la Fédération française de football, est considéré comme étranger le joueur de nationalité hors de l'Union européenne, de l'Espace économique européen et hors des accords de Cotonou, avec des dérogations possibles. Le nombre de joueurs étrangers a été limité à cinq, trois « étrangers » et deux « assimilés » à la fin des années 1980, puis à quatre (division 1) mais le champ reste ouvert. Le recrutement constitue le cœur stratégique d'un club. Attirer des joueurs étrangers via les écoles de football, souvent créées par d'anciens joueurs de talent français ou autochtones, et les réseaux des agents recruteurs, c'est parier sur la créativité, l'endurance, le brio technique et les qualités de buteur qui assurent la fusion entre les attentes du supporteur et celles de l'esthète du jeu. Toutefois, la faiblesse des moyens financiers des clubs français et l'efficacité des centres nationaux de formation, réduit, depuis 2005, le pourcentage des joueurs expatriés. Les joueurs binationaux incarnent une forme d'hybridation post-coloniale de l'État nation français en constante recomposition. Le choix de jouer avec une équipe nationale, pour des joueurs souvent nés en France ou y résidant, conjugue trajectoire personnelle et interprétation politique. La totalité des joueurs algériens et une large proportion de joueurs marocains sont des binationaux. Idem pour les joueurs béninois et guinéens, dont les effectifs sont toutefois plus faibles. Le footballeur de talent choisira la France, surtout si, dans le sillage de la coupe du monde 2014, le classement FIFA installe « les bleus » devant, par exemple, « les fennecs » (surnom de l'équipe nationale algérienne) au parcours très honorable à la coupe du monde au Brésil en 2014, alors que le joueur de qualité évoluant dans le championnat de France, dans un club à la surface médiatique reconnue, préférera obtenir un statut de joueur international en honorant une cape avec l'Algérie, pays de ses ancêtres, afin de se constituer un palmarès.

PASCAL FRANÇOIS

Les deux pays finalistes de la coupe du monde 2014

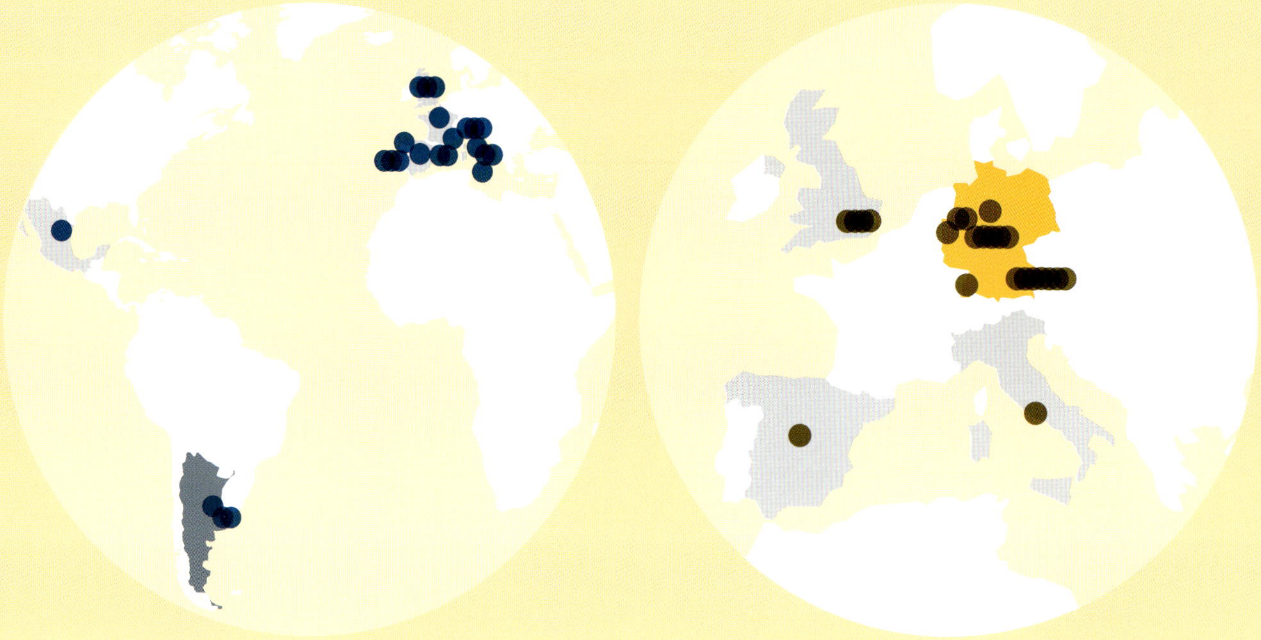

Un processus d'enchantement capitaliste

Le football est populaire, médiatisé, et capitaliste. Les championnats les plus attractifs sont organisés en systèmes très hiérarchisés : quelques clubs anglais (Arsenal FC, Chelsea FC, Manchester United et City, Liverpool FC) italiens (Milan AC et Inter, Juventus de Turin, AS Rome), allemands (Bayern Munich, Borussia Dortmund) espagnols (Real Madrid, FC Barcelone) brassent des sommes d'argent considérables et se construisent des palmarès prestigieux. Ils sont l'image dynamique de métropoles, démultipliée dans le monde entier par les supporteurs consommateurs de *merchandising*. Sur le marché des joueurs, les clubs formateurs vendent leurs jeunes pousses. L'explosion récente du prix des droits de retransmission par les chaînes de télévision alimente les trésoreries en complément des contrats publicitaires. Singuliers capitaines d'industrie, oligarques ou princes du Golfe qui dépensent, contre reconnaissance médiatique et en partie à fonds perdu, de fortes sommes pour des clubs rouages de groupes multimédias, mais structurellement endettés. Les grandes nations de football alimentent en joueurs les plus prestigieux championnats européens. Le Brésil en est l'archétype. À la fois réseau et rite initiatique, le parcours du joueur passe par le club local, puis les grands clubs brésiliens, et enfin par l'Europe, jusqu'à un pays du « big four ». Les risques d'échec sont considérables, mais les médias ne retiennent que les exemples de réussite. L'Amérique latine, l'Afrique, la Bosnie ou la Croatie se conforment à ce modèle. Le court-circuit n'est possible que pour des stars d'exception, comme l'Argentin Lionel Messi, qui a intégré le centre de formation du FC Barcelone dès la fin de l'enfance. L'Allemagne constitue un contre-modèle : les joueurs champions du monde en 2014 avec leur équipe nationale évoluent essentiellement dans des clubs allemands. A contrario, l'équipe d'Angleterre est à la peine, faute d'un nombre suffisant de joueurs anglais sur les pelouses de Premier League pour constituer une équipe nationale de qualité.

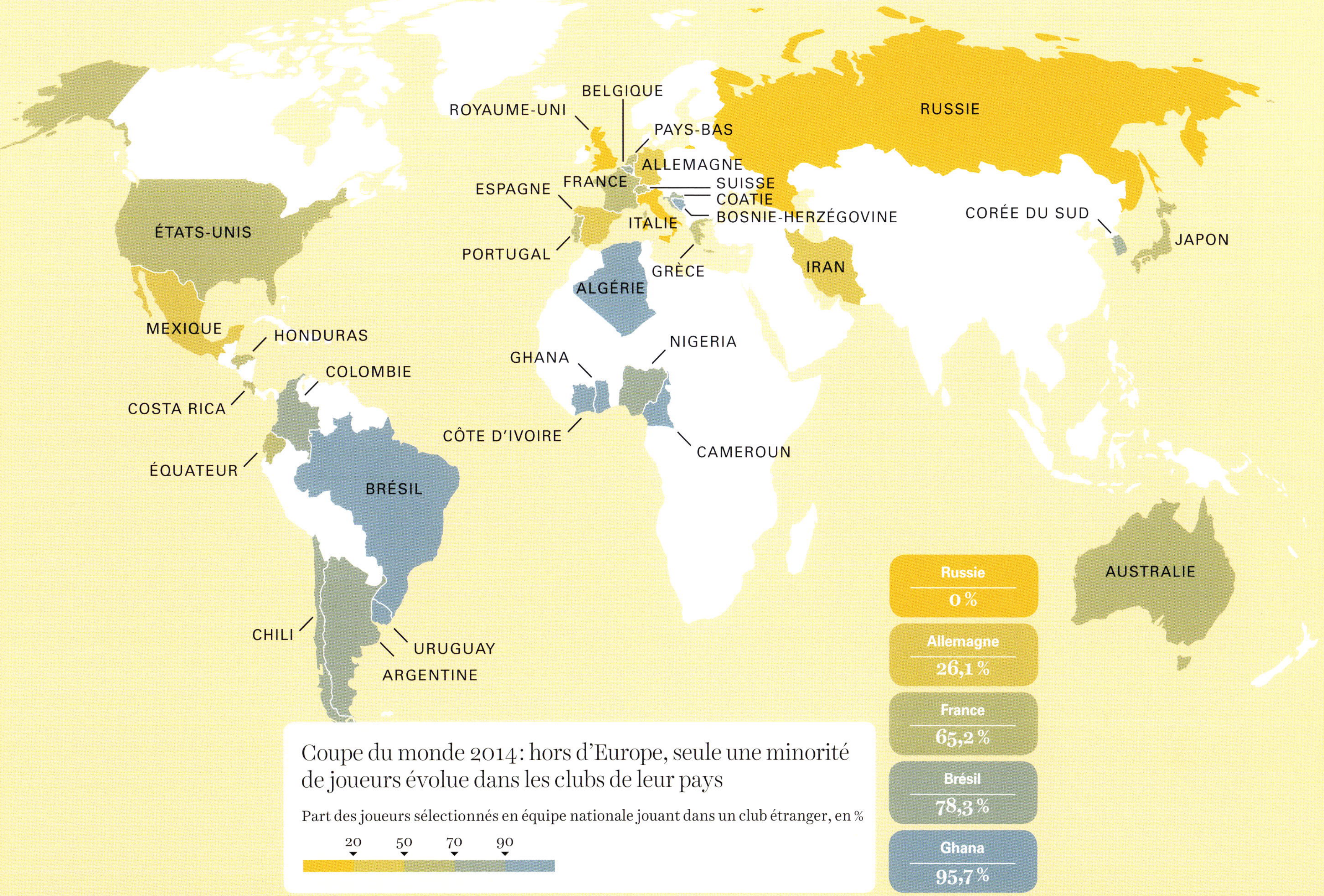

Coupe du monde 2014: hors d'Europe, seule une minorité de joueurs évolue dans les clubs de leur pays

Part des joueurs sélectionnés en équipe nationale jouant dans un club étranger, en %

20 50 70 90

Classement des championnats les plus attractifs

Nombre de joueurs sélectionnés pour la coupe du monde 2014 évoluant dans un club du pays

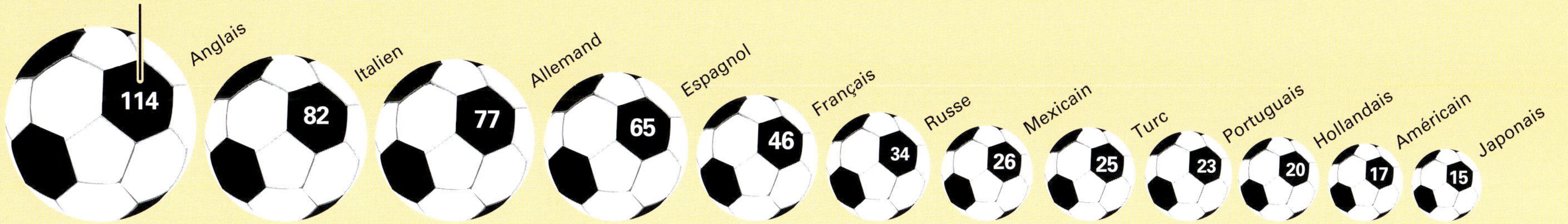

1912 Stockholm 28 nations

Des Jeux encore très européens.

Le sport, affaire de riches ?

LA QUESTION EST DÉRANGEANTE TANT LA PLANÈTE SPORTIVE MANIE D'ARGENT JUSQU'À L'INSOLENCE. EN RÉALITÉ, LE SPORT MODERNE, NÉ EN ANGLETERRE, CONQUIERT TOUS LES RECOINS DE LA PLANÈTE, MAIS AVEC DES MODALITÉS DIFFÉRENTES QUI MAINTIENNENT LES INÉGALITÉS.

L'Europe est le berceau du phénomène sportif, dont les Jeux olympiques sont aujourd'hui l'expression la plus populaire. En dépit d'une codification des épreuves croissante, les Jeux olympiques d'été sont les activités physiques les plus diffusées dans le monde. Leur fondation en 1896 instrumentalise les jeux antiques (776 av. JC) sur le mode de l'exercice de communication. Enfanté par l'idéologie aristocratique des « sportsmen », le marquage sportif du monde obéit à des codes internes et à la logique géographique du glissement contemporain du centre de gravité du monde de l'Europe vers une localisation urbaine multipolaire.

L'Amérique du Nord, en particulier les États-Unis, constitue dès les origines une terre d'élection. Culturellement sous influence européenne, le sport trouve ici un terreau particulièrement fertile à sa croissance, aussi bien en termes de pratique que de médiatisation. Depuis 1956, avec les Jeux de Melbourne et les Jeux du Commonwealth, l'Australie cherche de son côté à créer de la proximité au sein de l'espace mondial, ce qui tranche avec son isolement topographique. L'Amérique du Sud émerge grâce au Brésil, ce pays de gisement pour la planète football. L'Afrique est sous-représentée : l'Afrique du Sud apparaît au début du XXIe siècle, alors que les épreuves d'athlétisme des Jeux

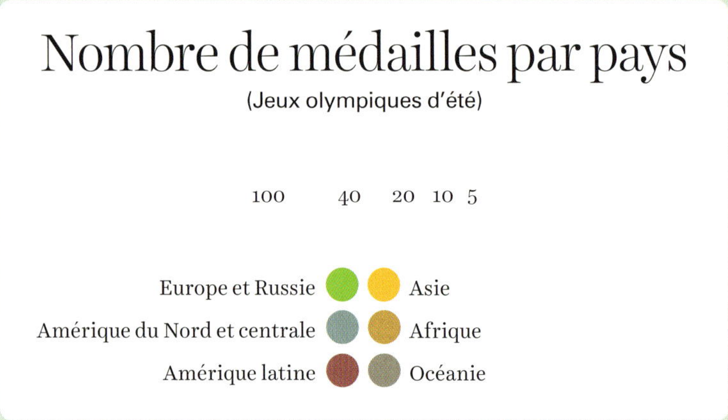

1972 Munich 121 nations

Des Jeux marqués par l'assassinat de onze athlètes israéliens par un groupe terroriste palestinien.

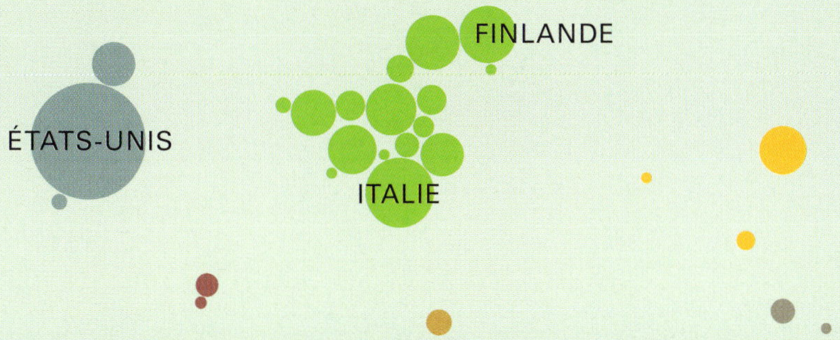

1932 Los Angeles 37 nations

Deuxième fois que l'olympiade se déroule aux États-Unis.

1952 Helsinki 69 nations

Des Jeux en pleine Guerre froide, le village olympique est scindé entre les pays du bloc occidental et ceux du bloc soviétique.

olympiques sacrent depuis longtemps nombre de sportifs africains. En Asie, le phénomène est polarisé par la Chine (2008).

L'objectif des États est d'organiser les deux événements planétaires que sont les Jeux olympiques et la coupe du monde de football. Le pays organisateur assure au CIO ou à la Fifa, le temps de l'événement, une certaine stabilité sociale et politique en dépit de la crainte qu'un groupe se saisisse de cette vitrine médiatique planétaire pour donner du relief à un conflit géopolitique, comme ce fut les cas à Munich, lors des JO de 1972. Cette obsession sécuritaire ne fait pas toujours bon ménage avec la démocratie ou les droits de l'homme. Pour exemple, l'Allemagne nazie offrait ces garanties en 1936 (Berlin)… En Chine, comme en Afrique du Sud, le CIO et la FIFA ont imposé des mesures extrêmes de déportation de populations locales ou de démantèlement des circuits économiques courts locaux afin de protéger les recettes des firmes sponsors.

Comme la coupe du monde de football, les Jeux olympiques ont été l'objet de boycotts partiels. Le boycott des Jeux olympiques de 1964 (Corée du Sud et Indonésie), l'exclusion de l'Afrique du Sud en raison de l'apartheid (1964) ou encore, le boycott par vingt-deux nations africaines (1976) s'expliquent autant par la conjoncture que par des tensions de Guerre froide.

La médiatisation modifie et amplifie le fait social global qu'est la compétition sportive. Au-delà d'une simple métaphore de la conflictualité, c'est un spectacle ambigu, kaléidoscope de représentations, lieu d'investissement de passions et d'argent, jeu avec les identités, les clichés civilisationnels, l'émotion fabriquée, sur fond de vitrine de la modernité technologique. Les réalisateurs des retransmissions sportives fabriquent l'événement en jouant avec les caméras, les gros plans, l'occultation ou la vénération du comportement du public, pour fabriquer une dramaturgie à des rythmes parfois bien différents de ce que le spectateur perçoit dans le stade…

Pascal François

1992 Barcelone 169 nations

L'une des premières olympiades à se dérouler sans boycott depuis ceux de Munich.

2012 Londres 204 nations

Ville symbole de la mondialisation dont le slogan de l'événement était « the world in one city » (le monde en une ville).

4

La course folle

Emprunter à la psychiatrie le terme de folie pour évoquer les dysfonctionnements du monde dans les dernières décennies n'est pas anodin. Car la folie implique une violation des normes sociales, crée un danger pour soi et pour les autres. Doit-on y recourir tant la crise climatique menace de populations déjà vulnérables au Sud ? Cette nouvelle peur d'un climat peu maniable par l'homme a mis en branle des comportements parfois responsables, mais pas toujours. Regardons l'énergie. Les gaspillages actuels justifient-ils qu'on encourage l'électricité d'origine nucléaire produisant des déchets dont on ne sait toujours pas quoi faire ?
Folie aussi, que l'appât du gain poussant des États géants comme le Canada ou des entreprises et coopératives de pays riches à préempter des terres en Afrique avec la complicité des politiques locaux affamant leurs compatriotes. Folie encore que celle d'une nation états-unienne, fabriquée par une histoire conquérante où l'arme à feu est un signe d'appartenance. Prêchant la démocratie au nom d'une morale supérieure, les va-t-en-guerre de Washington sont les premiers à déférer en prison leurs pauvres et délinquants au nom d'une sacro-sainte liberté se refermant comme un piège maudit pour ceux qui sont nés au mauvais endroit.
Folie confinant au scandale que la pandémie d'obésité, désormais mise en balance avec la faim qui fait mourir. Pourquoi laisser les multinationales veiller au fait que ne soit jamais transgressé le principe de la liberté de choix, dût-elle coûter des vies humaines, des souffrances, des humiliations à l'autre bout du monde ?
Folie, course folle des virus qui prennent les routes de notre mobilité vibrionnante. Course folle à l'hyperconsommation où l'Occident expédie ses déchets dangereux loin de chez lui ? Oui, une psychiatrie collective du monde serait nécessaire pour donner des pouvoirs accrus à une communauté internationale qui ne mérite pas qu'on la traite si mal.

Tous pollueurs ? Pas si simple

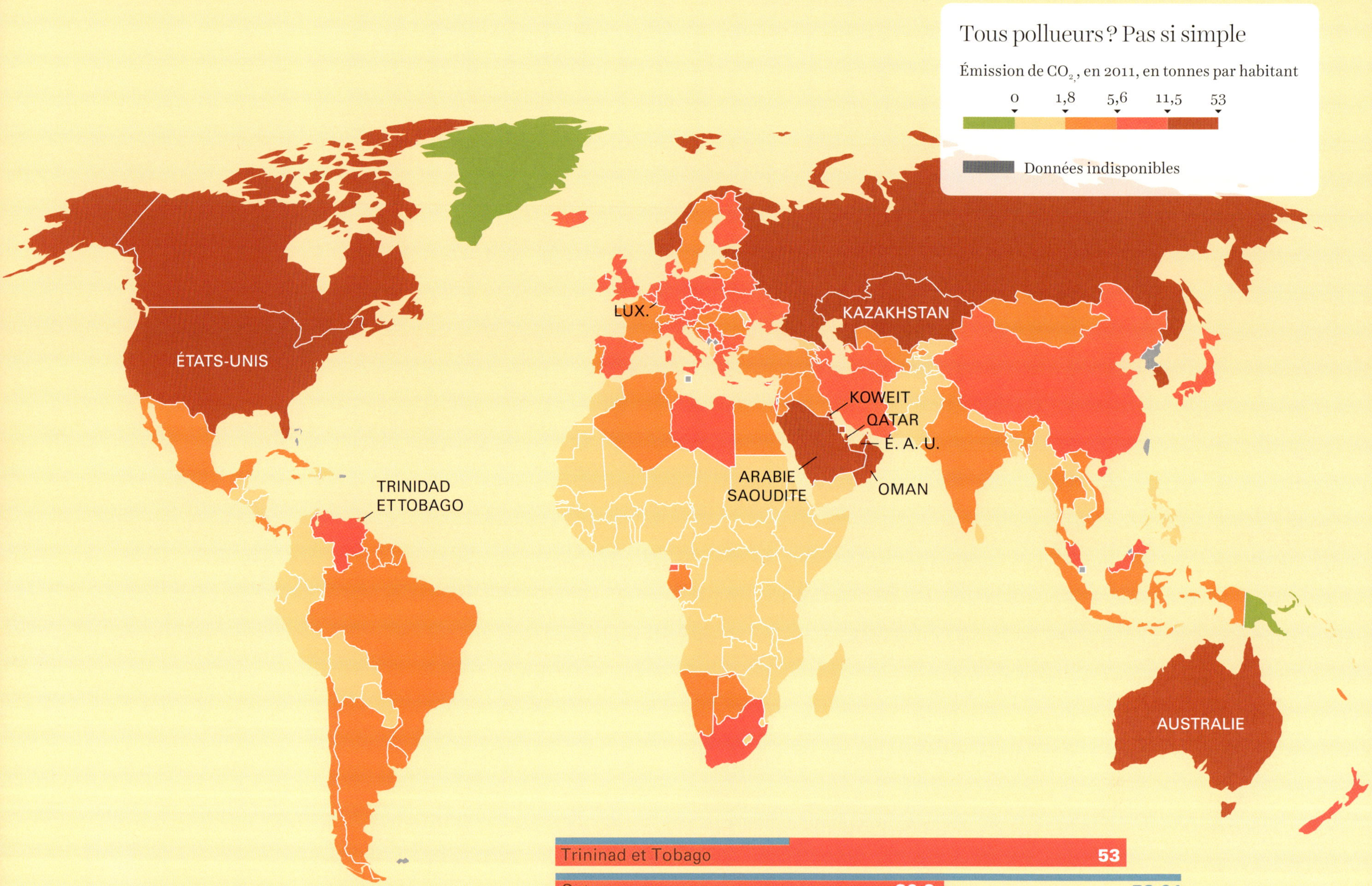

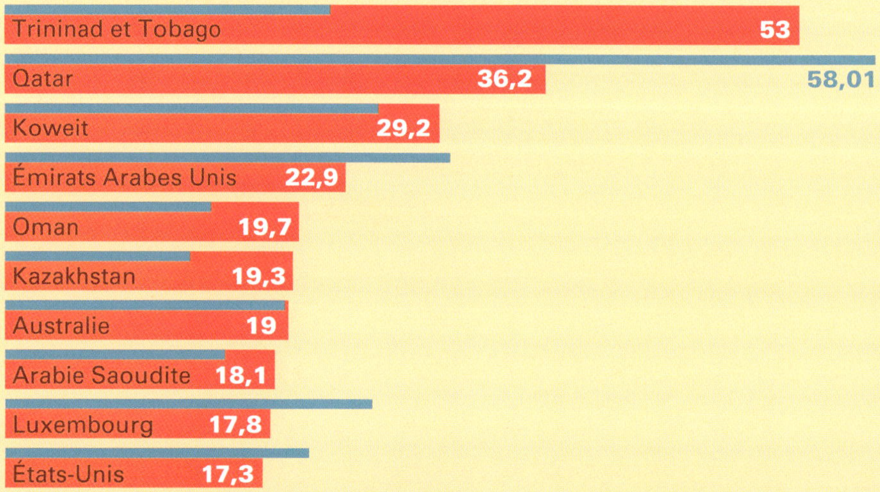

Tendance des dix premiers émetteurs de CO_2

Entre **2007** et **2011**, en tonnes par habitant

L'Europe et le changement climatique

SI L'ON CROISE LES ÉMISSIONS DE GAZ À EFFET DE SERRE, LES ALÉAS CLIMATIQUES ET LES FACTEURS DE VULNÉRABILITÉS, L'EUROPE, TRÈS MOBILISÉE SUR LE SUJET, EST LE CONTINENT OÙ LES RISQUES SERONT LE MIEUX MAÎTRISÉS EN 2100. RIEN D'ÉTONNANT VU L'AMPLEUR DE LA PRISE DE CONSCIENCE SOCIALE ET L'IMPORTANCE DES MOYENS TECHNIQUES ET FINANCIERS POTENTIELLEMENT DISPONIBLES.

Depuis la fin du XIXe siècle, la planète sortie du petit âge de glace se réchauffe lentement à cause d'une part des modifications de la radiation solaire arrivant sur Terre et d'autre part de l'augmentation des gaz à effet de serre (GES) émis dans l'air par des processus naturels et par la combustion d'énergies fossiles des activités humaines.

Quelles qu'en soit les causes, le changement climatique impose d'anticiper pour limiter les effets négatifs et optimiser les conséquences positives à l'échelle locale. Toutes les sociétés ne sont pas égales, face à l'ampleur des changements et aux nouvelles contraintes car la sensibilité de leurs activités et de leurs populations n'est pas équivalente.

Faute de points de mesure suffisants et de fiabilité des données satellitales, la teneur en CO_2 de l'air est évaluée à partir d'un barème normalisé pour les différents équipements, moteurs, processus, produits alimentaires, etc. Cette comptabilité des rejets de GES

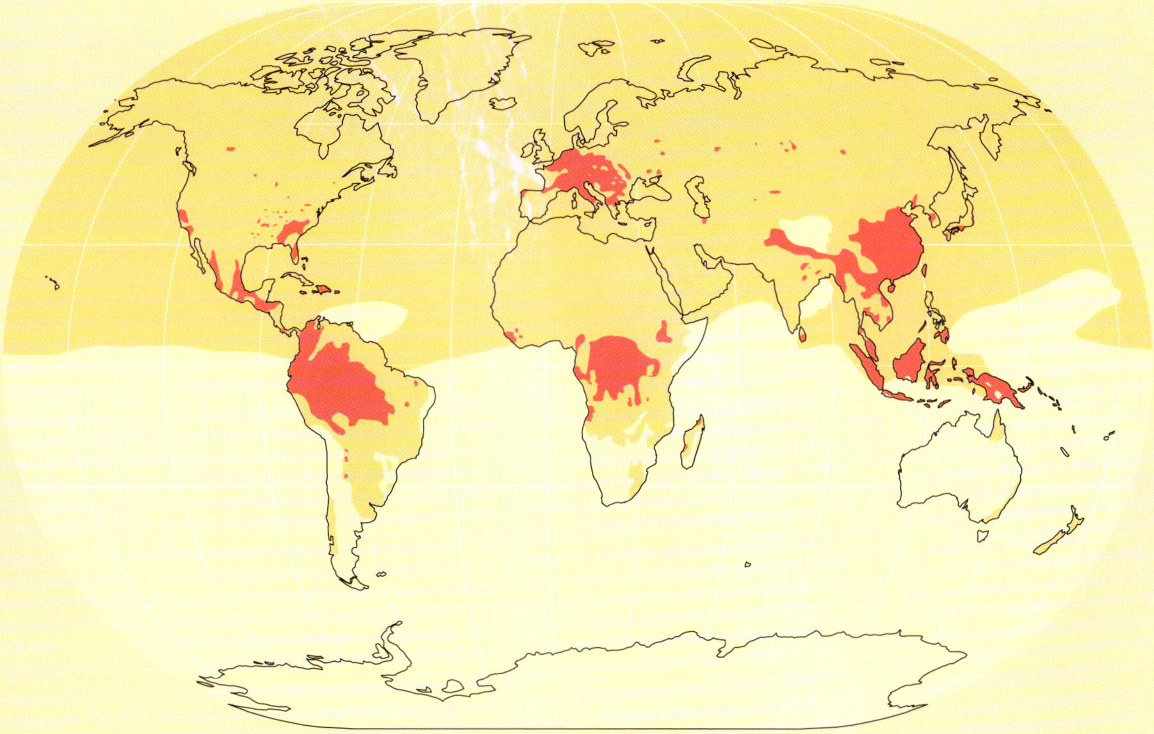

Concentration de CO_2 à la surface de la Terre, en mars 2011

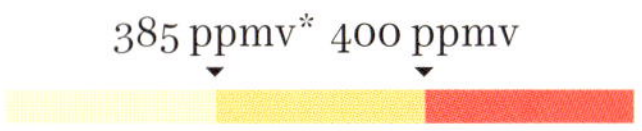

* Parties par million, en volume : une ppmv en CO_2 de 385 signifie que, sur un million de particules contenues dans l'atmosphère, 385 sont des particules de CO_2. Selon le Giec, une concentration de CO_2 comprise entre 400 ppmv et 440 ppmv conduirait, sur le long terme, à une augmentation moyenne de la température terrestre de 2,4 °C à 2,8 °C.

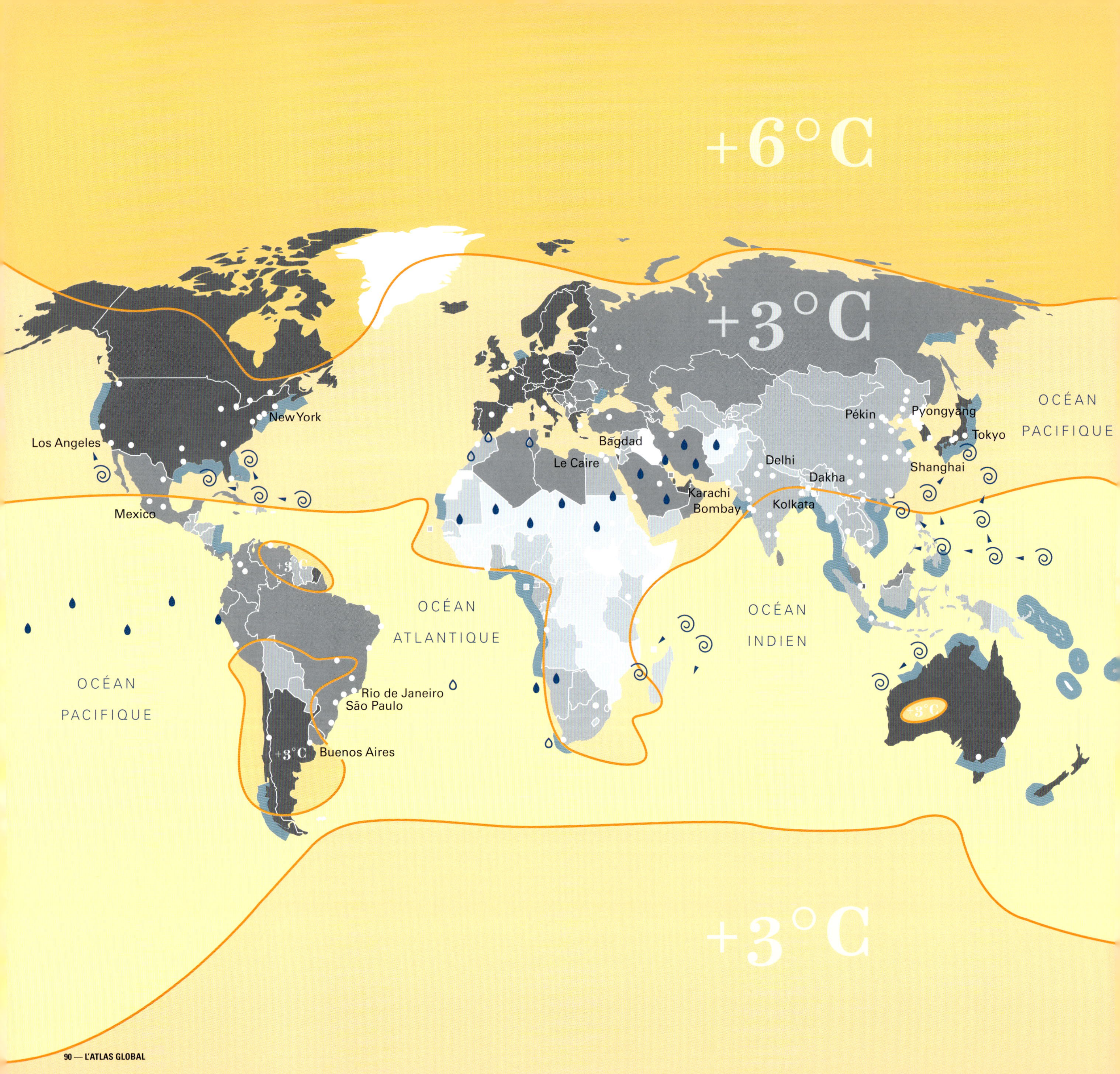
+6°C
+3°C
OCÉAN
PACIFIQUE
Pyongyang
Pékin
Tokyo
New York
Los Angeles
Bagdad
Le Caire
Delhi
Shanghai
Dakha
Karachi
Bombay
Kolkata
Mexico
OCÉAN
ATLANTIQUE
OCÉAN
INDIEN
OCÉAN
PACIFIQUE
Rio de Janeiro
São Paulo
Buenos Aires
+3°C
+3°C
+3°C
+3°C

s'avère vite complexe dans une économie mondialisée.
Les émissions annuelles de CO_2 par habitant varient de 0,1 à 53 tonnes. Parmi les dix pays les plus émetteurs ne figure qu'un seul pays européen : le Luxembourg. Six sont asiatiques, deux américains et un océanien. Depuis 2000, les émissions sont à la hausse dans quatre-vingt-quatre pays du monde, principalement dans les pays émergents. L'utilisation du charbon qui libère l'essentiel des GES continuera à augmenter, surtout en Asie non OCDE, et non OPEP. Au contraire dix-sept pays européens émettent de moins en moins.
L'Europe, où est née la Révolution industrielle, est en pointe dans la stratégie de réduction des émissions de GES. La prise en compte par les individus de leur responsabilité environnementale passée et future mobilise. Mais, la désindustrialisation et la crise sont des éléments majeurs de la marche vers une économie décarbonée. Cette réduction, favorable à l'indépendance énergétique, n'a et n'aura que peu d'effets planétaires, car la croissance démographique mondiale va augmenter la demande en énergie, tout comme l'accès d'un plus grand nombre d'habitants au mode de vie des pays riches, malgré la raréfaction des énergies fossiles qui conduit à une hausse des prix et l'amélioration de l'efficacité énergétique.
Les scénarios du Giec (Groupe d'experts intergouvernemental sur l'évolution du climat) indiquent que la température du globe pourrait augmenter de 3,7 °C en 2100 (par rapport à 1990) en cas de doublement des GES. Quatre éléments climatiques modifiés conduiraient à la multiplication de situations paroxystiques : plus de vagues de chaleur et de canicules, plus de sécheresses, plus de cyclones, plus de submersions marines.
La hausse thermique a déjà atteint 1 °C en moyenne depuis un siècle, mais elle est très inégale selon les régions. Les conférences internationales sur le climat ont situé à +2 °C la limite du supportable. Au-delà, les conséquences directes et indirectes sur le trait de côte, les écosystèmes et les populations humaines seraient dévastatrices.
L'ampleur du réchauffement à venir et les conséquences projetées font l'objet de vifs débats. Ce qui n'exclut en aucun cas les recherches et la mise en place de politiques pour parer les événements météorologiques dangereux pour les sociétés humaines. Quoi qu'il en soit, les quatre dangers majeurs attendus épargneraient relativement l'Europe. Évaluer la sensibilité au changement climatique d'une société dans un territoire n'est pas aisé.
La vulnérabilité suppose de la population. 80 % de la surface terrestre est vide (océans, continents englacés ou arides) ! Les plus grands foyers de population sont asiatiques. Loin derrière vient l'Europe. La métropolisation qui concerne déjà un habitant sur deux ne sera en hausse rapide qu'en Afrique et en Asie. L'exode rural n'y suit pas la réalisation d'aménagements : les nouveaux urbains, à la vie précaire dans des bidonvilles sont les cibles privilégiées des risques de toutes origines.
Les leviers d'adaptabilité dépendent de la richesse, de l'état de la population et du fonctionnement de la société. La productivité économique situe le niveau d'investissements possibles dans l'adaptation des territoires et des activités. Le niveau d'instruction traduit le potentiel à mobiliser des cerveaux pour trouver des solutions aux nouveaux problèmes. Enfin, le niveau sanitaire des habitants est important. En bonne santé, ils seront moins sensibles et plus réactifs en cas de crise. L'ONU synthétise ces données dans l'indice de développement humain (IDH). La vulnérabilité est donc inversement proportionnelle à l'IDH, même si, pour caractériser l'adaptabilité, il faudrait tenir compte de la cohésion des sociétés.
Les pays européens ont un IDH supérieur à la moyenne. Neuf d'entre eux ont un IDH supérieur à 0,889, apanage de seulement seize pays dans le monde. En Afrique, au contraire, onze pays ont un IDH bas et trente-quatre un IDH très bas.

MARTINE TABEAUD

Les inégalités face aux conséquences probables du changement climatique en 2100

Les conséquences probables du changement climatique...

Évolution des précipitations
- -20 mm/an
- +20 mm/an

Cyclones et montée des eaux
- Cyclones
- Submersions marines

Évolution températures entre 1990 et 2100
0°C — + 3°C — + 6°C

Villes de plus de 3 millions d'habitants en 2014

... toucheront plus sévèrement les moins adaptables

Indicateur de développement humain (IDH), en 2012
Très faible — Faible — Moyen — Élevé — Très élevé — Données indisponibles

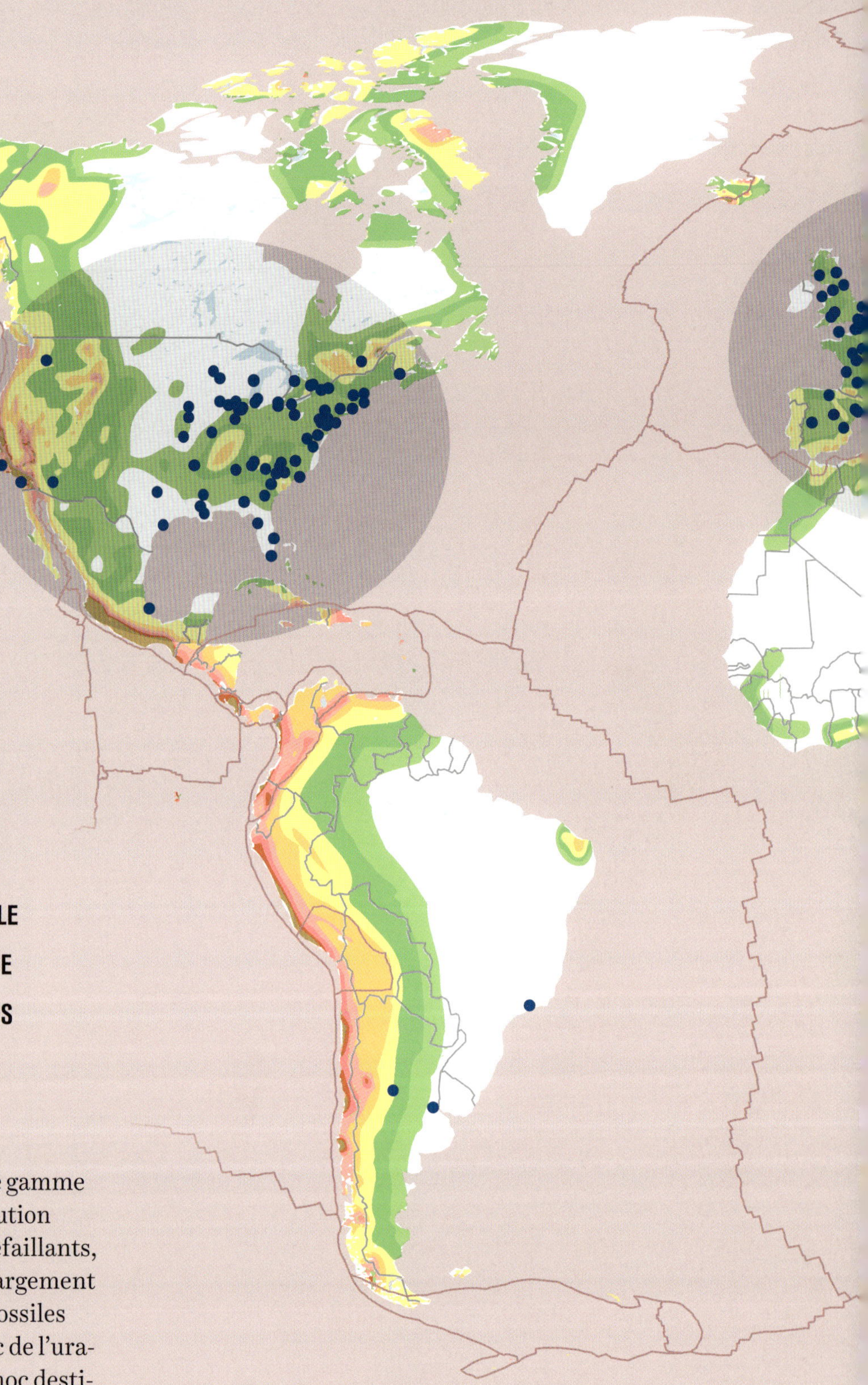

Énergie, des choix risqués

SYMBOLE D'UNE MODERNITÉ REVENDIQUÉE PAR LE NIVEAU DE VIE ET LE CONFORT, L'ÉNERGIE ABONDANTE (VOIRE BON MARCHÉ) SEMBLE PENSÉE COMME UN DOGME. D'OÙ LES DRAMES ET DÉCONVENUES DE L'OPINION LORSQU'ELLE DÉCOUVRE QU'UNE MAJORITÉ DE CENTRALES NUCLÉAIRES SONT INSTALLÉES DANS DES RÉGIONS SISMIQUES.

Devenue énergivore jusqu'à la boulimie, notre planète ne sait plus à quelle source d'énergie se vouer. Elle est lancée dans une fuite en avant qui consiste à produire toujours plus sans réellement poser la question du contrôle des consommations, laissé à l'appréciation des marchés. Désormais dans la boucle d'une ingénierie très haut de gamme avec des systèmes de distribution mondiaux inégalitaires et défaillants, l'énergie d'aujourd'hui tire largement sa source des combustibles fossiles et de la fission nucléaire avec de l'uranium dans des centrales ad hoc destinées à la transformer en électricité. Découverte peu avant la Deuxième Guerre mondiale, l'énergie nucléaire

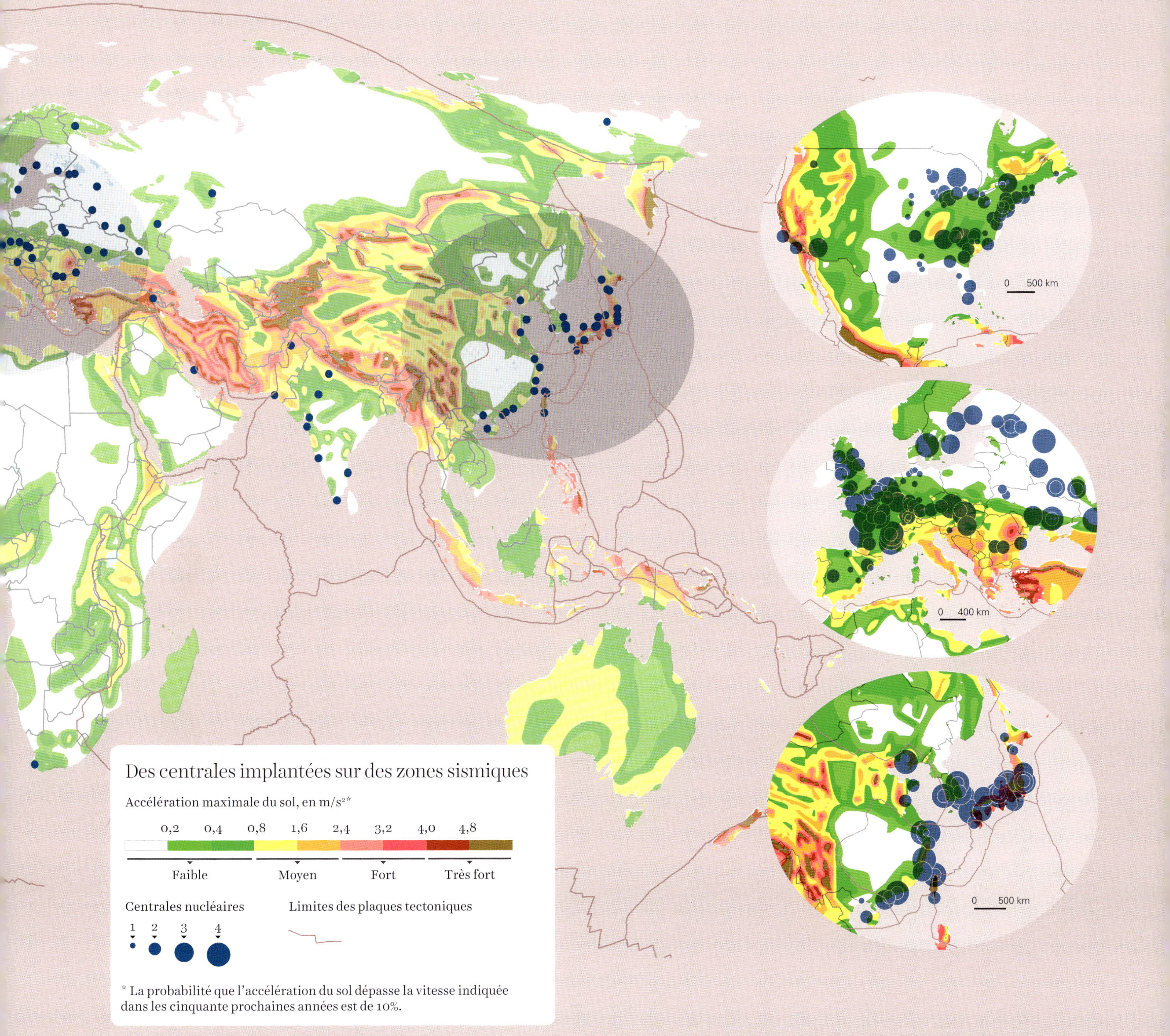
0 500 km
0 400 km
0 500 km
Des centrales implantées sur des zones sismiques
Accélération maximale du sol, en m/s²*
0,2 0,4 0,8 1,6 2,4 3,2 4,0 4,8
Faible
Moyen
Fort
Très fort
Centrales nucléaires
1 2 3 4
Limites des plaques tectoniques
* La probabilité que l'accélération du sol dépasse la vitesse indiquée dans les cinquante prochaines années est de 10%.

a été adoptée lorsqu'il a fallu s'étonner de son succès qui en fit très vite un produit stratégique. Dans certains pays où des batteries d'ingénieurs étaient disponibles pour construire des centrales, l'énergie nucléaire est apparue comme une panacée lors de la crise pétrolière de 1973. La France, la Russie, le Japon et les États-Unis se sont lancés dans des programmes ambitieux tandis que la Chine et l'Inde, en marge de leurs programmes nucléaires militaires, ont enclenché d'amples programmes de construction pour entamer leur développement. Les accidents de Three Miles Island (1979) et de Tchernobyl (1986) ont contribué à renforcer les dispositifs de sécurité, mais le discours bien rodé sur la sécurité maximale s'est fracassé sur les réacteurs 3 et 4 de Fukushima en février 2011. L'opinion mondiale découvre, sidérée, que le risque d'un tsunami n'avait pas été pris en compte dans une région connue pour en avoir vécus de très sérieux.

On voit alors apparaître sur la blogosphère des cartes situant les centrales nucléaires dans le monde sur les zones sismiques. De fait, le temps géologique, très lent par définition, n'a pas été pris en compte dans les aléas pouvant toucher des centrales. On ne mettra pas sur le compte de l'ignorance des ingénieurs ces sites dangereux mais on croira volontiers que le cynisme de toute une chaîne de décideurs a pu contribuer à ces localisations extrêmement dangereuses.

Une chaîne de causalité veut qu'une grande partie des activités humaines

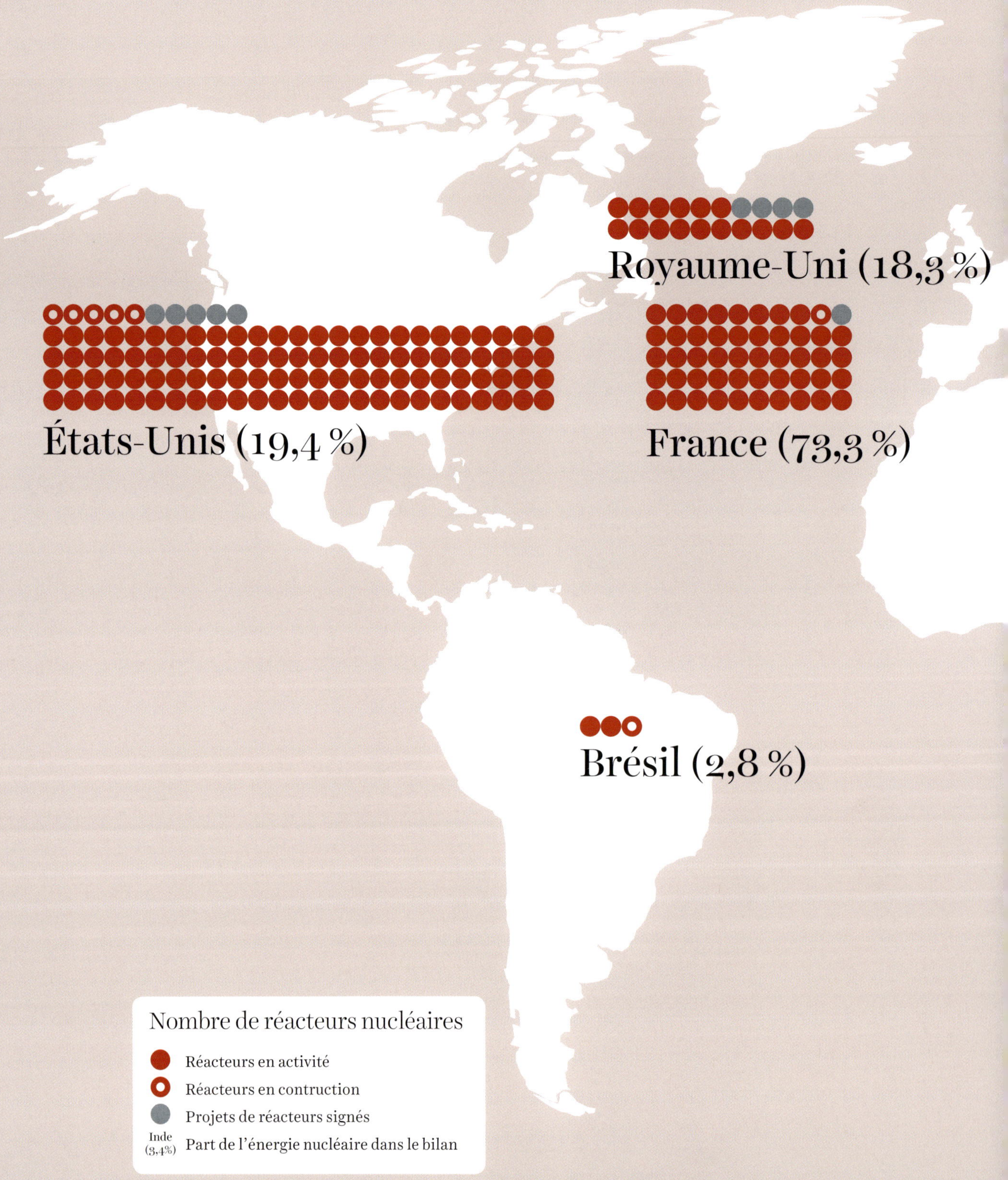

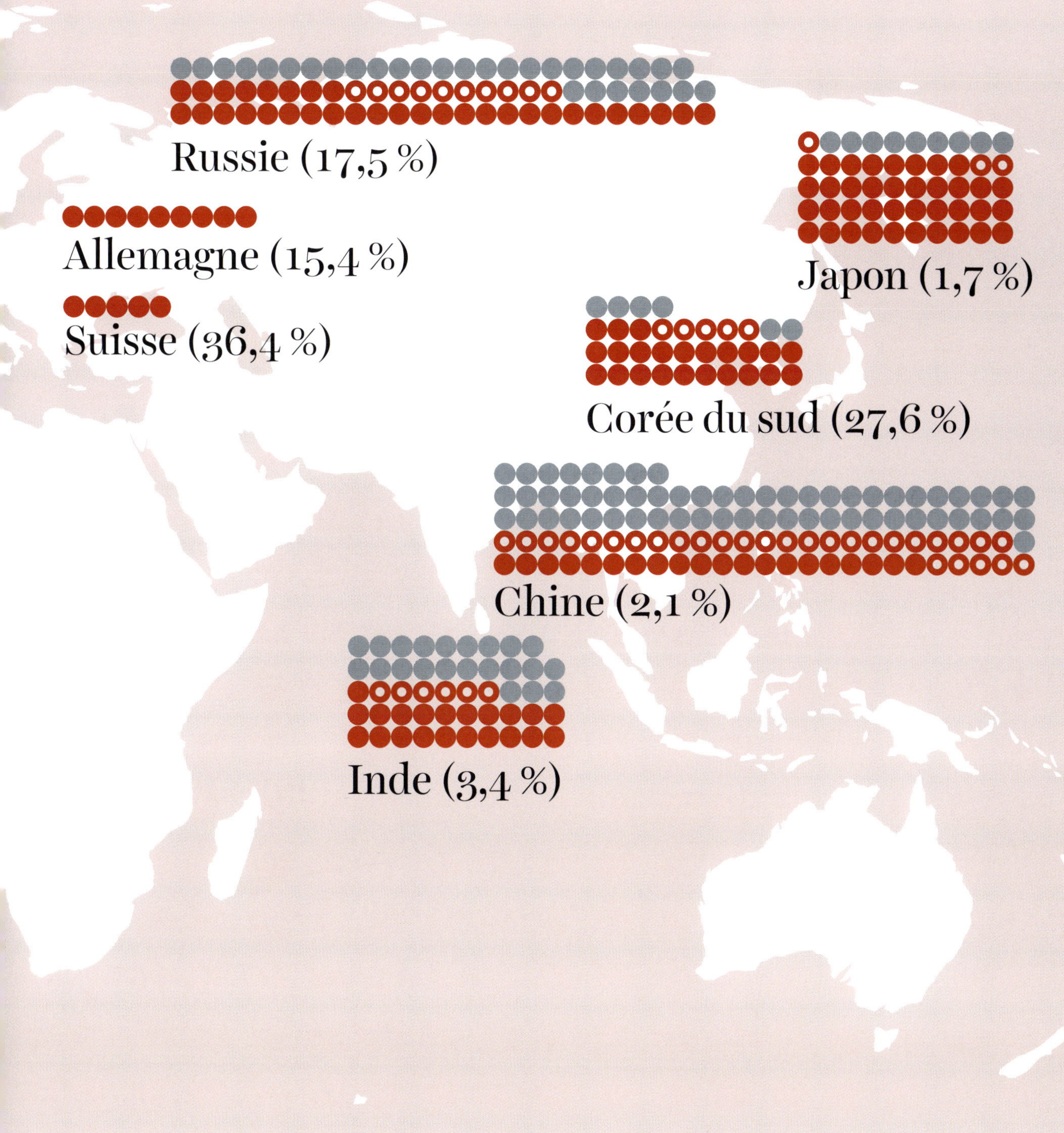

soient fixées par l'énergie des cours d'eau, que les villes aient pu s'agréger dans les vallées et que les centrales nucléaires aient été installées préférentiellement vers les zones denses. Mais que valent les lois relatives à la transparence et à la sûreté en matière nucléaire (comme celle qui fut votée en 2006), les organismes de certification, les agences internationales devant tant d'arrogance ? Pourquoi n'est-il pas instauré, comme pour l'eau, des systèmes de régulation visant à surveiller le bon usage des consommations ? Et que dire du partage mondial de l'énergie lorsque certaines mégapoles africaines n'ont accès à l'électricité que quelques heures par jour ? Déjà pointent les coûts de démantèlement des centrales, dont les niveaux s'envolent et ne donnent aucune crédibilité dans les arguments donnés aux publics. Il n'empêche. On voit en France des évaluations sur le coût de l'énergie nucléaire sous-estimées car elles ne prennent pas en compte l'industrie du démantèlement et de la conservation des déchets. Il est consternant de voir les tentatives de pays comme la Suisse, l'Allemagne et le Japon pour sortir du nucléaire soient régulièrement dénoncées comme des facilités engendrant des surcoûts insupportables pour les populations. Ainsi, engagées dans une course folle à l'énergie qu'elles vendent bon marché, les entreprises tirent un chèque en blanc sur l'avenir, risquant de laisser une facture très salée aux générations futures.

Gilles Fumey

Bientôt une Afrique sans terre pour les Africains ?

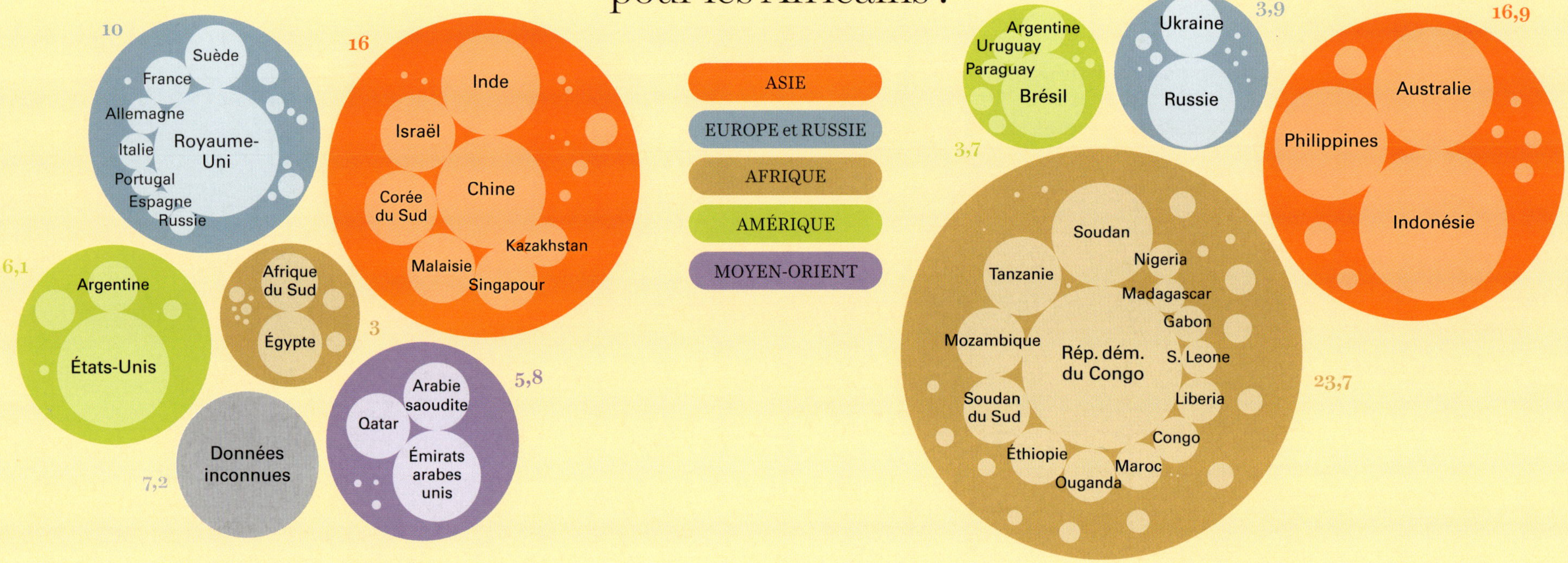

PAYS ACHETEURS
Total par région, en millions d'ha (2012)

PAYS VENDEURS
Total par région, en millions d'ha (2012)

Une nouvelle colonisation par les terres agricoles

VIVRE EST UN COMBAT POUR DES POPULATIONS DÉMUNIES QUI NE PARVIENNENT PAS À PROTÉGER LE SEUL CAPITAL QU'IL LEUR RESTE : LA TERRE. CONVOITÉE PARFOIS PAR DES ÉTATS QUI EN REGORGENT…

A force d'avoir dématérialisé l'économie, les pays riches vivaient comme les cigales, ne songeant pas un instant qu'un jour, leurs angoisses malthusiennes referaient surface. L'accroissement des besoins alimentaires dans les pays en développement et la volatilité des prix ont fait le reste. Aujourd'hui, on ne fait plus la guerre, mais les pays acheteurs délogent les populations des pays pauvres de leurs lopins de terre pour assurer l'approvisionnement de leurs populations qui peuvent payer leur alimentation. Être riche (États-Unis, Union européenne et pays du Golfe) et être nombreux (Chine), voilà qui pousse à ménager ses propres terres en préemptant celles des autres.

Qui achète où ?

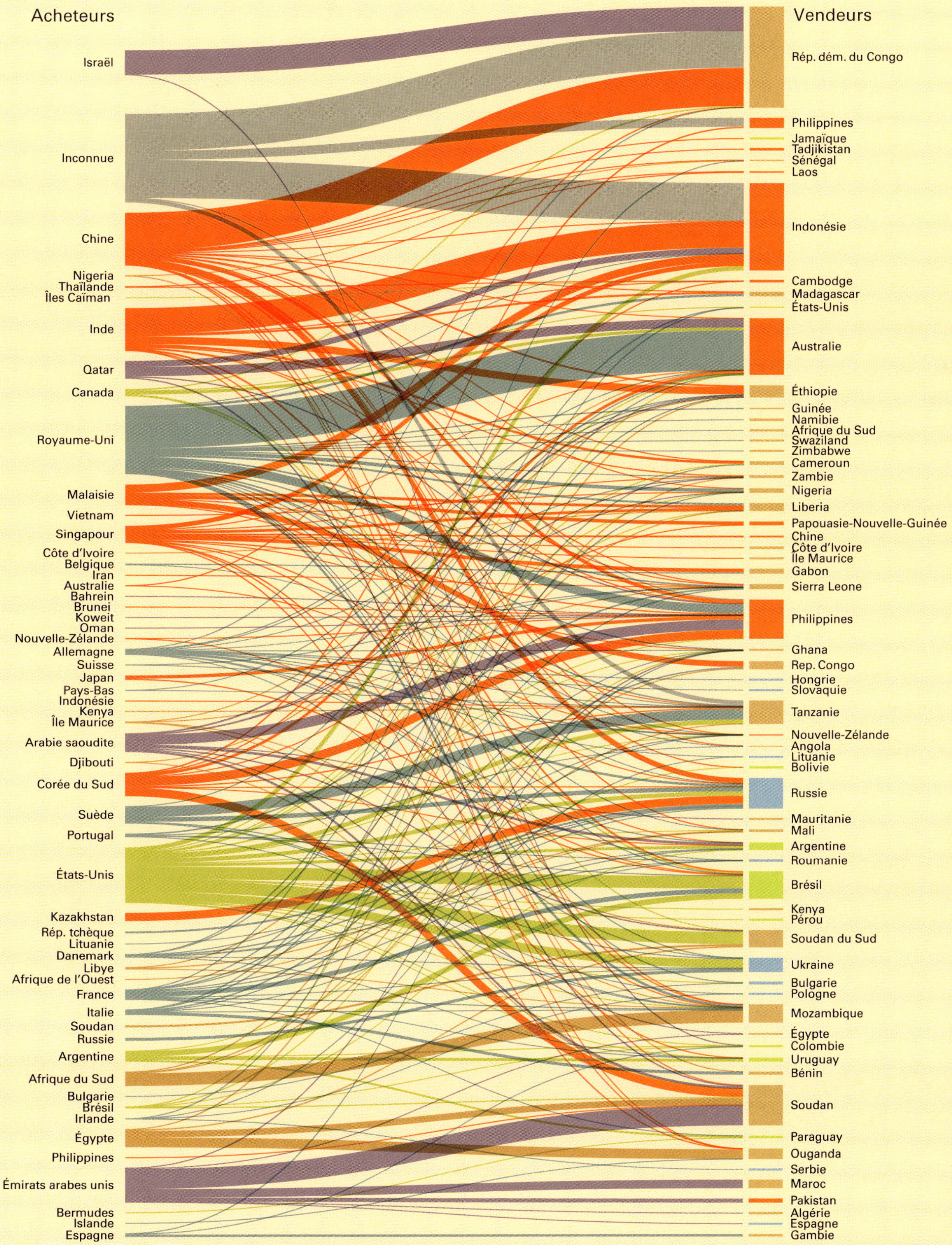

Les cibles des achats ou locations sont des pays en mal de développement à qui les promesses des devises pour l'achat et la location des terres servent de caution. Car les terres sont confisquées à des populations locales ou préemptées sur les forêts tropicales qui appartiennent à tout le monde, donc à personne.
Il faut s'entendre sur l'expression « pays vendeur » qui désigne, en réalité, des États gouvernés pas toujours très démocratiquement.
Le schéma le plus courant est celui de pays dont la gouvernance est plutôt clanique, stable, autoritaire. La corruption permet de disposer de millions d'hectares de terres déjà cultivées ou non. Longtemps présenté comme une opportunité, le *land grabbing* s'avère d'un point de vue environnemental une catastrophe : il touche principalement les régions de forêt tropicale sur les trois continents, avec un poids différent selon que le pays est très dense (Indonésie) ou non (Brésil, République démocratique du Congo).
Les opérations sont menées pour le compte de groupes de capital-risque, de conglomérats, de banques et fonds d'investissement comme le new-yorkais Jarch Capital louant au Soudan du Sud.
Alors que la FAO ne cesse de recommander la protection des paysans, les États encouragent leur disparition alors même que la sécurité alimentaire de ces pays « vendeurs » n'est pas assurée. C'est pourquoi certaines ONG n'hésitent pas à qualifier de criminel ce néocolonialisme déguisé.

GILLES FUMEY

Derrière les barreaux

IL SEMBLE EXISTER DES PAYS OÙ LA CULTURE DE L'ENFERMEMENT EST TOUJOURS VIVACE. S'IL EXISTE AUJOURD'HUI UN « ARCHIPEL DU GOULAG », IL N'EST PLUS EN RUSSIE MAIS BIEN AUX ÉTATS-UNIS.

Dix millions de personnes derrière les barreaux. Et un nombre de détenus qui augmente (+15 % en dix ans) plus vite que la population mondiale (+12 %). Les pays les plus peuplés – États-Unis, Chine, Russie, Brésil, Inde – comptent logiquement le plus de détenus : la moitié des prisonniers du monde à eux cinq. Première surprise : le record des États-Unis. Un détenu de la planète sur cinq ! S'il y a un archipel du goulag, son île principale est, sans nul doute, états-unienne. Pourquoi plus de détenus aux États-Unis qu'en Colombie ou en Afrique du Sud, relativement ? La faute à la « guerre à la drogue », aux peines plancher et à la longueur des peines infligées.

S'il y a un faux géant (beaucoup de détenus, mais finalement bien peu comparativement à la population), c'est assurément l'Inde. Avec à peine trente détenus pour cent mille habitants, le pays est loin derrière les États-Unis qui en ont vingt-quatre fois plus. Dans une culture où l'autorégulation est le principe de base, les structures sociales élaborées et les règlements informels privilégiés, on recourt peu à la prison. La forte cohésion de la société japonaise explique aussi les faibles chiffres nippons.

La Chine semble bien libérale si on la compare à la Russie (cent vingt et un détenus pour cent mille Chinois contre cinq fois plus au pays de Soljenitsyne, dénonciateur du goulag). Mais les chiffres chinois excluent les

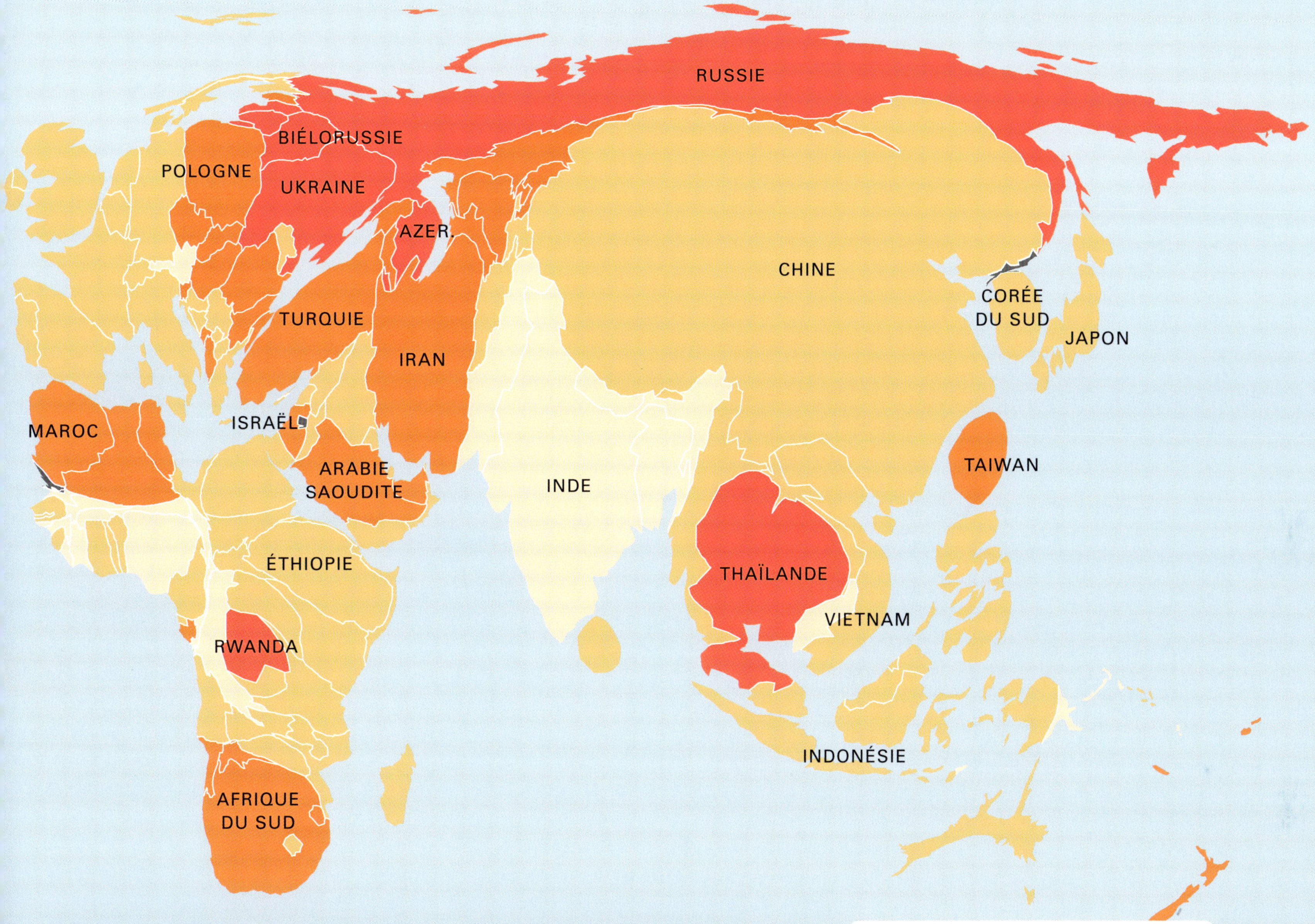

détenus en détention provisoire et les détenus dans les camps de réforme par le travail (*laogai*). Près de deux millions de détenus chinois officiellement ou huit millions officieusement ?
Le Rwanda, petit sur la carte, talonne en fait les États-Unis : cinq cent vingt-sept détenus pour cent mille. Séquelles du génocide. La sortie de l'apartheid en Afrique du Sud et celle du communisme dans l'ex-bloc soviétique ont, elles aussi, laissé des traces. Quand la désintégration sociale s'ajoute aux inégalités, les taux d'incarcération explosent.
Deux certitudes : il n'y a pas de corrélation simple entre taux d'incarcération et taux de criminalité. Et ce sont les minorités ethniques et sociales qui sont surincarcérées, en Europe comme au Brésil. Quant aux femmes, elles sont 500 000 derrière les barreaux. Infiniment plus à côté, pour soutenir leurs proches incarcérés.

Olivier Milhaud

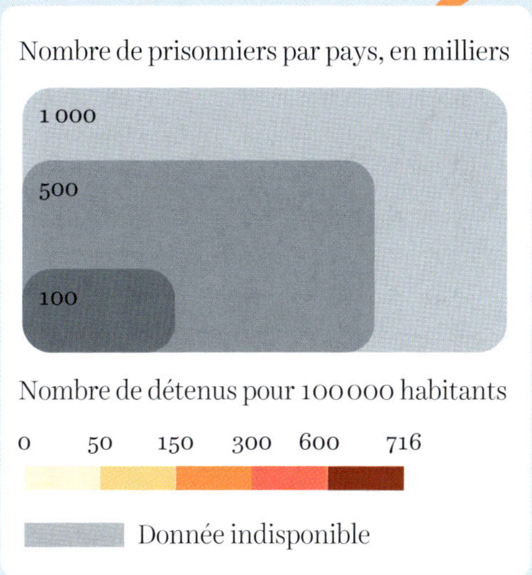

Quand les virus prennent l'avion

REDOUTABLE DÉFI GÉOGRAPHIQUE : SE SAISIR D'OBJETS « INVISIBLES » COMME LES VIRUS QUI VOYAGENT À LA BARBE DES HUMAINS. COMMENT LES PISTER ET EN LIMITER LES DÉGÂTS ?

La grippe A/H1N1, à l'instar des grippes saisonnières, est une maladie respiratoire aiguë dont la transmission s'effectue par voie aérienne. Elle est issue d'un influenzavirus du type A et du sous-type H1N1 en référence à ses antigènes de surface : l'hémagglutinine et la neuraminidase. Le réservoir que constitue le monde animal joue un rôle très important dans l'apparition de nouvelles variantes virales néanmoins la grippe A/H1N1 est une affection interhumaine qui, bien qu'elle ait pu transiter par le porc, ne méritait pas le qualificatif initial de « porcine ».

Le foyer initial de l'épidémie de grippe A/H1N1 de 2009 se situe en Amérique du Nord : le premier cas confirmé a été identifié à la mi-mars au Mexique ; les États-Unis enregistrèrent leurs premiers cas une dizaine de jours plus tard. Elle intéressa ces deux pays durant un mois environ avant d'entamer sa diffusion planétaire suivant une double logique : la première de « proche en proche » vers les États d'Amérique centrale ; la seconde « transcontinentale » via des sujets infectés empruntant les routes aériennes.

Des études ont détaillé les mécanismes de transmission du virus à l'intérieur de la cabine d'un avion en mentionnant les facteurs aggravants suivants : la durée de vol, la densité de sièges et la proximité du sujet infecté. L'importance d'une liaison commerciale aérienne en termes de trafic paraît être le facteur structurant les dimensions temporelles et spatiales de la propagation du virus. La temporalité des cas confirmés par pays est, à ce titre, édifiante : les territoires prioritairement touchés sont les mieux connectés au foyer initial. De plus, les portes d'entrée du virus dans les différentes régions du globe correspondent nettement aux pays possédant les plus gros « hubs » aéroportuaires. En dépit d'une forte contagiosité et de cas graves concernant des jeunes adultes, le taux de mortalité global de cette maladie, calculé a posteriori, n'a pas été supérieur à une grippe saisonnière.

Malgré tout, le caractère pandémique de la maladie a provoqué une surveillance quotidienne de la part de l'Organisation mondiale de la santé. Cet exemple met en évidence la manière dont les flux inter et intracontinentaux de passagers structurent la propagation épidémique.

BENJAMIN LYSANIUK

La progression mondialisée du virus H1N1

Diffusion supposée du virus d'un centre à l'autre

Les trente aéroports les plus fréquentés en 2009

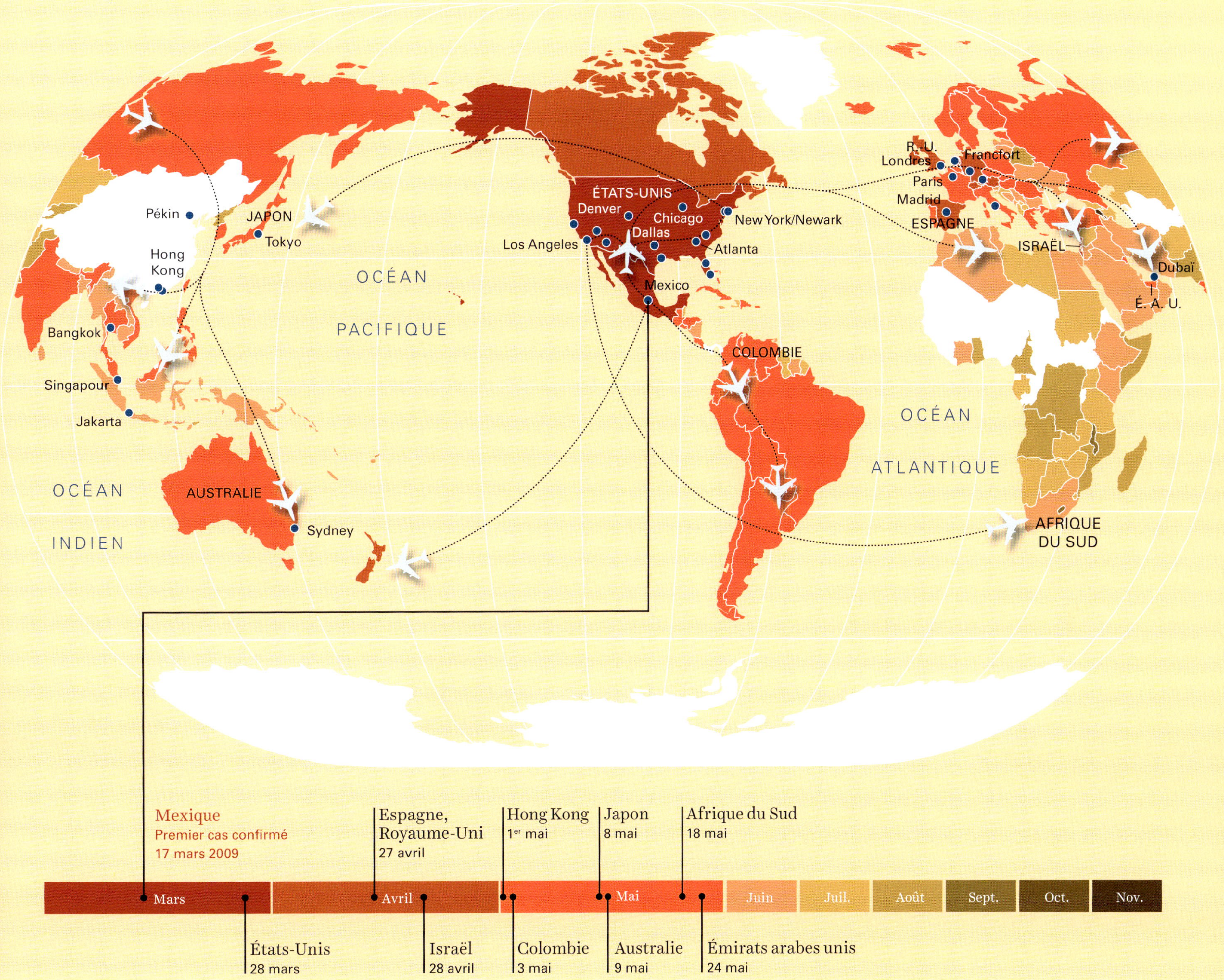

R.-U.
Londres
Francfort
Paris
Madrid
ESPAGNE
ISRAËL
Dubaï
É. A. U.
ÉTATS-UNIS
Denver
Chicago
Dallas
New York/Newark
Atlanta
Los Angeles
Mexico
COLOMBIE
Pékin
JAPON
Tokyo
Hong
Kong
Bangkok
Singapour
Jakarta
AUSTRALIE
Sydney
OCÉAN
PACIFIQUE
OCÉAN
ATLANTIQUE
OCÉAN
INDIEN
AFRIQUE
DU SUD
Mexique
Premier cas confirmé
17 mars 2009
Espagne,
Royaume-Uni
27 avril
Hong Kong
1er mai
Japon
8 mai
Afrique du Sud
18 mai
Mars
Avril
Mai
Juin
Juil.
Août
Sept.
Oct.
Nov.
États-Unis
28 mars
Israël
28 avril
Colombie
3 mai
Australie
9 mai
Émirats arabes unis
24 mai

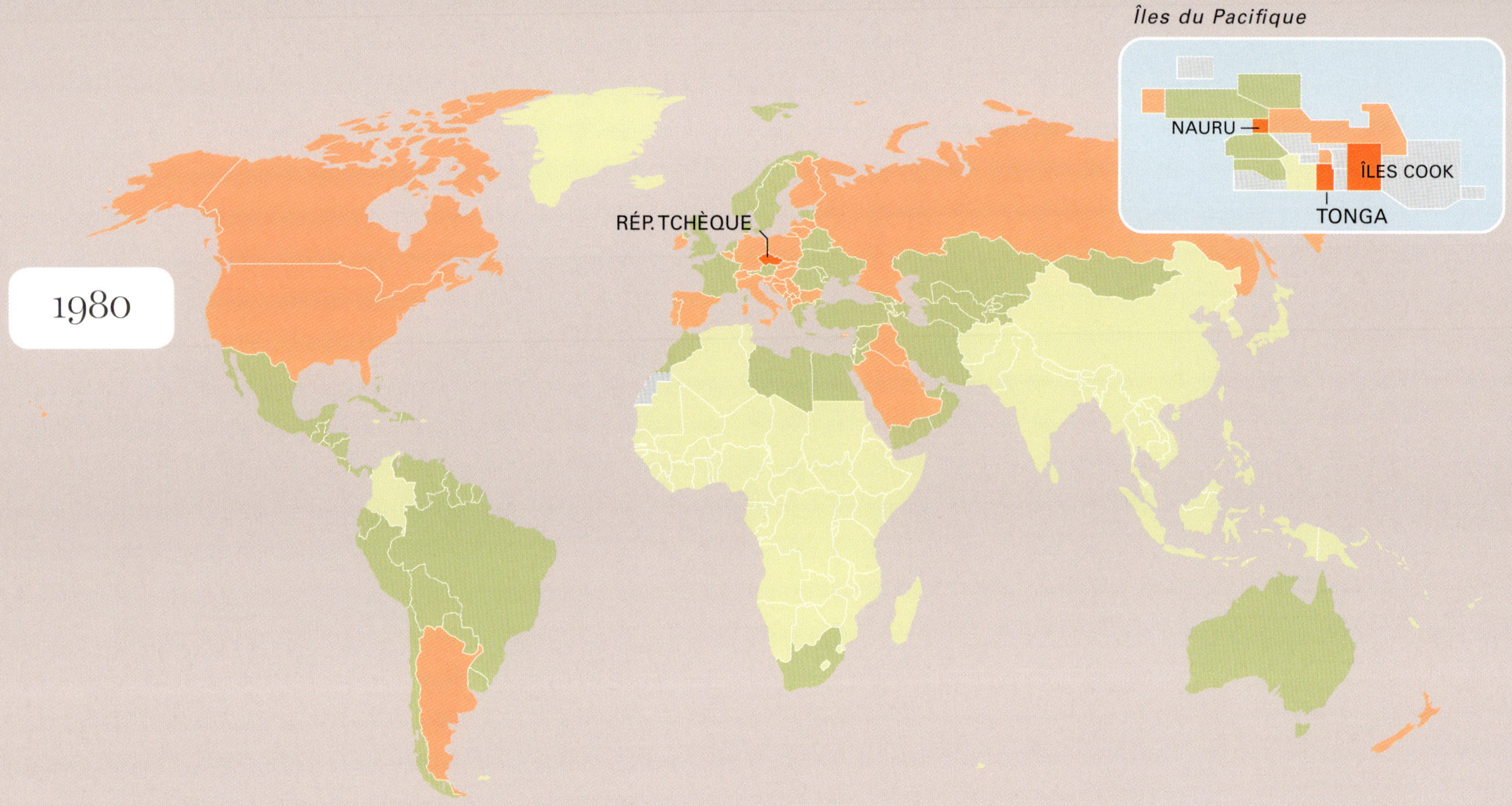
Îles du Pacifique
NAURU
ÎLES COOK
TONGA
RÉP. TCHÈQUE
1980

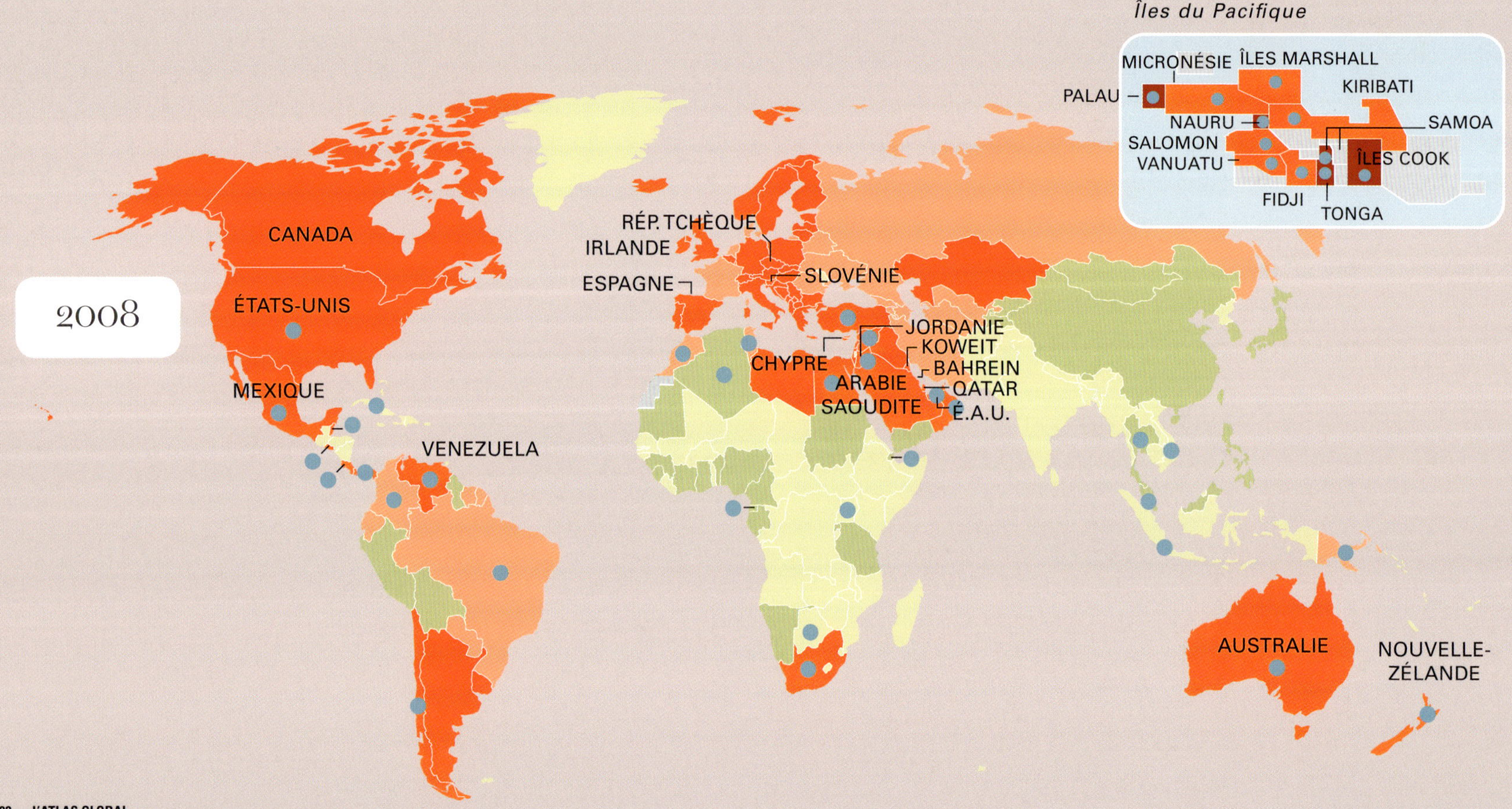
Îles du Pacifique
MICRONÉSIE
ÎLES MARSHALL
PALAU
KIRIBATI
NAURU
SAMOA
SALOMON
VANUATU
ÎLES COOK
FIDJI
TONGA
2008
CANADA
ÉTATS-UNIS
MEXIQUE
VENEZUELA
RÉP. TCHÈQUE
IRLANDE
ESPAGNE
SLOVÉNIE
JORDANIE
KOWEIT
BAHREIN
CHYPRE
ARABIE
SAOUDITE
QATAR
É.A.U.
AUSTRALIE
NOUVELLE-
ZÉLANDE

L'obésité, une pandémie de civilisation ?

L'OBÉSITÉ A LITTÉRALEMENT EXPLOSÉ DEPUIS TRENTE ANS ET PREND DES PROPORTIONS ALARMANTES. AVEC LES INÉGALITÉS SPATIALES, LA GÉOGRAPHIE AIDE À COMPRENDRE CE QUI SE PASSE.

L'Organisation mondiale de la santé définit l'obésité comme une accumulation excessive, voire anormale, de graisse corporelle pouvant nuire à la santé. Pour la caractériser, on utilise l'indice de masse corporelle (IMC) en divisant le poids par la taille au carré (poids/taille²).
La valeur considérée comme normale est de 20 à 25 chez l'homme et de 19 à 24 chez la femme. Au-delà, on parle de surpoids (IMC entre 25 et 29,9), d'obésité (IMC entre 30 et 39,9) et d'obésité morbide (IMC ≥ 40).
Être obèse, c'est être sujet à des facteurs génétiques, psychologiques, mais surtout touché par les changements des modes de vie, comme une alimentation riche en graisses et en sucres ou encore une forte sédentarité, voire un manque d'activité physique.
Cette pandémie touche 1,5 milliard de personnes à travers le monde (un adulte sur trois). Aux États-Unis, 35,7 % des adultes – les hommes ayant rattrapé leur « retard » sur les femmes – et un enfant sur six (16,9 %) sont obèses. Mais la carte (pages suivantes) montre une plus forte exposition des femmes que des hommes à la pandémie.
Aux États-Unis, la population afro-américaine y est la plus touchée, notamment les femmes (58,5 %).
En Europe, la proportion est plus faible (10 à 20 % selon les pays).
Dans les pays en développement du Sud, elle progresse à une vitesse plus élevée que dans les pays développés.
En France, l'obésité touche 15 % de la population adulte soit près de sept millions de Français âgés de plus de 18 ans. Elle laisse apparaître des inégalités géographiques – elle est plus marquée dans le nord et l'est – et sociales, l'obésité étant plus répandue dans les milieux socio-économiques défavorisés (16,7 % des ouvriers

Indice de masse corporelle (IMC) moyen des hommes âgés de plus de 20 ans

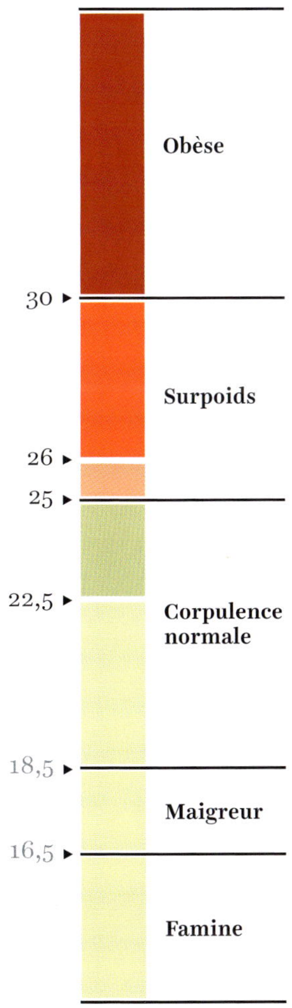

Évolution de 10 % et plus entre 1980 et 2008

Hommes âgés de plus de vingt ans

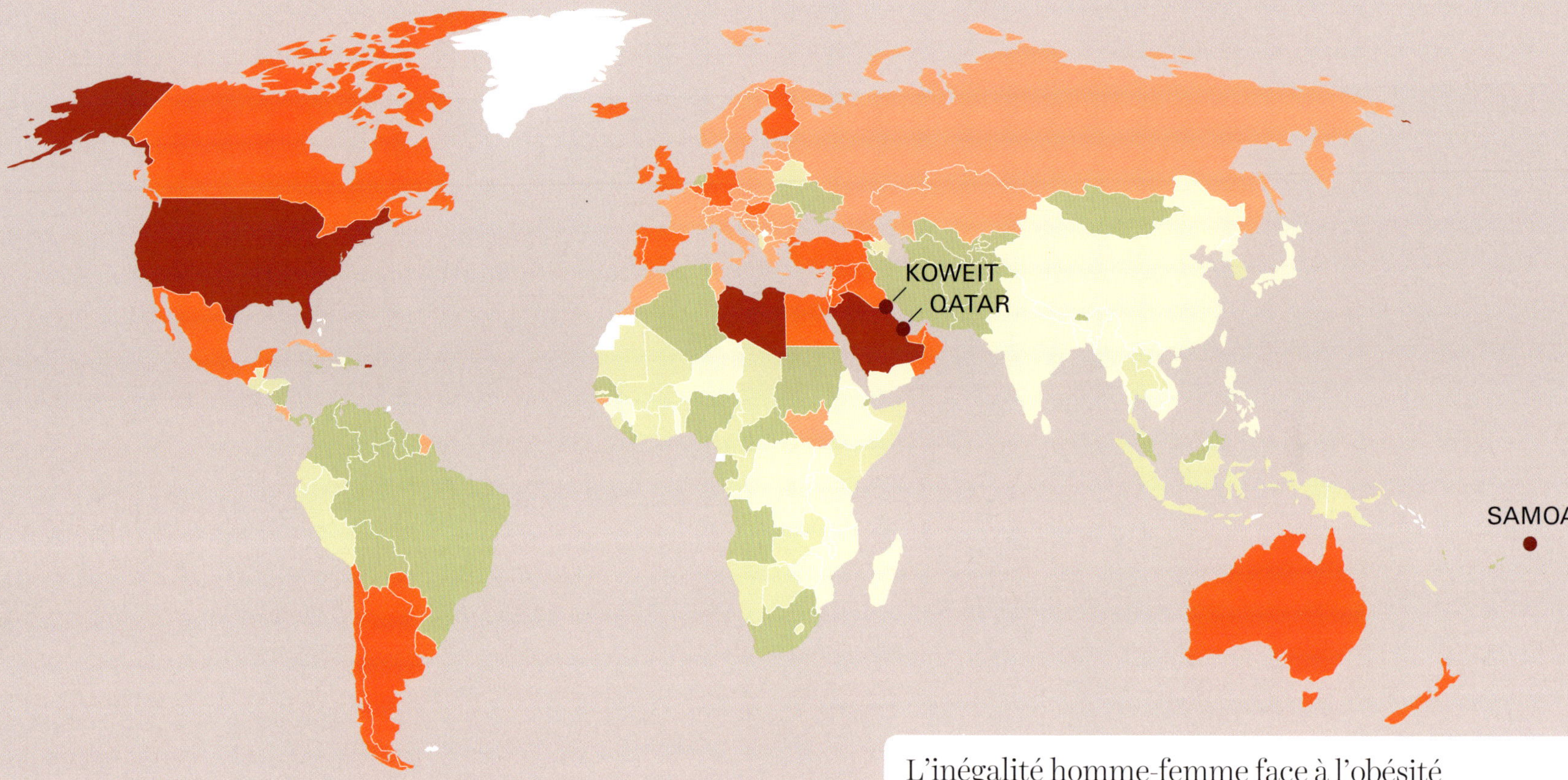

L'inégalité homme-femme face à l'obésité

Taux de personnes obèses dans le monde en 2013*
(Seuls les noms des pays dont le taux d'obésité est supérieur à 40 % sont indiqués.)

5 10 15 20 30 40 50

Donnée indisponible

* Une personne est considérée obèse lorsque son IMC est supérieure à 30.

contre 8,7 % des cadres supérieurs). Cette tendance se retrouve dans tous les pays industrialisés. À l'inverse, dans les pays en développement, l'obésité touche surtout les classes aisées qui ont accès à une nourriture abondante. Des démographes ont incriminé une forme de transition nutritionnelle très brutale, exposant des populations pauvres à des régimes alimentaires riches en glucides et lipides. Certes, la nouveauté de l'alimentation industrielle peut y faire des ravages mais il convient de distinguer les pauvres devenus subitement riches (pays du Golfe), effectivement très touchés, des pauvres restés pauvres, dans des pays où l'impossibilité de se nourrir correctement touche encore la majorité de la population, qui reste à l'écart de la pandémie.

L'obésité est ainsi devenue un problème majeur de santé publique qui prédispose à de multiples complications cardio-vasculaires, respiratoires et métaboliques (hypercholestérolémie, diabète…) dont la pandémie accompagne la croissance et que les politiques de santé publique peinent à ralentir. Hippocrate et Galien attiraient déjà l'attention sur la prise de poids et

Femmes âgées de plus de vingt ans

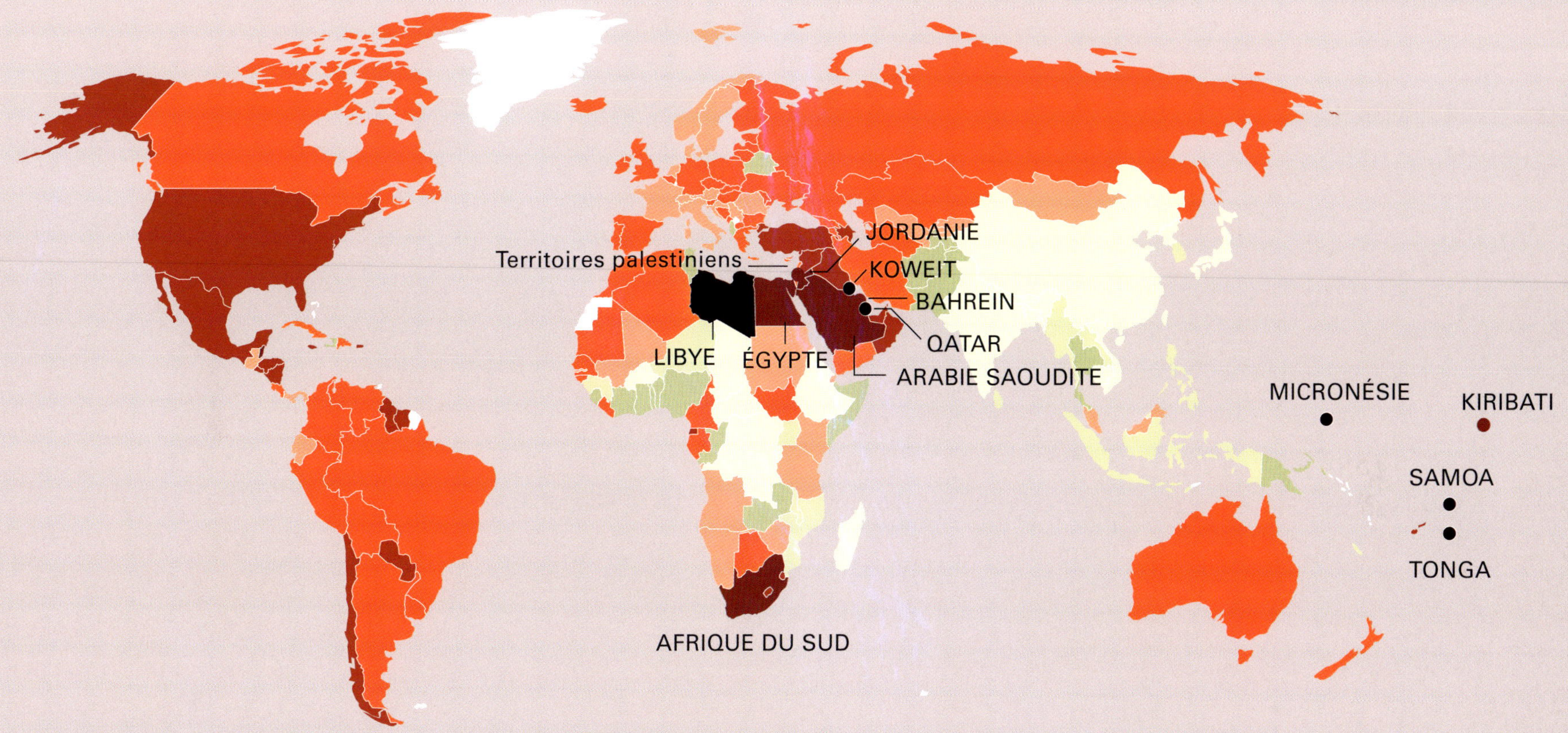

l'enfant romain était soumis à un rationnement sévère. Mais dans la plupart des civilisations anciennes, être gros était signe de prospérité et certaines sociétés faisaient même l'éloge de la grosseur, voire de l'obésité, à l'instar des maisons d'engraissement pour les filles dans l'Afrique centrale, au motif qu'une femme bien en chair est une femme « en bonne santé » que son mari a les moyens de bien nourrir.

Découplée du discours médical ambiant, cette perception culturelle de l'embonpoint, du surpoids et de l'obésité demeure toujours vivante dans certaine partie du monde et, notamment, en Afrique. En effet, de nombreuses langues locales n'ont pas de terme pour désigner l'obésité. Elle n'est pas perçue comme gênante car on ne la voit pas : les habits féminins se font amples, voire soulignent des formes dont on est fier. En Inde, où une majorité de femmes ayant atteint la quarantaine seraient en surpoids, l'habillement va jusqu'à gommer l'idée de forte corpulence. Preuve, s'il en est, que l'obésité est, certes, une pandémie mais que son expression statistique porte un biais culturel.

Guy Chemla

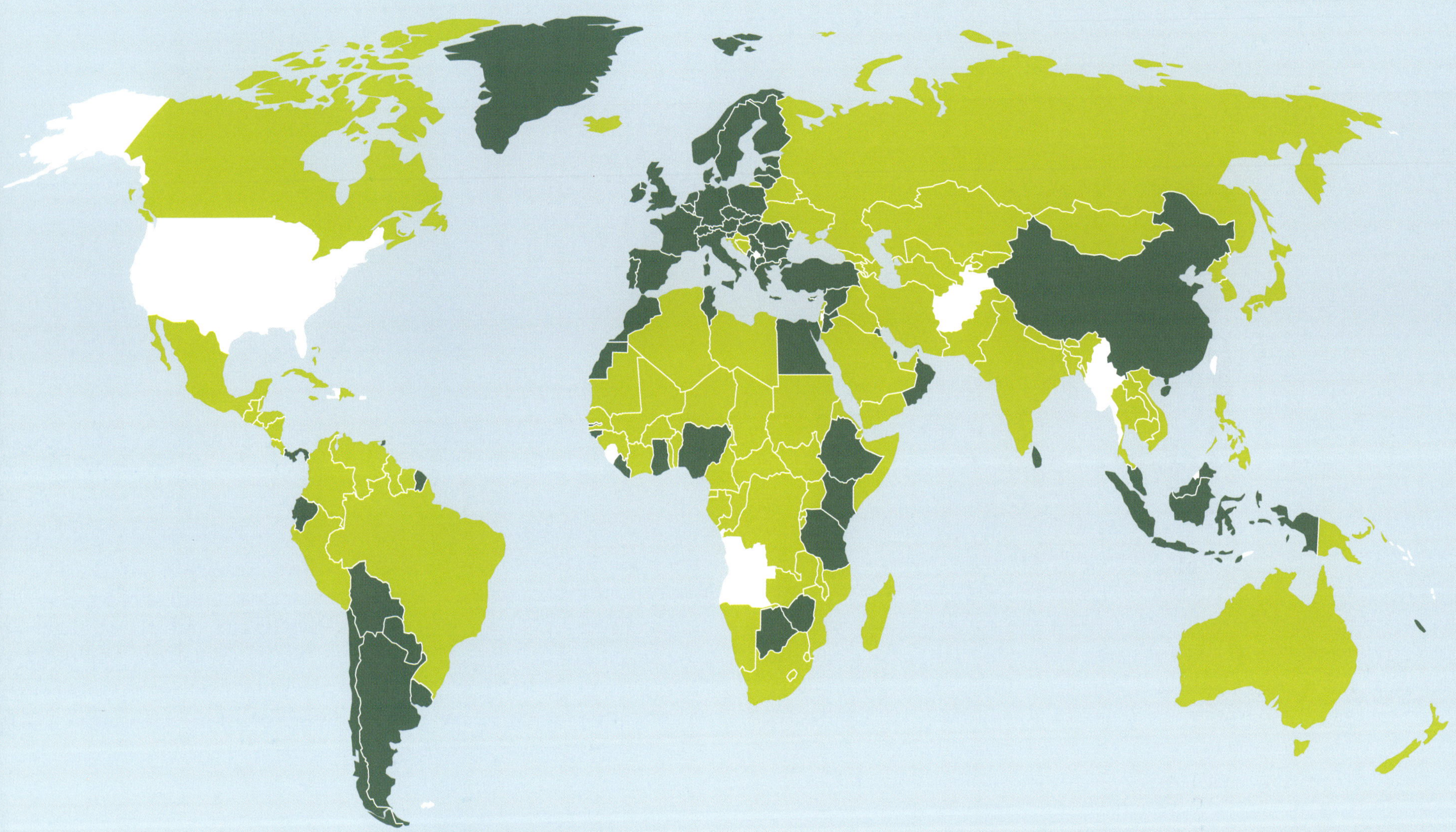

États-Unis
Principaux producteurs de déchets dangereux
En milliers de tonnes.
31 147
Allemagne
19 931
France
11 538
Italie
7 179
Estonie
6 784
Belgique
4 479

Les pays poubelles

MALGRÉ LES BELLES INTENTIONS AFFICHÉES PAR LA SIGNATURE DE LA CONVENTION DE BÂLE, CENSÉE ENCADRER LA CIRCULATION DES DÉCHETS DANGEREUX, LES PAYS RICHES N'HÉSITENT PAS À ENVOYER LEURS ORDURES DANS LES PAYS LES MOINS DÉVELOPPÉS.

Chaque jour, à la décharge d'Agbogbloshie dans la banlieue d'Accra au Ghana des centaines d'enfants et de jeunes adultes s'affairent sans aucune protection pour désosser des réfrigérateurs, des ordinateurs, des imprimantes, des téléphones portables ou des téléviseurs en provenance des pays industrialisés. Le recyclage des appareils électriques et électroniques est à la fois complexe et coûteux, car ils sont constitués de matériaux nocifs pour la santé et l'environnement, en particulier de substances chimiques dangereuses (retardateurs de flamme bromés) et de métaux lourds (plomb, mercure, cadmium ou chrome).

Les pays du Tiers Monde apparaissent dans ces conditions comme des destinations privilégiées pour externaliser les coûts de traitement de ces déchets, d'autant que les filières capables de les prendre en charge dans les pays industrialisés sont insuffisamment développées.

Le plus souvent, les déchets électroniques sont exportés de manière frauduleuse par des sociétés de courtage qui achètent des lots pour ensuite les revendre en Asie ou en Afrique. Lorsqu'ils font l'objet d'une déclaration en bonne et due forme en douane, les e-déchets sont alors signalés comme des équipements ayant vocation à être remis en état de marche et réutilisés, notamment dans le cadre de programmes d'équipement des établissements scolaires. Seule une part bien négligeable de ces cargaisons profite effectivement aux populations locales. Une partie du matériel n'est pas réutilisable et finit dans les décharges sauvages, où il s'entasse avant d'être enseveli ou brûlé. Une autre partie entre dans le circuit de recyclage informel. À Agbogbloshie comme à Guyu (Chine), Lagos (Nigeria) ou New Dehli (Inde), c'est le même procédé qui est utilisé : les gaines électriques ou les circuits imprimés sont brûlés pour récupérer des métaux comme le cuivre, le palladium et plus

La Convention de Bâle, des paroles et des actes

Convention de Bâle pour le contrôle des mouvements transfrontaliers de déchets dangereux, en 2014

- 178 parties
- 71 parties ayant ratifié la Convention de Bâle (1989) et l'Amendement à la Convention de Bâle* (1994)
- Pays non signataires de la Convention

* Interdit l'exportation de tous déchets dangereux des pays membres de l'OCDE en direction des pays non-membres de l'OCDE, pour leur élimination comme pour leur valorisation (recyclage, réutilisation ou réemploi).

rarement l'or, dont les cours mondiaux se sont envolés ces dernières années, dégageant des fumées qui exposent les travailleurs à des substances dangereuses responsables d'allergies respiratoires et oculaires, de maladies de la peau, des systèmes nerveux ou reproducteurs.

L'exportation de matériels électriques et électroniques relève de la Convention de Bâle qui régit le commerce international de déchets dangereux. Cette convention, et plus généralement l'ensemble des réglementations internationales (de Londres sur la prévention de la pollution des mers résultant de l'immersion de déchets, 1972 ; de Marpol sur la prévention de la pollution des mers par les navires, 1978 ; de Rotterdam sur le commerce des produits chimiques et pesticides dangereux, 1998 ; de Hong Kong sur le recyclage des navires, 2009), ont créé un cadre protecteur qui bénéficie surtout aux pays industrialisés qui disposent des capacités institutionnelles pour les rendre opérationnelles. Les pays du Tiers Monde connaissent une nouvelle forme d'exploitation de la part des sociétés qui, par le passé, les ont conquis pour leurs matières premières, et aujourd'hui les utilisent pour absorber les rejets d'un modèle de consommation de masse à bout de souffle. Ces pays sont également confrontés à leurs propres déchets électriques et électroniques, en augmentation dans la mesure où le taux d'équipement des populations en téléphonie mobile et en informatique progresse rapidement. Certaines agences internationales voient dans ces filières informelles de traitement et de recyclage des e-déchets un potentiel levier de développement local. La priorité ne serait plus alors la lutte contre l'exportation frauduleuse des e-déchets, mais d'organiser ce commerce et d'accompagner la structuration de ces filières informelles, de valoriser le savoir-faire acquis et de stimuler le petit entreprenariat pour résoudre les problèmes de développement économique des pays du Tiers Monde.

Autre volet de cette tendance, celui du « recyclage » des navires en fin de vie. 70 % des navires envoyés à la casse en 2012 ont été démantelés en Asie, selon l'organisation non gouvernementale Shipbreaking Platform. La moitié d'entre eux appartenait à des compagnies maritimes enregistrées en Europe.

La fermeture des chantiers navals sur le continent au cours des dernières décennies a considérablement réduit la capacité à prendre en charge sur place des navires de forts tonnages comme les pétroliers, les vraquiers ou les grands chalutiers. Le démantèlement se fait la plupart du temps selon la technique du *beaching* qui consiste à échouer volontairement un navire sur une plage pour y être découpé. Les ouvriers sont quotidiennement exposés à des matières dangereuses tels que l'amiante ou les produits pétroliers. En l'absence de mesure de sécurité, les accidents, comme les incendies ou les explosions provoquées par le découpage des tôles au chalumeau, ou encore l'affaissement des parties du navire en cours de débitage, sont courants. Cette technique est également responsable d'une pollution à grande échelle des littoraux.

Fabrizio Maccaglia

L'industrie du recyclage

Qu'est-ce qu'un e-déchet ?

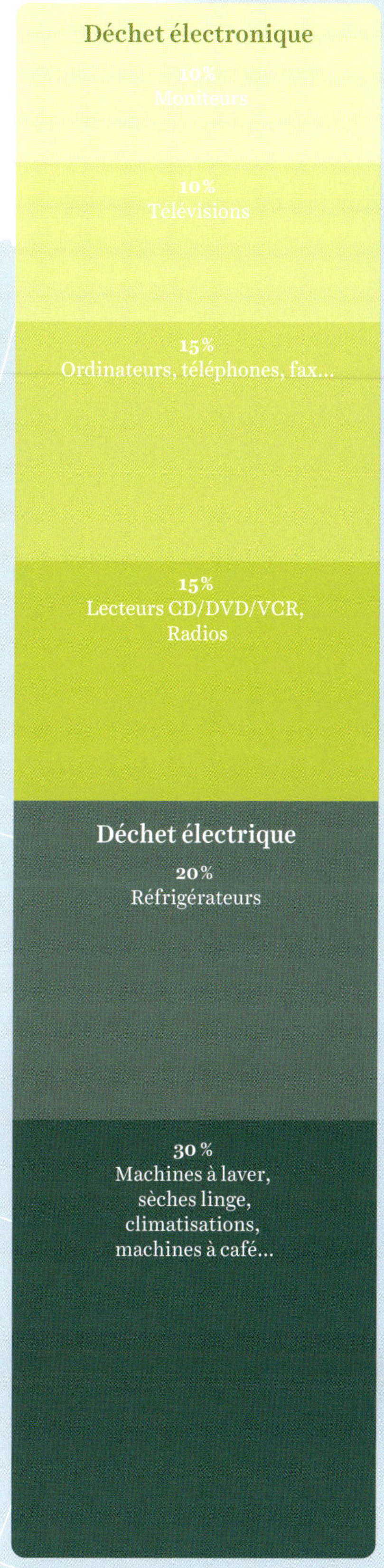

5

Le monde global

Global, le monde d'aujourd'hui ? Il est certes un réseau qui nous relie tous, mais inégalement. La figure de la toile ne concerne pas qu'Internet, mais aussi la puissante machine du commerce, la culture ou encore les déplacements des humains. Se sentir pris dans ces toiles suscite souvent méfiance, voire rejet. L'opposition entre le mondialisme, qu'il soit libéral ou alter, et l'antimondialisme rêvant d'un chacun chez soi, n'a pas grand sens. Y a-t-il un pays plus dépendant de la pression mondiale que la Corée du Nord, arc-boutée contre d'éventuels envahisseurs ?

Alors que la crainte de l'uniformisation, de la perte d'identité, est un sentiment très... mondial, on peut constater qu'au contraire, en spécialisant les lieux, en provoquant des réactions d'identité, dont le réveil des peuples premiers est un bel exemple, le monde produit constamment des différences et s'en nourrit. Mais les connaît-on ?

Surveillons les équilibres démographiques, le vieillissement en Europe et en Asie de l'Est, le rajeunissement en Inde et en Afrique subsaharienne. Coincés dans les frontières étatiques, dans la grille de l'international, ces déséquilibres de population rendent les situations localement complexes et les franchissements de limites à la fois nécessaires et douloureux, parfois mortels.

Prêtons l'oreille aux langues parlées. Pour les riches ayant les autorisations à migrer (travail, loisirs), parler là où ils arrivent ne pose pas de difficultés, car le monde parle européen. Pour combien de temps, se demandent les Chinois, les Indiens qui tiennent à la culture véhiculant les leurs ? Comme le français, langue dominante de l'Europe au XVIIIe siècle, faut-il penser que l'anglais va reculer devant un autre idiome ou au contraire qu'il durera comme le latin ?

Le monde est né dans la douleur et la violence, mais aussi dans l'enrichissement réciproque qui permet aujourd'hui à un Indien de manger du piment ou à un Africain du manioc, deux plantes d'origine américaine.

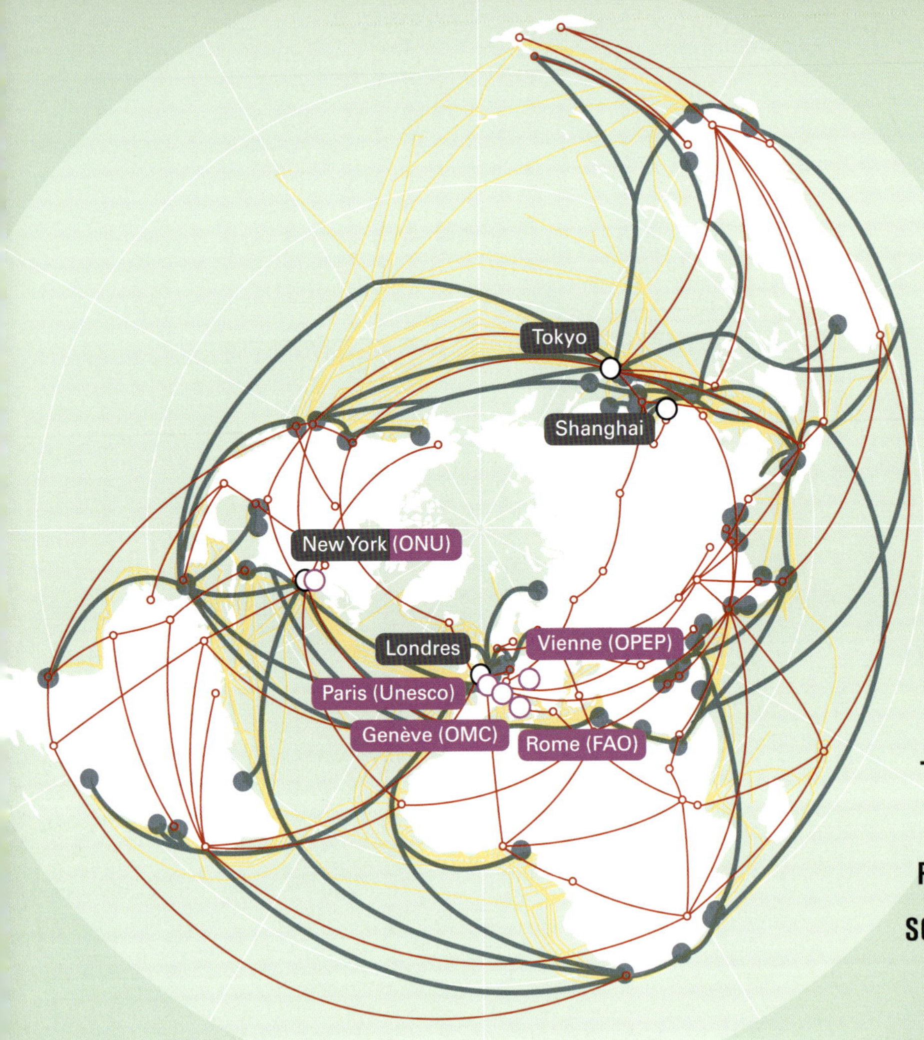

La toile du monde

Le filet mondial

- Principales routes maritimes et principaux ports commerciaux
- Principales routes aériennes et principaux aéroports
- Grands câbles internet sous-marins

Les nœuds du monde

- Les villes globales
- Hauts-lieux des efforts de gouvernance mondiale (ONU, Unesco, FAO…)

Le monde refabrique-t-il des différences ?

PARCE QUE LA MONDIALISATION PÈSE SUR TOUTES LES SOCIÉTÉS DU MONDE, PARTOUT SE FONT JOUR DES FORCES POUR S'EN DIFFÉRENCIER : RÉGIONALISMES, SOUVERAINISMES, MOUVEMENTS IDENTITAIRES, FONDAMENTALISMES RELIGIEUX…

Au XIXe siècle, les différents lieux européens se sont brusquement rapprochés. La réduction des distances par le chemin de fer et le télégraphe, puis le téléphone et l'automobile a rendu le continent beaucoup plus étroit qu'avant la Révolution industrielle. Pourtant, simultanément, se sont systématisées les constructions nationales. Plus l'Europe était unie économiquement, plus elle se fragmentait politiquement. Le XXe siècle voit le phénomène se mondialiser. Les décolonisations, la fragmentation de l'Empire soviétique, ont multiplié les États, renforcé les sociétés locales. Les sécessions sont toujours plus fréquentes que les fusions et le processus perdure au XXIe siècle (le Soudan du Sud n'est certainement pas le dernier nouvel État).
Ce couple unification/fragmentation est sans doute un caractère existentiel de l'économie capitaliste. La réglementation et la gouvernance de l'organisation sociale, qui a pris la forme de l'État-nation européen, suppose toujours de la proximité. L'échange économique et financier ne cesse de se mondialiser, en profitant de la diversité des situations locales. Mais si la fragmentation sociale et politique favorise l'unification économique, réciproquement cette dernière contribue à constamment produire de la diversité.
Plus la conscience du niveau mondial devient prégnante, plus des volontés

Les territoires de résistance au monde

Les grandes puissances freinent toute tentative de gouvernance mondiale

- États-Unis et Alena
- Russie et « étranger proche »
- Inde
- Chine et limite mentale de l'aire d'influence chinoise*
- Brésil

Les « continentalismes » (ensembles régionaux identitaires, devenant parfois géopolitiques)

- Afrique noire
- Amérique latine et Mercosur
- Monde arabe
- Europe et Union européenne
- Asie du Sud-Est et l'Asean

Les zones grises du monde

- Poussée islamiste (foyers et diffusion)
- Zones de déstabilisation
- Isolats largement hors du monde

*Limite de la suzeraineté des Qing (XVIIe-début XXe siècle)

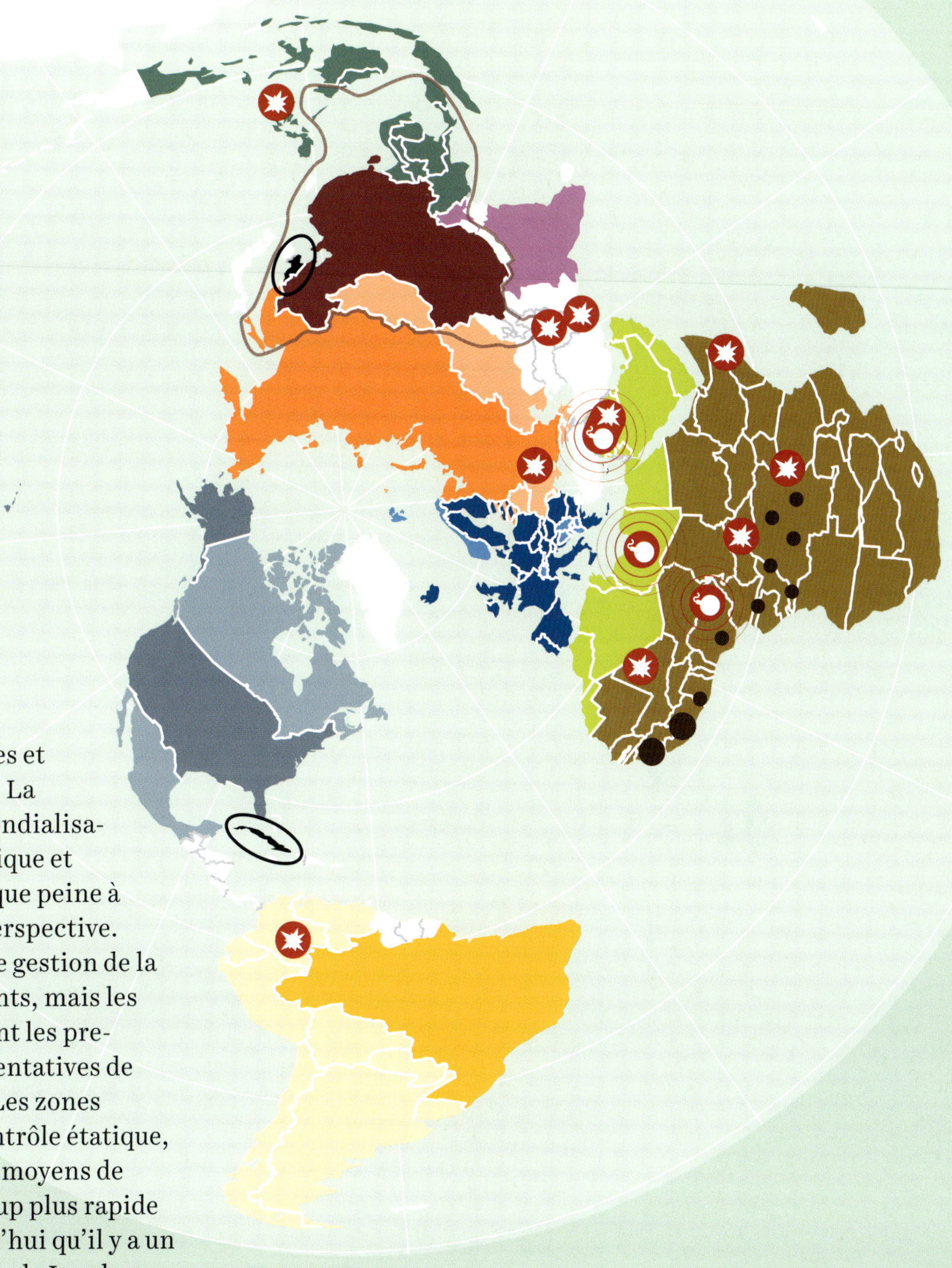

de s'identifier de façon particulière s'affirment. Ce peuvent être des résurgences linguistiques, quitte à construire des langues savantes et unifiées qui n'avaient jamais vraiment existé. Des peuples premiers en Amérique aux Africains, bien des sociétés postcoloniales reconstruisent leur passé et rêvent de (re) trouver une identité, souvent imaginée, qui aurait été occultée. La forme la plus spectaculaire, car elle prend en charge l'ensemble de la vie quotidienne, est d'ordre religieux ; l'islam réinventé dans une pureté originelle fantasmée propose une inversion de la mondialisation occidentale.
Le risque devient alors celui d'une lecture du monde en civilisations étanches les unes aux autres, nécessairement concurrentes et destinées à s'affronter. La construction d'une mondialisation plus sociale, politique et culturelle qu'économique peine à répondre à une telle perspective. Pourtant les besoins de gestion de la planète s'avèrent urgents, mais les grandes puissances sont les premières à résister aux tentatives de gouvernance globale. Les zones grises, hors de tout contrôle étatique, s'étalent : alors que les moyens de transport sont beaucoup plus rapide et bon marché aujourd'hui qu'il y a un demi-siècle, la « route » de Londres à Katmandou est devenue beaucoup plus difficile et dangereuse…

CHRISTIAN GRATALOUP

Le commerce, miroir des inégalités mondiales

DEPUIS LES ANNÉES 1960, L'ANGOISSE DU DÉCLIN DES VIEUX PAYS RICHES SE NOURRIT DE L'ABSENCE DE PERSPECTIVE SUR LES DYNAMIQUES ÉCONOMIQUES MONDIALES.

Profils d'exportation des pays en termes de vulnérabilité et d'opportunités face à la mondialisation.

Type A - Économie de rente
Pays dont les exportations sont dominées à plus de 70 ou 80 % par des produits primaires ou faiblement transformés. Ces pays sont particulièrement vulnérables aux fluctuations des cours mondiaux quant ils sont très spécialisés soit :

- **A1** Dans l'énergie
- **A2** Dans les produits miniers et agricoles
- **A3** Dans les produits agricoles

Type B - Économie industrielle émergente
Pays qui développent des secteurs technologiques à relativement faible intensité de technologie et de capitaux et où l'avantage comparatif principal résulte du faible coût de la main-d'œuvre. Les pays de ce groupe sont évidemment généralement soumis aux fluctuations économiques mondiales mais dans une moindre mesure que ceux liés aux produits primaires. Même si elle est initiée par des capitaux extérieurs au pays, cette première industrialisation peut amorcer le glissement vers des secteurs technologiques plus avancés et contribuer à la mise en place d'une société politique plus diversifiée que dans le cas des économies de rente.

- **B1** Pays spécialisés dans les exportations textiles.
- **B2** Économies plus diversifiées combinant une part de textile plus réduite.

Type C - Économie industrielle sophistiquée

- **C1** Pays qui se caractérisent par le passage du textile à l'électronique et le développement de filières industrielles impliquant davantage de capital et d'innovation scientifique.
- **C2** Haute technologie combinée avec un secteur agro-industriel important et des exportations importantes de produits agricoles.
- **C3** Économies de plus en plus spécialisées dans les exportations de produits chimiques, de véhicules de transport et surtout de machines, qui sont la clé de toutes les autres productions.

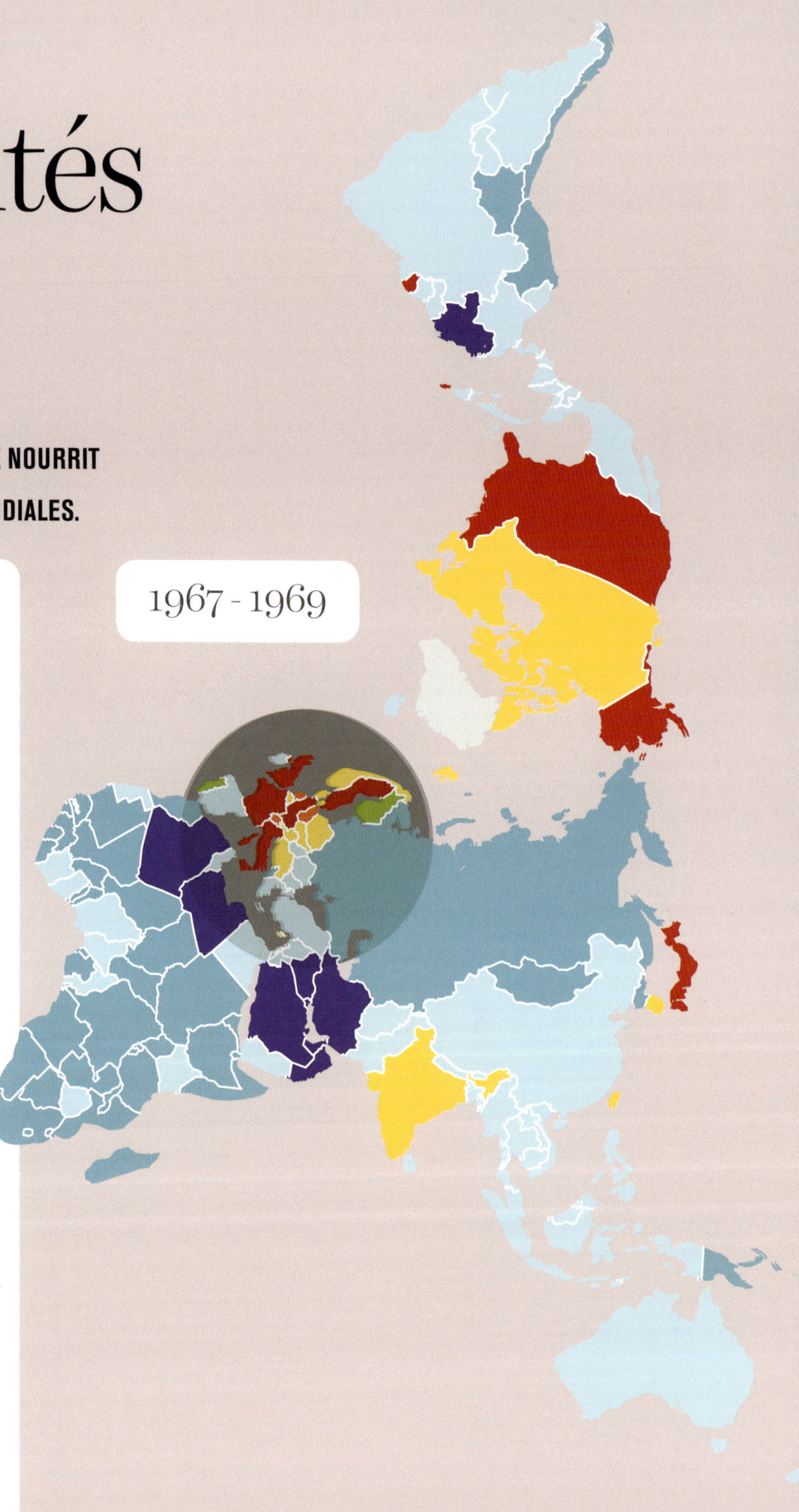

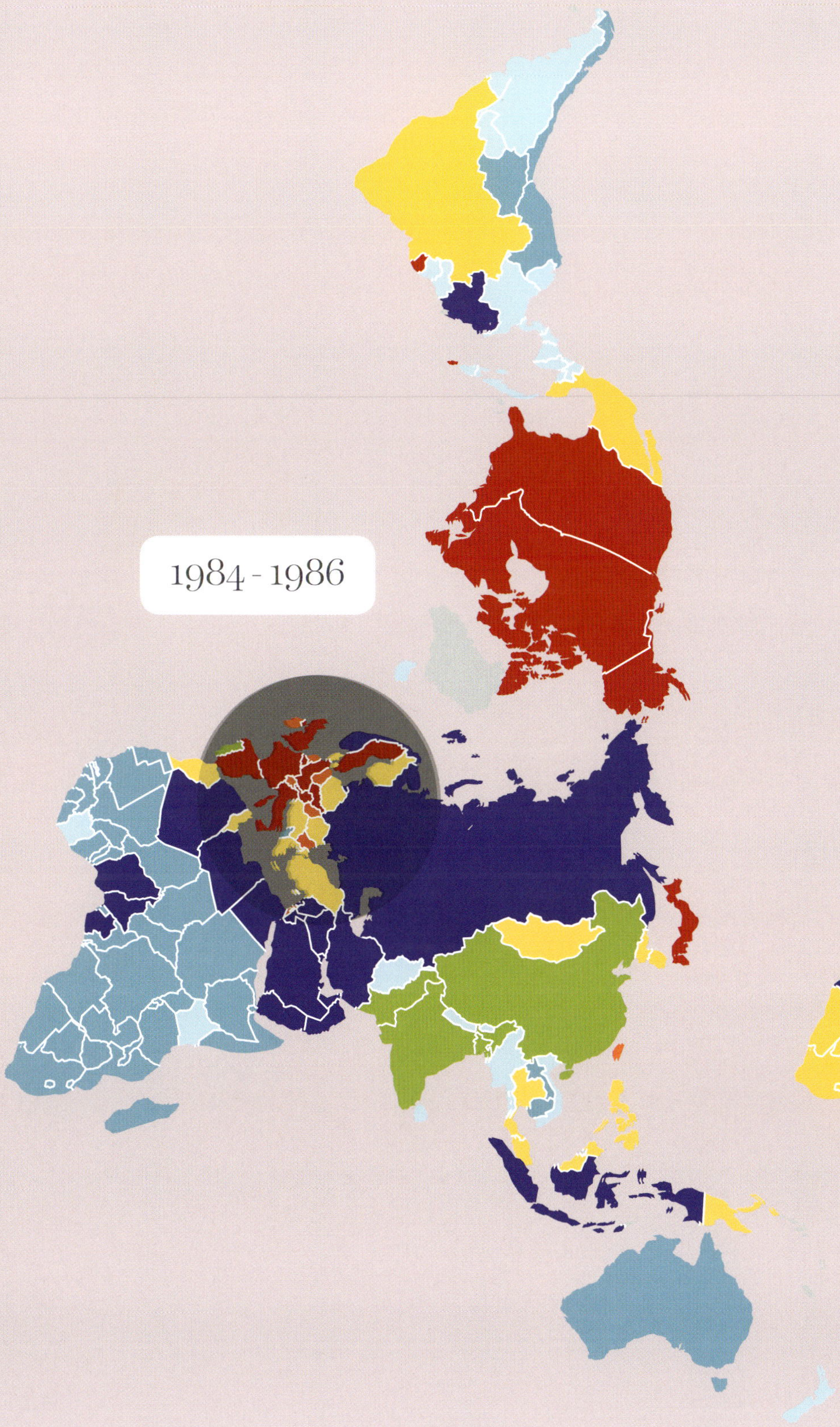
1984 - 1986

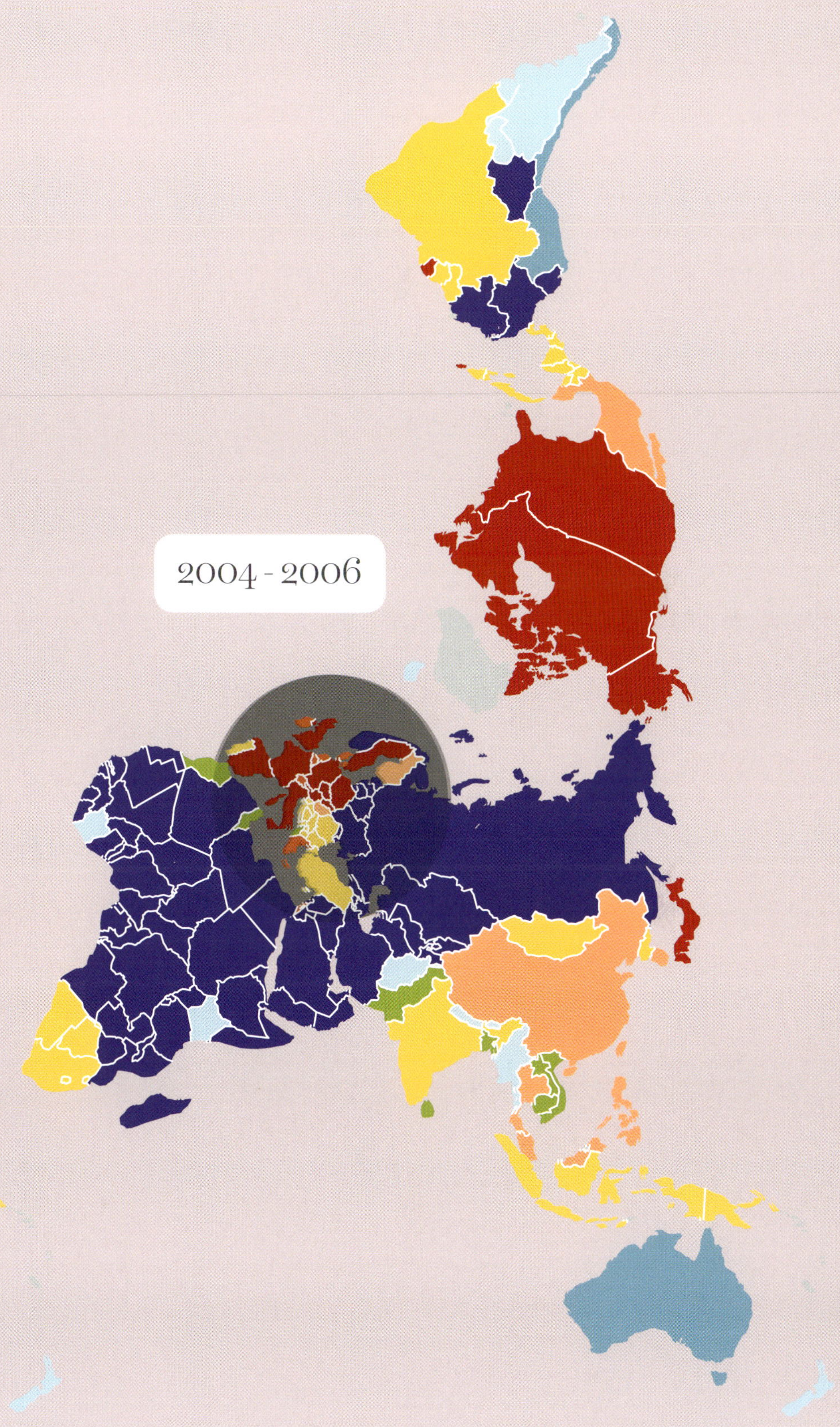
2004 - 2006

1967 - 1969

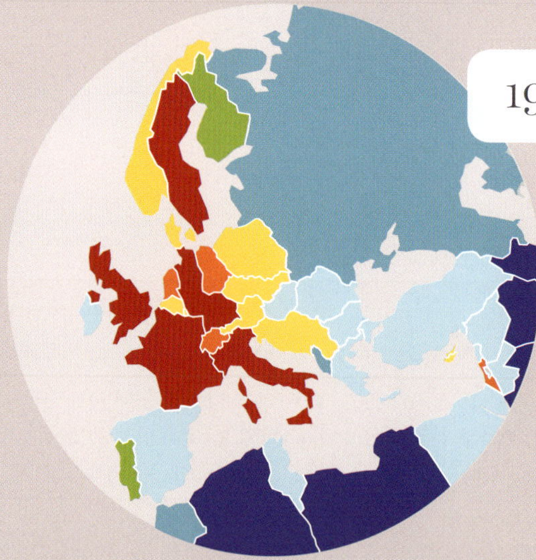

Une étude des exportations par produits, au lieu de considérer seulement le volume total des exportations par pays, permet une lecture nuancée de la division internationale du travail. On peut suivre le positionnement de chaque nation dans les chaînes de valeur, depuis les pays périphériques, simples fournisseurs de produits primaires, en passant par les pays jouant le rôle d'ateliers, pour arriver aux pays centraux qui assurent le commandement en conservant les productions à plus haute valeur ajoutée. Les exportations sont regroupées en huit catégories des économies situées le plus en amont (énergie, produits miniers, produits agricoles) pour passer aux économies intermédiaires (électronique, textile) et finalement aux économies les plus sophistiquées (chimie, transport, machines). Les pays sont classés selon leurs positions dans la division internationale du travail : certains remontent les filières, d'autres maintiennent leur position, voire régressent.

Le type économie de rente (A) correspond à des pays dont les exportations sont dominées à plus de 70 ou 80 % par des produits primaires ou faiblement transformés. Ces pays sont vulnérables aux fluctuations des cours mondiaux quand ils sont très spécialisés dans l'énergie (A1) ou les produits agricoles (A3). Ils sont un peu plus robustes quand ils combinent des produits miniers et agricoles (A2).

Le type économie industrielle émergente (B) correspond aux pays qui développent des secteurs technologiques où l'avantage comparatif résulte du faible coût de la main-d'œuvre.

Le cas le plus emblématique est celui des pays spécialisés dans les exportations textiles (B1), mais on voit que des profils beaucoup plus diversifiés peuvent apparaître (B2).

Le type économie industrielle sophistiquée (C) se caractérise par le passage du textile à l'électronique (C1). On aboutit à des économies de plus en plus spécialisées dans les exportations de produits chimiques, de véhicules de transport et surtout de machines (C3). Il peut arriver que ce profil de haute technologie se combine avec un secteur agro-industriel et des exportations de produits agricoles (C2). Deux exemples illustrent la démarche.

La Norvège du milieu des années 1960 fait partie des économies émergentes en transition (C1). Elle aurait logiquement pu aboutir, comme la Finlande, à un modèle d'exportation de produits de haute technologie. Mais la découverte du pétrole de la mer du Nord provoque un enrichissement brutal qui la fait régresser des années 1980 jusqu'à nos jours vers un type d'économie rentière (A1). La Chine des années 1960 fait partie du groupe des pays à exportations agricoles (A3). On constate dès les années 1980 une évolution vers un type intermédiaire caractérisé par les produits textiles (B1). Le passage d'une économie industrielle intermédiaire à une économie sophistiquée caractérisée par les exportations de produits électroniques (C1) dans les années 2000 n'est donc pas une surprise. La brutalité de l'explosion quantitative des exportations de la Chine depuis 2000 masque le fait que les transformations qualitatives qui l'ont rendu possible s'étaient mises en place sur trois décennies.

Il est donc possible de lire les cartes en examinant les trajectoires de chacun des pays, mais ce serait oublier que l'économie mondiale forme système dans une période marquée par le doublement de la population mondiale, l'explosion de la demande énergétique et la fin de la Guerre froide.

À la fin des années 1960, l'image du monde fournie par les profils d'exportation est d'une simplicité rassurante, conforme au stéréotype de la triade. Un tout petit nombre de pays du bloc capitaliste (plus la RDA) se caractérisent par des exportations sophistiquées à très haute valeur ajoutée. L'électronique n'a pas encore l'importance ultérieure. Les pays en transition sont peu nombreux et limités à la périphérie immédiate des pôles, exception faite de l'Inde. Une seconde auréole caractérise des pays à exportations agricoles et minières dominantes,

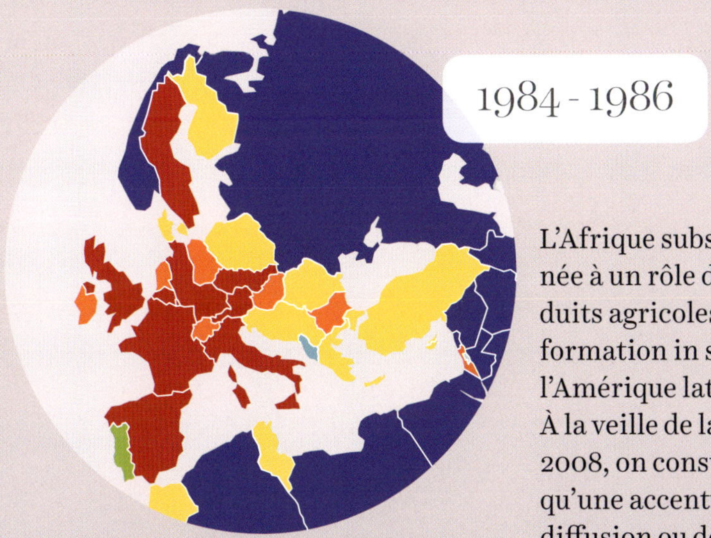

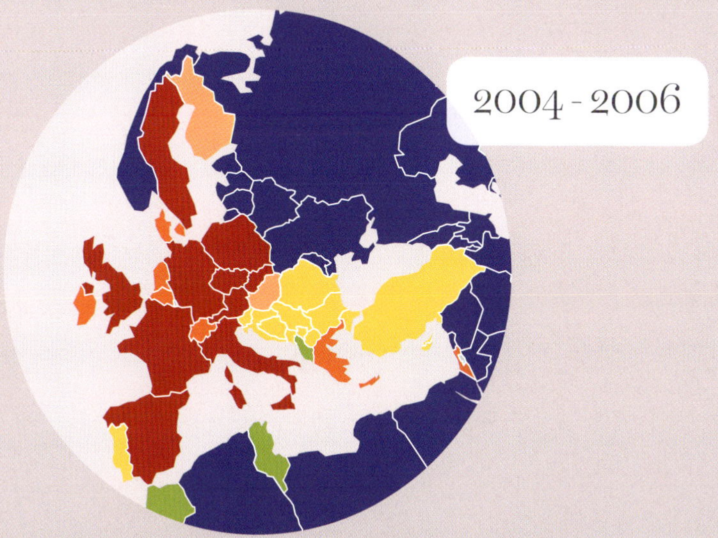

avec les premières traces d'industrie. Les pays à spécialisation énergétique sont encore très peu nombreux. Les pays les moins avancés exportent encore surtout des produits agricoles. Au milieu des années 1980, on observe une diffusion des économies sophistiquées vers leur périphérie. C'est particulièrement net en Amérique et en Asie sous l'impulsion des firmes qui délocalisent leur production à basse valeur ajoutée. Pour l'Europe de l'Ouest, une différence notable est l'absence d'auréole de pays en transition vers une économie industrielle. À la place, se met en place une ceinture de pays caractérisés par la rente énergétique, de l'Afrique du Nord à la Norvège en passant par le Golfe persique et l'URSS. Cette rupture nette entre pays rentiers et pays en voie d'industrialisation à la périphérie de l'Europe s'explique par la localisation des gisements énergétiques, mais aussi par un relatif déficit d'investissement, d'abord concentré sur les pays périphériques de l'Union européenne (Espagne, Grèce, Portugal, Irlande) et quelques pays voisins (Maroc, Tunisie, Turquie), certains faisant aussi le choix précoce d'investir en Asie.

L'Afrique subsaharienne a été cantonnée à un rôle de fournisseur de produits agricoles et miniers sans transformation in situ, à la différence de l'Amérique latine ou de l'Asie.

À la veille de la grande dépression de 2008, on constate moins une rupture qu'une accentuation des processus de diffusion ou de blocage. En Asie orientale comme en Amérique du Nord, la diffusion des filières économiques sophistiquées se poursuit vers des pays de plus en plus éloignés. Des relais majeurs apparaissent qui peuvent à leur tour prétendre au rôle de centre : Chine et Inde, Brésil ou Mexique. Rien de tel ne se produit en Europe avec une absence totale d'apparition de pays semi-périphériques. La grande ceinture de pays rentiers centrés sur les exportations d'énergie a encore pris de l'ampleur (quasi-totalité de l'Afrique et de l'Asie centrale). Seule l'Afrique du Sud émerge comme pôle industriel. Les capitaux des firmes ouest-européennes ont à nouveau préféré investir dans les nouveaux pays membres de l'Union européenne et surtout en Asie orientale.

Quelles sont les perspectives d'avenir ? Les trajectoires d'évolution économique retracées par l'analyse des exportations témoignent d'une grande inertie sur les quatre dernières décennies, mais on peut prendre le risque d'émettre deux hypothèses :

1. Le clivage entre pays exportateurs industriels et pays rentiers exportateurs d'énergie fossile va constituer le problème géopolitique et économique majeur du XXIe siècle. À moins que les premiers ne trouvent de nouvelles sources d'énergie ou que les seconds ne réussissent à dépasser la « malédiction de la rente » et à diversifier leur appareil productif.

2. L'organisation centre-périphérie du monde par la triade pourrait laisser la place à une organisation en grandes régions concurrentes entre elles et polycentriques à l'intérieur. Il ne semble en effet guère faire de doute que la Chine, l'Inde, le Brésil ou l'Afrique du Sud suivent une trajectoire d'exportation aboutissant à des d'économies sophistiquées. L'achèvement ultime consistant à maîtriser la production des machines-outils qui sont la clé des autres productions. Cela pourrait se traduire par la mise en place de vastes régions comportant plusieurs cœurs : Amériques (États-Unis, Mexique, Brésil), Asie-Océanie (Chine, Japon, Inde, Australie) voire Eurafrique (Union européenne, Afrique du Sud, Golfe, Russie). Mais des trois régions économiques mondiales en cours de constitution, c'est cette dernière qui semble aujourd'hui la plus improbable.

Claude Grasland

Officiellement, le monde parle « européen »

AUTREFOIS, L'EUROPE A COLONISÉ, OU AU MOINS INFLUENCÉ, PRESQUE TOUTES LES SOCIÉTÉS. L'HÉRITAGE SANS DOUTE LE PLUS DURABLE, QUELS QU'AIENT ÉTÉ LES EFFORTS DE DÉCOLONISATION, RESTE LA CARTE DES LANGUES OFFICIELLES.

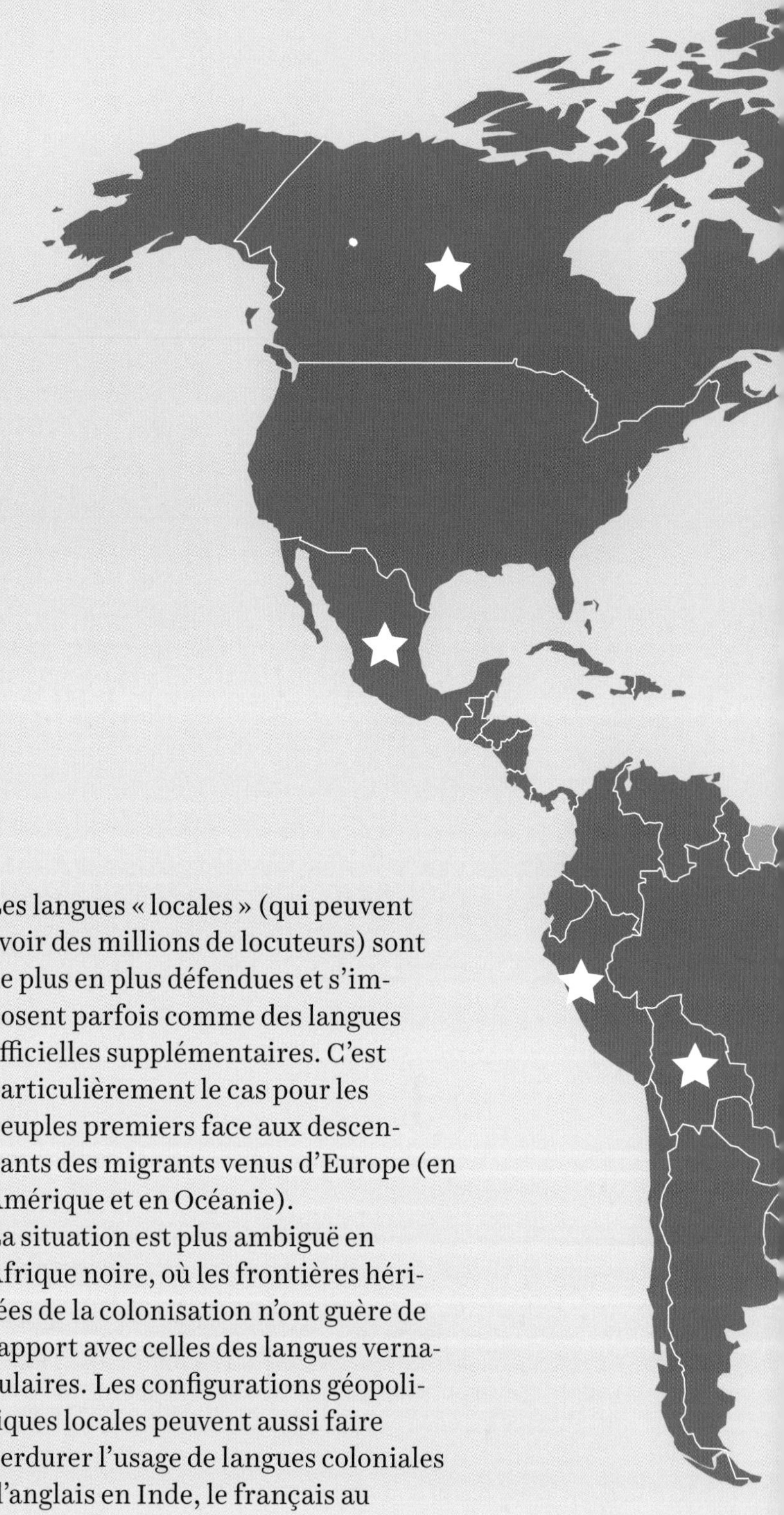

Si près de 5 000 langues sont encore bien vivantes dans le monde actuel, malgré la régression constante de ce patrimoine, les langues officielles sont très peu nombreuses. Quatre d'entre elles (chinois, anglais, espagnol et français) suffisent à rédiger les textes administratifs de la moitié de l'humanité. En enlevant le chinois, mais en rajoutant l'arabe, on reste à quatre langues officielles pour la majorité des États du monde.
La répartition géographique représente un héritage durable du rôle joué par les sociétés européennes dans la construction du niveau mondial. Mais, paradoxalement, ce n'est pas à proximité de l'Europe que cette marque linguistique est la plus forte, bien au contraire. Toute l'Amérique, l'Australie et la Nouvelle-Zélande, la plus grande partie de l'Afrique subsaharienne, ont des langues officielles venues du « Vieux Continent ». En revanche, tous les États issus de l'axe de l'Ancien Monde, même s'ils ont pu être des colonies européennes (Maghreb, Moyen-Orient, Asie du Sud), gardent des langues identitaires anciennes (arabe, farsi, hindi, chinois, japonais, malais...).
Cette situation, que reflètent les langues officielles de l'ONU, est cependant dépassée à la fois par le haut et par le bas. L'anglais standard est devenu la langue mondiale, pour les affaires ou le tourisme, comme pour les textes scientifiques. Les langues « locales » (qui peuvent avoir des millions de locuteurs) sont de plus en plus défendues et s'imposent parfois comme des langues officielles supplémentaires. C'est particulièrement le cas pour les peuples premiers face aux descendants des migrants venus d'Europe (en Amérique et en Océanie).
La situation est plus ambiguë en Afrique noire, où les frontières héritées de la colonisation n'ont guère de rapport avec celles des langues vernaculaires. Les configurations géopolitiques locales peuvent aussi faire perdurer l'usage de langues coloniales (l'anglais en Inde, le français au Maghreb).

CHRISTIAN GRATALOUP

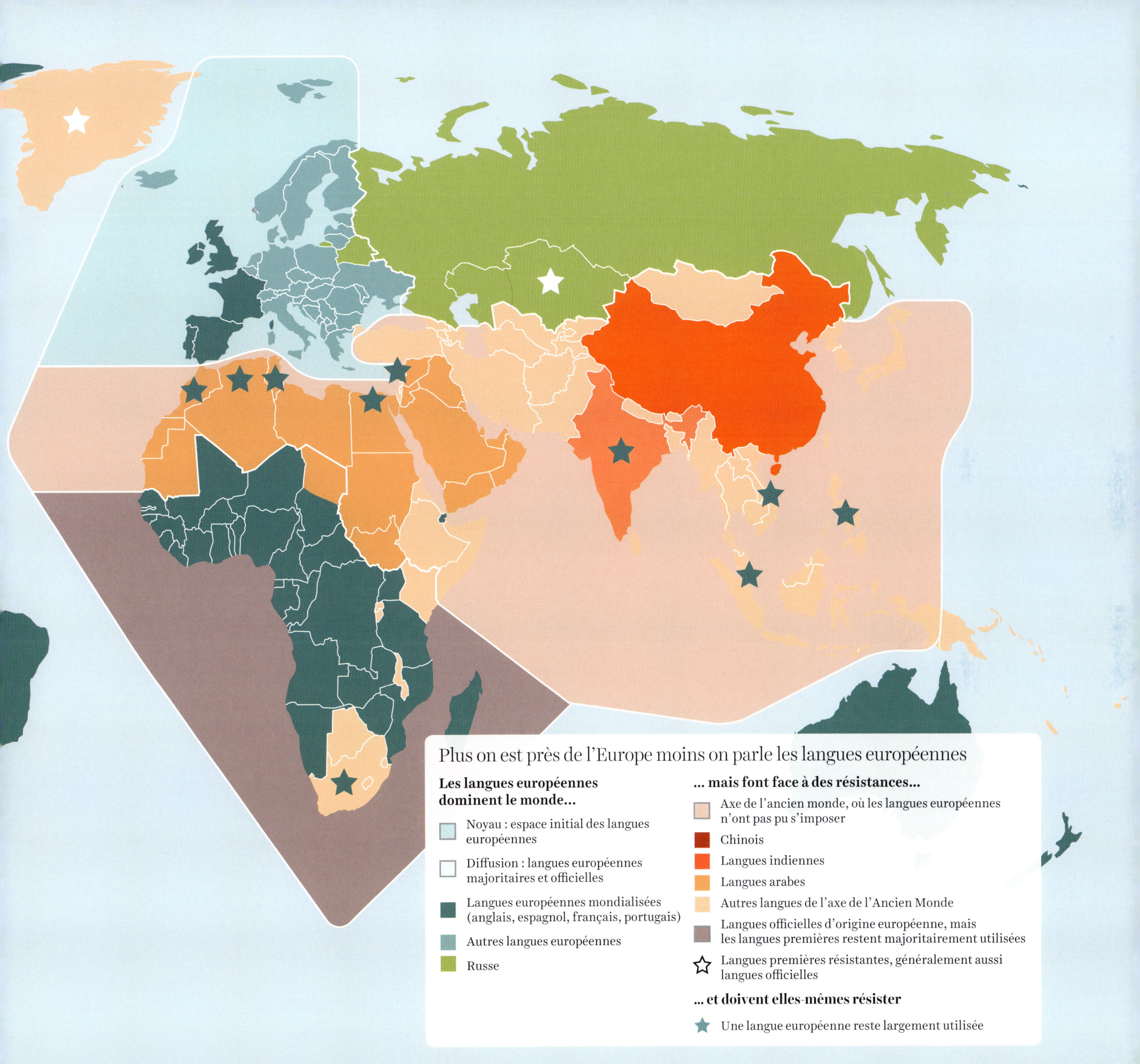
Plus on est près de l'Europe moins on parle les langues européennes
Les langues européennes dominent le monde…
Noyau : espace initial des langues européennes
Diffusion : langues européennes majoritaires et officielles
Langues européennes mondialisées (anglais, espagnol, français, portugais)
Autres langues européennes
Russe
… mais font face à des résistances…
Axe de l'ancien monde, où les langues européennes n'ont pas pu s'imposer
Chinois
Langues indiennes
Langues arabes
Autres langues de l'axe de l'Ancien Monde
Langues officielles d'origine européenne, mais les langues premières restent majoritairement utilisées
Langues premières résistantes, généralement aussi langues officielles
… et doivent elles-mêmes résister
Une langue européenne reste largement utilisée

Jeunes et personnes âgées sur les bras des actifs

PLUTÔT QUE D'OPPOSER LES JEUNES AUX PERSONNES ÂGÉES, IL FAUT ÉVALUER L'ENSEMBLE DES CHARGES QUI PÈSENT SUR LES ACTIFS. UNE NOUVELLE MANIÈRE D'ENVISAGER LE VIEILLISSEMENT.

Souvent cartographiée, la répartition de la proportion de personnes âgées dans le monde montre un contraste sans grande surprise entre les pays développés et les pays en développement. Certes, ces derniers sont comme les autres en vieillissement assez rapide, mais, la proportion des personnes âgées de plus de 60 ans y demeure encore assez modeste. Ces personnes âgées sont à charge des actifs, mais ces derniers ont aussi la charge des enfants. Leur coût est sensiblement le même que celui d'une personne âgée. Ils occasionnent une plus faible dépense de santé, mais une beaucoup plus forte dépense d'éducation. En conséquence, leur coût pour les adultes sont équivalents. Pour juger la charge à laquelle les actifs doivent faire face, il est donc légitime de réintégrer la charge que représentent les enfants, donc de calculer combien on compte d'enfants et de personnes âgées par personne d'âge actif et d'en tracer la carte de préférence à celle du vieillissement. Comme les Nations unies ont publié la pyramide des âges de tous les pays du monde en 2010, on a mené ici ce calcul dans chaque pays du monde en considérant que les personnes d'âge actif sont celles dont l'âge est compris entre 15 et 59 ans.

La répartition obtenue diffère sensiblement de celle du vieillissement. Tous les pays émergents du Bric, particulièrement la Chine et la Russie auxquels s'ajoutent le Maghreb, l'Indonésie, le Brésil, le Chili et les pays anglo-saxons d'outremer (États-Unis, Canada, Australie, Nouvelle-Zélande) supportent la plus faible charge par adulte. L'Europe de l'Ouest, l'Amérique centrale et une partie de l'Amérique du Sud se situent dans une position intermédiaire avec une charge nettement plus forte. Celle de la France, par exemple à 0,72 est 50 % plus importante que celle de la Chine à 0,45. Enfin, du fait de leur forte fécondité, la plupart des pays d'Afrique subsaharienne, et du fait de son vieillissement, le Japon, ont les plus lourdes charges, dépassant parfois une personne par adulte.

Les personnes âgées de 15 à 59 ans ne font pas toutes partie de la population active, loin s'en faut dans le cas des femmes. La carte montre donc des potentialités plutôt que la charge réelle supportée par les actifs de chaque pays.

HERVÉ LE BRAS

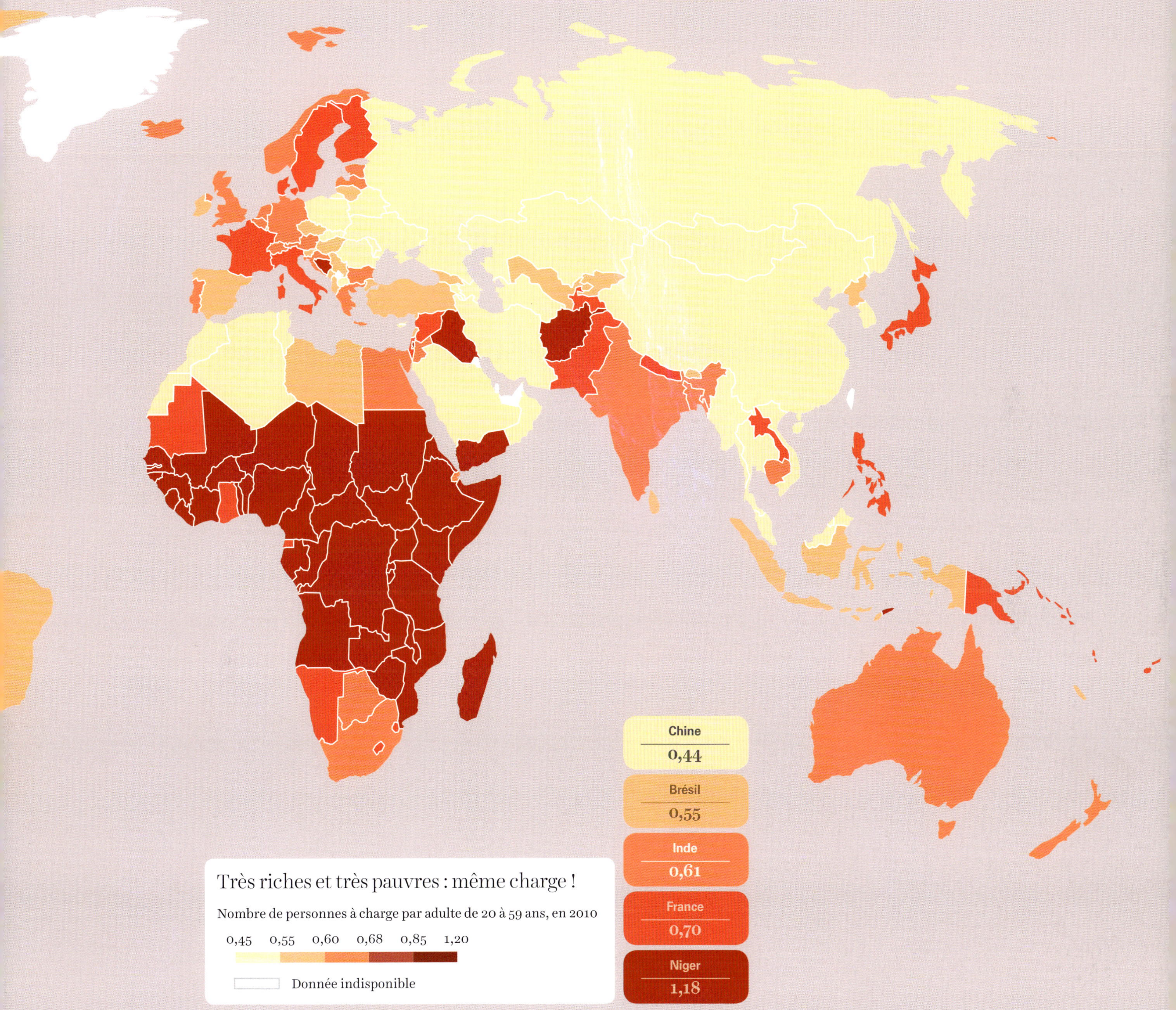
Très riches et très pauvres : même charge !
Nombre de personnes à charge par adulte de 20 à 59 ans, en 2010
0,45 0,55 0,60 0,68 0,85 1,20
Donnée indisponible
Chine
0,44
Brésil
0,55
Inde
0,61
France
0,70
Niger
1,18

Nunavut
(1er avril 1999)
République Lakota
(19 décembre 2007)
Eskimo-Aleut
0,09
Little Big Horn
(1876)
Wounded Knee
(1890)
Wounded Knee
(1973)
Alcatraz
(1968)
Las Vegas
Washita
(1868)
Sand Creek
(1864)
Trail of Tears
(1838)
Iroquois
0,02
Na Dene
0,18
OCÉAN
ATLANTIQUE
Otomanguea
0,18
Uto-Aztèques
1,9
Armée zapatiste de
libération nationale
(1994)
Rigoberta Menchú
(Prix Nobel 1992)
Carib
0,06
Arrawak
0,6
Maya
6
Misumalpa
0,2
Jivaros
(1868)
Chibcha
0,25
Tupi
5
Quechua
10
Ollantaytambo
(1536)
OCÉAN
PACIFIQUE
Bolivie
(18 décembre 2005)
Aymara
2,2
TOTAL
LANGUES
INDIENNES
29 millions
0
1 000 km
MEXIQUE
12,7-12 %
PÉROU
9-32 %
GUATEMALA
5-38 %
BOLIVIE
5-52 %
ÉTATS-UNIS
4,1-1,4 %
ÉQUATEUR
3,8-28 %
COLOMBIE
1,4-3 %
ARGENTINE
1-2,6 %
CHILI
0,9-6 %
BRÉSIL
0,9-0,3 %
HONDURAS
0,5-7,4 %
NICARAGUA
0,4-5,8 %
VENEZUELA
0,3-1,1 %
PARAGUAY
0,09-1,5 %
GUYANA
0,05-7 %
SURINAM
0,01-2,4 %

La population amérindienne

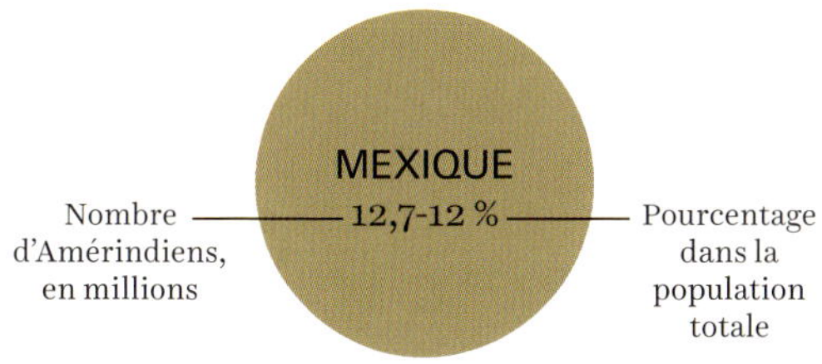

Les résistances amérindiennes

Les formes de la résistance

La résistance culturelle

La vivacité des langues amérindiennes

Nombre de locuteurs (en millions)

Les lieux de mémoire

Victoire amérindienne (date)

Principaux massacres, occasions de commémorations renforçant les identités amérindiennes

Oklahoma, principal lieu de regroupement forcé des tribus indiennes déportées

La résistance politique

Autonomie revendiquée

Autonomie reconnue/victoire politique

La résistance économique

Industrie de la feuille de coca

Industrie des casinos

Les régions de la résistance

Région à dominante indienne : population, langues, villes, voire gouvernement amérindiens

Régions inhospitalières longtemps peu convoitées ; autonomie de droit (Nunavut) ou de fait (Amazonie). Tensions actuelles autour des ressources naturelles

Principales réserves

Régions urbaines littorales, lieux de la création d'une identité amérindienne nouvelle

Régions d'anciennes plantations esclavagistes : métissage culturel et syncrétisme religieux

Régions vidées de leur population aborigène d'origine

Les Amérindiens résistent

CINQ SIÈCLES APRÈS LES PREMIERS PAS EUROPÉENS EN AMÉRIQUE, LES PEUPLES AUTOCHTONES SONT RECONNUS ET RÉSISTENT AUX PRESSIONS EXTÉRIEURES. MAIS S'ILS OBTIENNENT DE BELLES VICTOIRES, LA BATAILLE N'EST PAS ENCORE GAGNÉE.

La résistance amérindienne est avant tout démographique. La forte fécondité des Amérindiens, notable dès le début du XXe siècle, leur a permis de s'imposer comme force politique, dès la fin des dictatures dans les années 1987-88 (correspondant, dans le calendrier maya, à la fin du cycle sombre appelé « Bolon Tiku »). L'autonomie du Nunavut au Canada (1999), la proclamation de l'indépendance de la République Lakota, aux États-Unis (2007), s'inscrivent dans cette dynamique qui culmine, en 2006, avec l'élection d'Evo Morales en Bolivie, premier Indien président d'une république américaine, suivi en 2011 par celle d' Ollanta Humala au Pérou. Autre charnière importante, l'année 1992, qui voit la reconnaissance, lors du congrès « Kari Oka » (la maison des hommes, en tupi), des droits amérindiens sur l'exploitation scientifique et commerciale de leurs ressources culturelles, et la remise du Prix Nobel de la paix à l'Indienne maya Rigoberta Menchu. On commence seulement à reconnaître les liens existant entre les sociétés indigènes et la conservation des écosystèmes les plus riches mais les plus fragiles de la planète. En Amazonie, par exemple, l'anthropologue William Balée estime que la biodiversité est cinquante fois plus importante dans les régions occupées et transformées par l'homme que dans les régions désertes.

Pour autant, cette reprise de la résistance amérindienne ne peut être considérée comme une victoire : la destruction des milieux forestiers n'a pas cessé (reprise de l'exploitation pétrolière dans le Yasuni équatorien, barrages hydrauliques de Belo Monte, et bientôt du Jirau) et la situation sanitaire et sociale de l'ensemble de la population amérindienne reste très préoccupante.

EMMANUEL LÉZY

La Méditerranée dans l'œil du cyclone

PORTÉ PAR LA JEUNESSE, LE VASTE MOUVEMENT DES PRINTEMPS ARABES, INITÉ EN DÉCEMBRE 2010, VISE UNE TRANSITION POLITIQUE MAIS AUSSI ÉCONOMIQUE ET SOCIALE LOIN D'ÊTRE AUJOURD'HUI ACHEVÉE.

Presque tous les pays arabes ont été touchés par la contestation de fond qui a commencé le 17 décembre 2010 dans une petite ville pauvre de la Tunisie, Sidi Bouzid. Cette contestation porte un nom : transition, comme la transition qui avait été enclenchée en Europe de l'Est après la chute du Mur. La transition est politique : dans ces régimes autoritaires la démocratie, quand elle existait, était formelle et en dépit des progrès, la stabilité réglementaire et son imposition à tous restaient insuffisantes pour qu'on puisse parler d'État de droit. Dans certains pays l'armée jouait – et joue encore – un rôle central comme en Égypte, en Algérie ou en Syrie. La transition est aussi sociale : le chômage des diplômés est devenu le signe de l'échec et un facteur de la révolte. Se sont ajoutées la hausse des prix alimentaires ces dernières années, et les carences de la production de logements pour des jeunes qui ne parvenaient ni à travailler ni à se loger (taux de mariage des jeunes adultes parmi les plus faibles au monde).

Les jeunes filles ont bénéficié d'un très réel effort d'éducation, mais dans une société qui leur laissait une place de femme tronquée par les usages sociaux et un accès difficile à l'emploi. Cela se conjugue avec une situation de fin de transition démographique, période dans laquelle une grande quantité de jeunes actifs n'ayant plus beaucoup d'enfants et pas encore beaucoup de personnes âgées à charge, sont disponibles pour le développement ou pour la révolte : ces révolutions arabes sont celles d'une jeunesse qui arrive, pléthorique, sur des marchés du travail très insuffisamment créateurs d'emplois.

La transition est enfin économique. La répartition de la rente orchestrée par ces États a tissé des liens oligarchiques avec les milieux d'affaires qui tenaient les talents indépendants à l'écart des marchés. La réforme économique des pays arabes a été un succès depuis vingt ans, mais un succès limité aux grands agrégats observés par les institutions internationales (endettement, inflation...), sans moderniser le système productif en profondeur. Les révolutionnaires arabes ont trop négligé cette question économique, alors que bien des enjeux culturels et politiques passent par l'économie.

C'est par exemple le cas des investissements directs étrangers (IDE), souvent critiqués pour leur caractère trop peu « inclusif » sur le plan économique (faible effet d'entraînement local et imposition de normes étrangères), social (peu d'emplois créés) et territorial (implantations limitées aux grandes villes). Au moins sur le dernier point, on observe une certaine diffusion spatiale des IDE. Le véritable problème vient plutôt de ce que l'origine de ces IDE est de moins en moins européenne, ce qui traduit la capacité déclinante de l'Europe à rayonner par ses normes et ses réseaux sur son voisinage arabe.

Pierre Beckouche

Manifestations, troubles

Chute du régime ou du gouvernement

Élections, réformes, processus démocratique

Dérives autoritaires

Basculement dans la guerre

Une chronologie des printemps arabes

	2011	2012	2013	2014
Tunisie	**17 décembre 2010** Manifestations contre le chômage et la corruption à Sidi Bouzid après l'immolation de Mohamed Bouazizi. **14 janvier** Chute de Zine El-Abidine Ben Ali qui quitte la Tunisie pour l'Arabie saoudite **23 octobre** Le parti islamiste Ennahda remporte les élections législatives.		**25 juillet** Crise politique après l'assassinat de l'opposant Mohamed Brahmi cinq mois après celui de l'opposant laïc Chokri Belaïd. **25 octobre** Lancement du dialogue national pour former un gouvernement indépendant.	**9 janvier** Démission du Premier ministre Ali Larayedh, remplacé par l'indépendant Mehdi Jomaâ. **26 janvier** Adoption de la nouvelle Constitution et formation d'un gouvernement d'indépendants. **5 mars** L'état d'urgence, en vigueur depuis janvier 2011, est levé.
Égypte	**25 janvier** Premières grandes manifestations place Tahrir au Caire. **11 février** Chute d'Hosni Moubarak. Le conseil suprême des forces armées assure la transition.	**10 janvier** Le Parti de la liberté et de la justice, issu des Frères musulmans, remporte les élections législatives. **17 juin** Mohamed Morsi, candidat des Frères musulmans, est élu à la présidence de l'Égypte. **22 novembre** Vague de contestation. Le président Morsi s'attribue des pouvoirs élargis par décret.	**30 juin** Manifestations gigantesques contre le président. **3 juillet** Déposition et arrestation de Mohamed Morsi par l'armée. **14 août** Dispersion des sit-in pro-Morsi par l'armée au Caire.	**24 février** Démission du gouvernement. **26-27-28 mai** Élections législatives remportées, sans surprise, par l'ex-chef de l'armée Abdel Fattah Al-Sissi.
Yémen	**27 janvier** Première mobilisation à Sanaa. **23 novembre** Le président Ali Abdallah Saleh cède le pouvoir en échange de son immunité.	**21 février** Élection à la présidence de Abd Rabbo Mansour Hadi, seul candidat à la première élection présidentielle au suffrage universel du pays.		**25 janvier** Le président promet une nouvelle Constitution et la transformation du pays, secoué par les violences, en État fédéral **22 août** Des milliers de partisans de la rébellion chiite manifestent à Sanaa, accusant le gouvernement de corruption. **2 septembre** Le président limoge le gouvernement.
Libye	**17 février** Manifestations à Benghazi. **27 février** Formation du Conseil national de transition par l'opposition. **17 mars** Résolution de l'ONU autorisant le recours à la force pour protéger les populations civiles. **19 mars** Début de l'opération militaire multinationale. **20 octobre** Mort de Mouammar Kadhafi.	**7 juillet** Élections législatives remportées par le parti libéral de l'Alliance des forces nationales. **11 septembre** Attaque du consulat américain de Benghazi : quatre Américains, dont l'ambassadeur, sont tués	**Juillet** Début du blocage des installations pétrolières par des groupes armés rebelles. **23 décembre** Le Congrès général national décide de prolonger son mandat jusqu'au 24 décembre 2014 malgré la défiance d'une grande partie de la population.	**29 août** Démission du gouvernement provisoire après des semaines de violents combats entre l'armée et plusieurs milices islamistes rivales.
Syrie	**15 mars** Premiers rassemblements réclamant des réformes violemment réprimés. **29 juillet** Défection d'officiers de l'armée syrienne et création de l'Armée syrienne libre. **2 octobre** Création par l'opposition du Conseil national syrien.	**Janvier** Apparition au sein des forces rebelles du groupe salafiste-djihadiste Jabhat al-Nosra.	**Avril** Apparition de l'État islamique en Irak (EIIL), en Syrie. **21 août** Le régime syrien est accusé d'avoir tué à l'arme chimique des centaines de civils dans la banlieue de Damas. **27 septembre** L'ONU adopte une résolution qui contraint le régime Assad à détruire la totalité de ses armes chimiques en moins d'un an.	**15 février** Échec des pourparlers directs entre des représentants du régime syrien et de l'opposition. **3 juin** Bachar Al-Assad est réélu pour un troisième septennat alors que les trois années de guerre ont fait plus de 170 000 morts. **6 juin** Début de l'offensive de l'EIIL en Irak.

Les mondes d'Internet

INTERNET EST UN PUISSANT OUTIL DE REFORMATAGE DU MONDE. DES FRONTIÈRES DISPARAISSENT, D'AUTRES SE LÈVENT LÀ OÙ ON NE LES ATTENDAIT PAS. MAIS, POUR L'INSTANT, LES ÉTATS N'ENTENDENT PAS SE LAISSER FAIRE.

Internet s'inscrit dans une dynamique séculaire de réduction des distances topographiques, et constitue en cela la dernière étape d'une longue quête de l'ubiquité. Pour la première fois, les individus peuvent partager virtuellement un espace et un temps communs, quelle que soit leur localisation. Ainsi, au réagencement considérable des ressources matérielles permis par l'efficience accrue des moyens de transport, Internet ajoute la circulation quasi instantanée de l'information. Ce processus est d'autant plus important qu'il s'affranchit potentiellement des hiérarchies préexistantes et permet aux individus de devenir directement des producteurs d'information, de coordonner leurs actions et de coopérer sur de vastes étendues. Néanmoins, malgré la très rapide diffusion d'Internet au monde entier, sa mondialité est encore largement limitée par son inégale appropriation effective. Selon le contexte politique, économique et culturel, les pratiques d'Internet diffèrent remarquablement, opposant les villes à leur périphérie ainsi que les pays ayant l'IDH le plus élevé à ceux où il demeure particulièrement faible. La mondialité d'Internet est par ailleurs activement contestée par des pays tels que la Chine ou l'Iran, qui n'hésitent pas à bloquer l'accès à la plupart des sites emblématiques de l'Internet mondial, tels que Google, Facebook ou Twitter. En réintroduisant la frontière où elle était prétendument inexistante, ces initiatives s'inscrivent plus largement dans une reconquête active de souveraineté. La plupart des États s'engagent dans des revendications croissantes de nationalisations d'Internet au nom des valeurs dont ils se revendiquent et dont ils ont une conception particulière (propriété intellectuelle, vie privée, liberté d'expression). Internet et le monde ont en cela un problème commun : l'absence de politique effective à leur échelle, qui les condamne à une division dont l'efficience est de plus en plus discutable.

BORIS BEAUDE

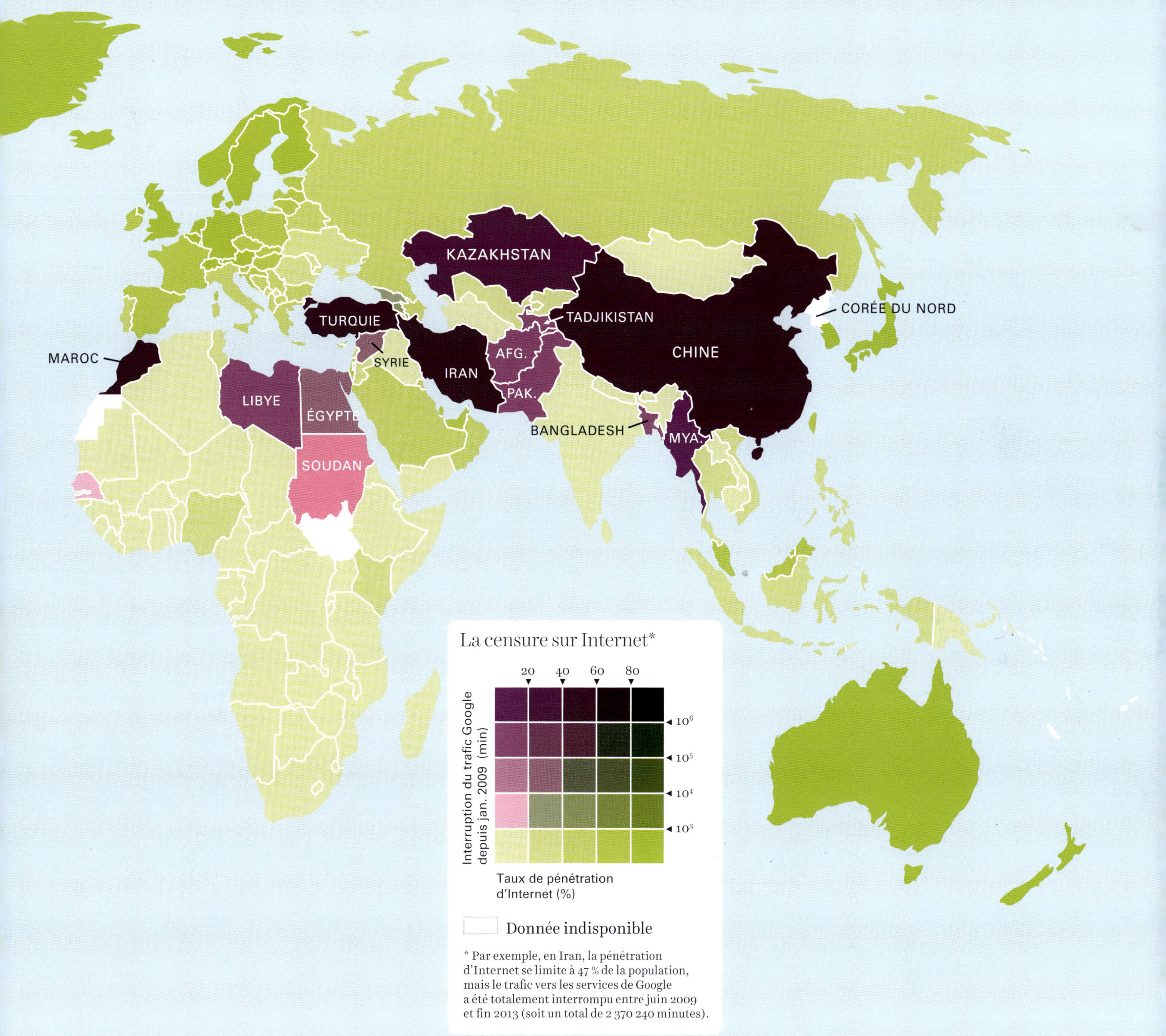

La censure sur Internet*

* Par exemple, en Iran, la pénétration d'Internet se limite à 47 % de la population, mais le trafic vers les services de Google a été totalement interrompu entre juin 2009 et fin 2013 (soit un total de 2 370 240 minutes).

Des assiettes pas si mondialisées

LA PLANÈTE ALIMENTAIRE EST PARTAGÉE EN DEUX GRANDS MODÈLES CONCURRENTS : L'UN DONT LE BRAS EST ARMÉ PAR L'INDUSTRIE, L'AUTRE QUI RESTE ATTACHÉ À DES VALEURS PAYSANNES. S'AGIT-IL POUR AUTANT D'UNE BATAILLE CULINAIRE ?

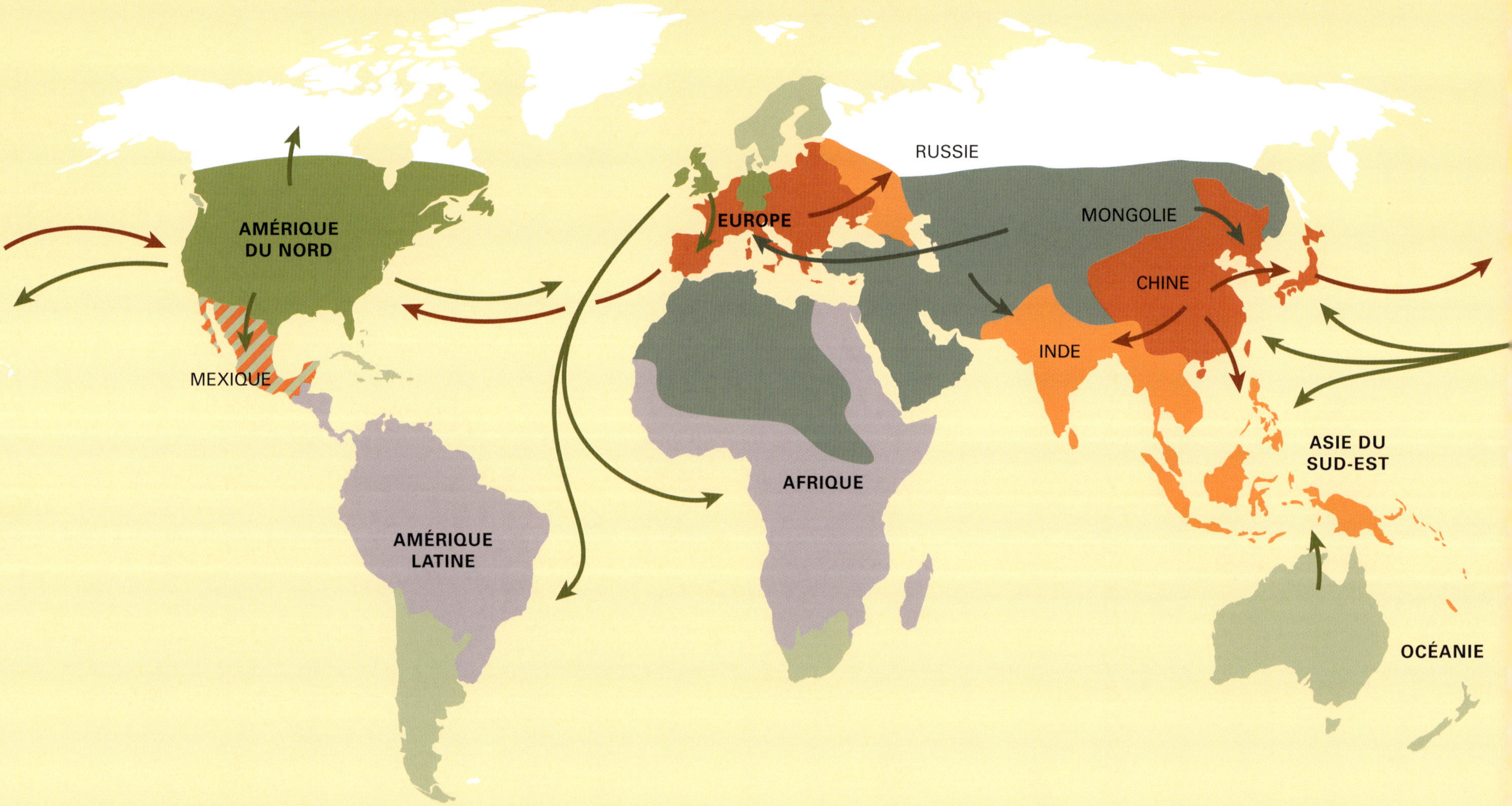

Manger, une affaire culturelle

Les grandes aires culturelle alimentaires

- Cultures alimentaires industrielles (cœur/diffusion)…
- … et leurs offensives
- Cultures alimentaires issues d'une gastronomie (cœur/diffusion)…
- … et leurs extensions
- Cultures alimentaires paysannes vulnérables avec îlots d'alimentation industrielle (villes)
- Cultures alimentaires pastorales…
- … et leurs diffusions
- Zones très peu peuplées

À la place des systèmes alimentaires des agronomes et des économistes, on plaide pour une géographie des cultures alimentaires donnant une répartition raisonnée des manières de manger dominantes et de leurs dynamiques. Deux grands pôles ont été constitués depuis plusieurs millénaires avec un noyau chinois et un noyau au Moyen-Orient : dans les deux cas, les populations paysannes ont travaillé depuis des millénaires à la culture des céréales auxquelles on a ajouté, lors de repas cérémoniels, les viandes issues de pratiques sacrificielles et religieuses. Ces deux noyaux ont donné naissance à des cuisines sophistiquées, contrôlées par des médecines très élaborées. Certaines d'entre elles sont devenues de grandes gastronomies où les manières de manger ont pu confiner à de l'art. Ces systèmes ont rayonné alentour de leur bassin d'origine auquel sont adossés des pôles secondaires autour de la Chine, comme l'Inde ou le Japon en Asie, mais aussi, récemment, en Europe avec les pays scandinaves ou l'Espagne, qui deviennent de hauts lieux « gastronomiques ». Dans ces systèmes, les repas restent des moments quasi sacrés qui accompagnent la vie familiale, les fêtes calendaires et les événements sociaux. Au nord du monde tempéré, s'est constitué un autre pôle largement industrialisé aujourd'hui. Ses origines sont dans la sphère mongole, où l'élevage était la ressource de base et a fabriqué un rapport utilitaire à l'animal. Cette culture carnée a gagné l'Europe à la faveur des invasions du premier millénaire. Le capitalisme marchand d'Europe et d'Amérique du Nord l'a transformé en filière très lucrative de viande industrielle. Fabriquant des produits de masse diffusés dans les villes par des réseaux de commerce très efficaces, l'industrie a gagné tous les pays du monde. Mais elle bute en Afrique sur un niveau de vie trop faible, un rejet culturel en Inde et dans certaines sphères sociales européennes et asiatiques. Stigmatisées pour leur responsabilité dans la progression des maladies cardiovasculaires et neurodégénératives, les cancers et le diabète, les nourritures industrielles ont fait émerger des contre-modèles dont les *teikei* japonais, les terroirs français et les CSA (*community supported agriculture*) américains sont les parangons. Dans les marges subdésertiques chaudes ou froides où l'agriculture est difficilement praticable, les populations riches adoptent les modèles industriels (pays du Golfe, peuple inuit). À l'opposé, les pays en développement (du Sahel à l'Asie centrale) gardent des systèmes d'élevage qui restent précaires. Dans les régions équatoriales de l'Amérique latine, de l'Afrique et de l'Asie, subsistent des îlots d'alimentation vivrière soumise aux à-coups d'une vie politique et économique chaotique. Sur notre planète alimentaire, la mondialisation est très loin d'avoir gagné la partie.

GILLES FUMEY

Modèle industriel
Snacking
ÉTATS-UNIS

Modèle gastronomique
Repas, plats multiples
CHINE, EUROPE

Modèle convivial
Repas léger, soupe, thé, pâtisseries
MAGHREB, ASIE DE L'EST ET DU SUD-EST

Modèle collectif
Repas, plat unique
AFRIQUE, INDE

Qu'est-ce qu'un événement mondial ?

À UNE ÉPOQUE OÙ LE MOINDRE ÉVÉNEMENT PEUT ÊTRE EN QUELQUES HEURES RELAYÉ DANS LE MONDE ENTIER VIA LA PRESSE ET LES RÉSEAUX SOCIAUX, IL EST PARFOIS DIFFICILE DE DISTINGUER LE SIMPLE BUZZ MOMENTANÉ DE L'ÉVÉNEMENT QUI FERA DATE…

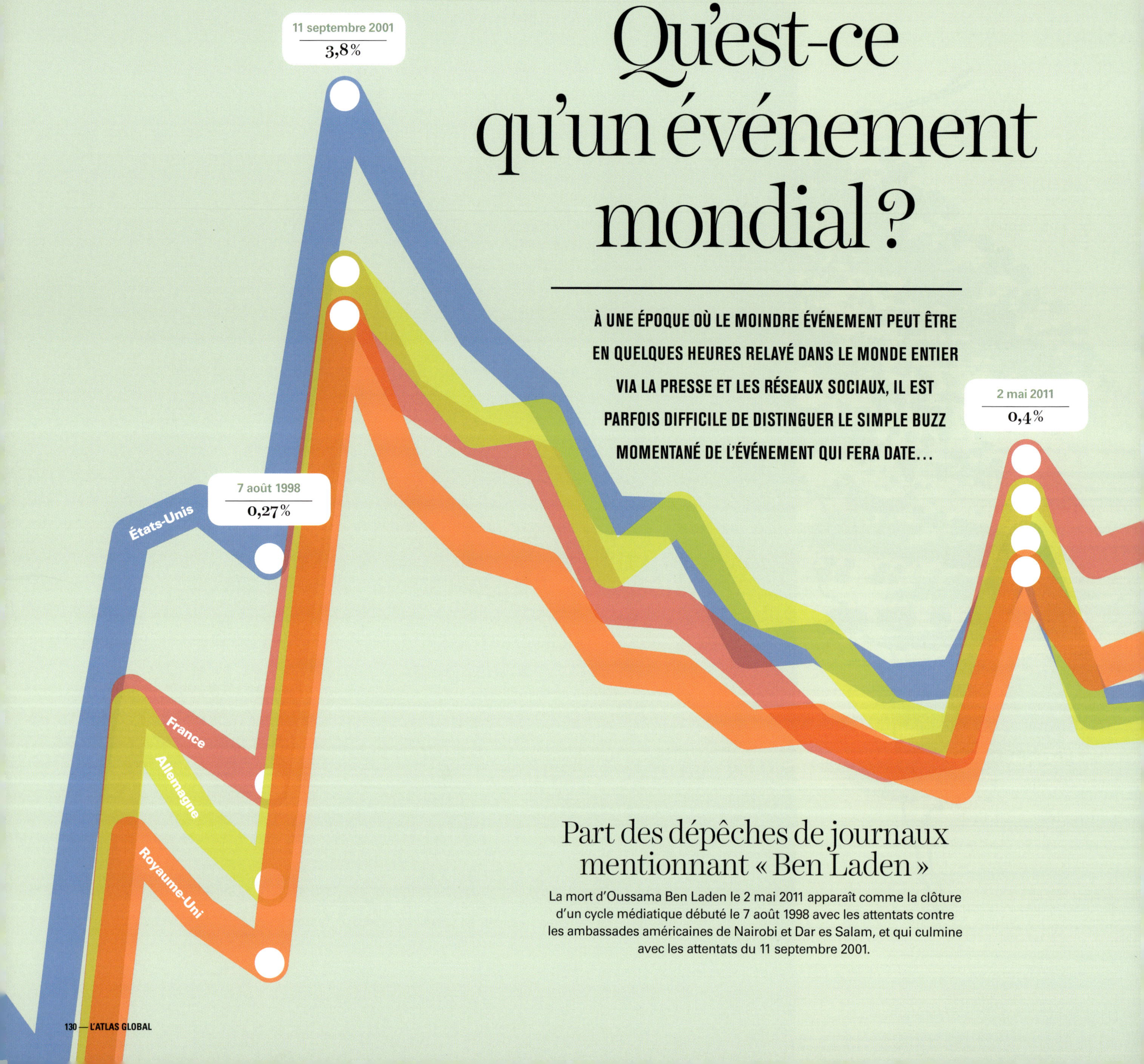

Part des dépêches de journaux mentionnant « Ben Laden »

La mort d'Oussama Ben Laden le 2 mai 2011 apparaît comme la clôture d'un cycle médiatique débuté le 7 août 1998 avec les attentats contre les ambassades américaines de Nairobi et Dar es Salam, et qui culmine avec les attentats du 11 septembre 2001.

Le début de l'année 2011 a été l'une des périodes les plus fertiles en événements des dernières années. On y trouve le Printemps arabe, l'accident nucléaire de Fukushima, les frappes aériennes occidentales en Libye, la mort de Ben Laden, l'affaire Strauss-Kahn… Mais parmi cette longue liste quels sont les événements que l'on peut qualifier véritablement de « mondiaux ». Et comment faire la part entre l'importance accordée sur le moment par les journalistes et la valeur rétrospective que donneront les spécialistes de sciences sociales dans dix ou vingt ans ? Voici quelques essais empiriques pour arriver à comprendre ce qui définit un événement médiatique mondial.

Le fameux « tout le monde en parle » suffit-il à rendre un événement mondial ? Il faut se méfier de cette affirmation en deux sens.

Tout d'abord, le fait qu'un événement occupe la Une de tous les médias peut nous faire croire qu'on est en train d'assister à un événement historique ; mais ce n'est qu'en interrogeant le passé, en examinant si l'événement contemporain s'inscrit dans une chaîne de courte, moyenne ou de longue durée, que l'on pourra comprendre son importance.

L'accident de la centrale de Fukushima (ci-contre) constitue à cet égard un cas d'école tant il est clair qu'il réactive à un quart de siècle de distance la mémoire des catastrophes antérieures de Tchernobyl et Three Mile Island. L'examen de la couverture médiatique mondiale de ces trois événements montre qu'ils connaissent un intérêt qui décroît au cours du temps mais en se maintenant toujours au-dessus d'un certain seuil.

On peut donc prédire sans trop se tromper que l'ombre portée de Fukushima devrait durer au moins un bon quart de siècle, ce qui en fait sans nul doute un événement mondial.

Différent est le cas de la mort d'Oussama Ben Laden qui apparaît davantage comme la clôture d'un cycle médiatique débuté en 1998 (attentats contre les ambassades américaines de Nairobi et Dar es Salam) et dont le point culminant est constitué par les attentats du 11 septembre 2001. Les médias des grands pays occidentaux connaissent depuis cet événement majeur une courbe parfaitement régulière de décroissance de l'intérêt pour Oussama Ben Laden.

D'un autre côté, tout comme on doit se méfier du caractère historique des événements relatés par les médias, on doit aborder avec prudence leur supposée universalité. L'affirmation « tout le monde en parle » ne s'applique souvent en pratique qu'aux médias de quelques pays lorsque l'on prend la peine de vérifier le réel impact d'un événement dans les médias de plusieurs pays.

Si l'on considère la couverture médiatique de l'affaire Strauss Kahn en France, en Allemagne, au Royaume-Uni et aux États-Unis, on repère sans difficulté le pic de 2011 correspondant à l'arrestation et au procès du directeur du FMI, mais on observe une très nette différence d'intensité entre les journaux français et allemands d'une part, anglais et américains d'autre part. On peut donc soupçonner que l'affaire Strauss-Kahn n'est pas un phénomène suscitant un intérêt universel.

Il est finalement très rare de voir un événement former un pic médiatique simultané dans l'ensemble des pays du

Part des dépêches de presses concernant les accidents nucléaires

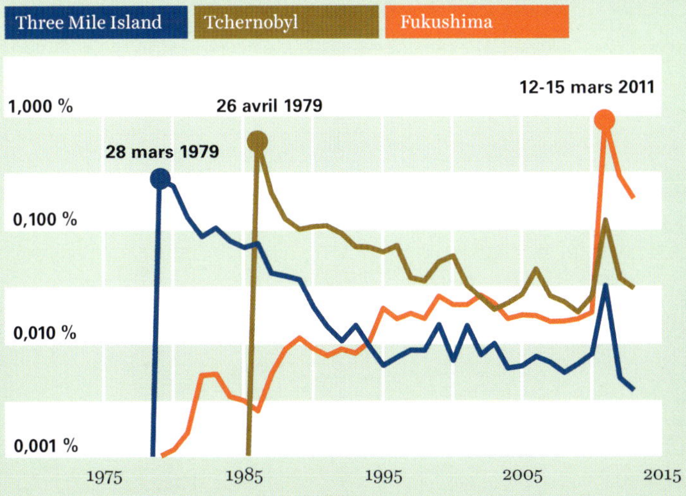

Part des dépêches de journaux du pays concerné mentionnant « Strauss-Kahn » ou « DSK »

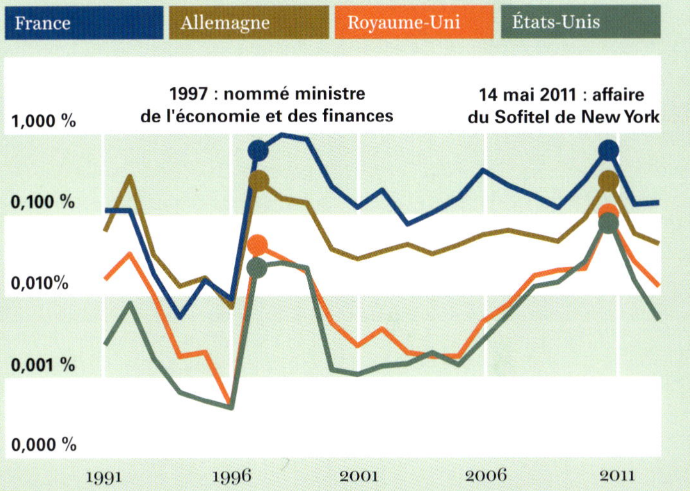

L'échec du sommet de Copenhague (7-8 déc. 2009) dans la presse des pays du G20

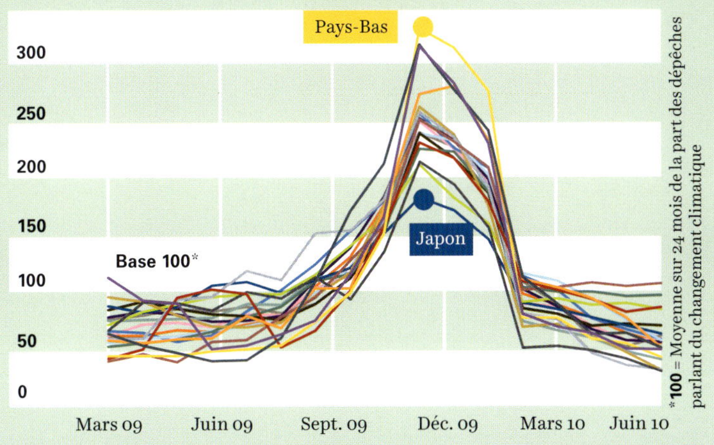

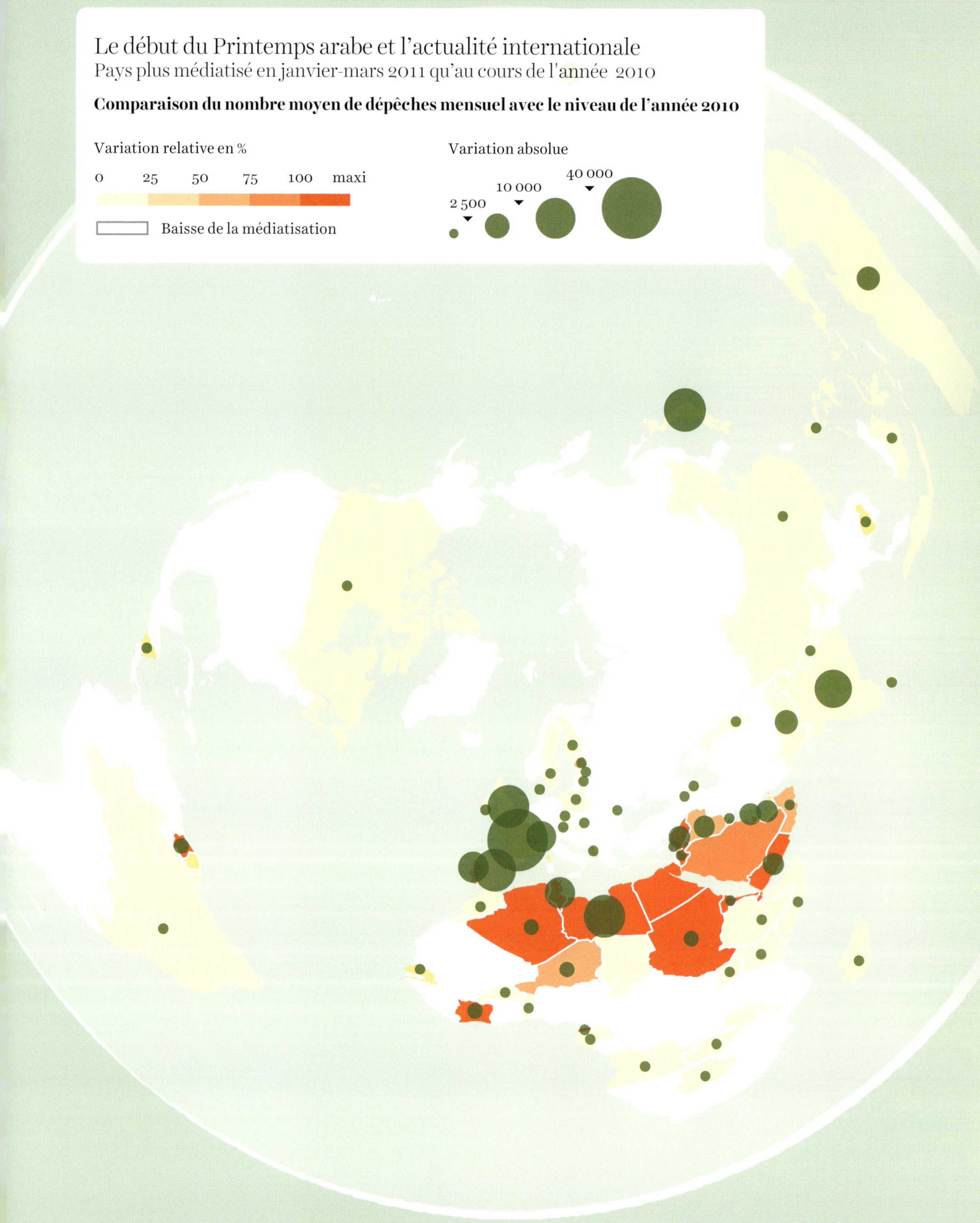

monde. Le cas le plus indiscutable est à cet égard le sommet sur le changement climatique de Copenhague en 2009 dont la préparation comme l'échec fut véritablement l'objet d'une couverture médiatique globale et d'une véritable bataille d'information.

Si l'on considère la dimension géopolitique des événements examinés précédemment, on voit que les lieux cités (Fukushima, New York, Copenhague) sont davantage des supports de l'événement que des acteurs de celui-ci. Il en va tout autrement lorsque l'on est en présence de crises internationales puisque c'est alors l'État qui devient le référentiel majeur de l'événement concerné. On parlera alors d'événement international pour une crise quelconque entre pays, d'événement régional pour signaler une réaction en chaîne touchant une partie du monde et enfin d'événement mondial lorsque la crise géopolitique a des conséquences touchant l'ensemble de la communauté internationale.

On peut établir une sorte de baromètre médiatique international consistant à mesurer pour chaque pays la variation dans le nombre d'articles de presse qui lui sont consacrés entre une période et l'autre. À travers ce baromètre nous pouvons mesurer l'évolution relative de la couverture médiatique des pays

touchés par des événements intéressant le reste du monde. Le premier trimestre de l'année 2011 montre de ce point de vue une brutale poussée d'intérêt des médias du monde entier pour les pays du monde arabe. Le Printemps arabe peut donc se lire comme un événement régional qui met en jeu un grand nombre de pays où les transformations observées dans l'un ont potentiellement des répercussions sur les autres.
Enfin, une manière efficace d'identifier la dimension mondiale d'un événement consiste à étudier les réseaux de co-citations entre les journaux de différents pays. Un cas intéressant est celui de l'affaire Edward Snowden (ci-contre), ex-technicien de la NSA, qui a attiré l'attention des médias du monde entier par ses révélations concernant la politique américaine de surveillance des communications. À travers la description de son histoire, les médias ont dessiné différentes géographies à niveau mondial autour du personnage en mentionnant les connexions entre les pays qui pouvaient lui offrir l'asile mais également entre les pays potentiellement touchés par la politique de surveillance des États-Unis.

Claude Grasland, Marta Severo

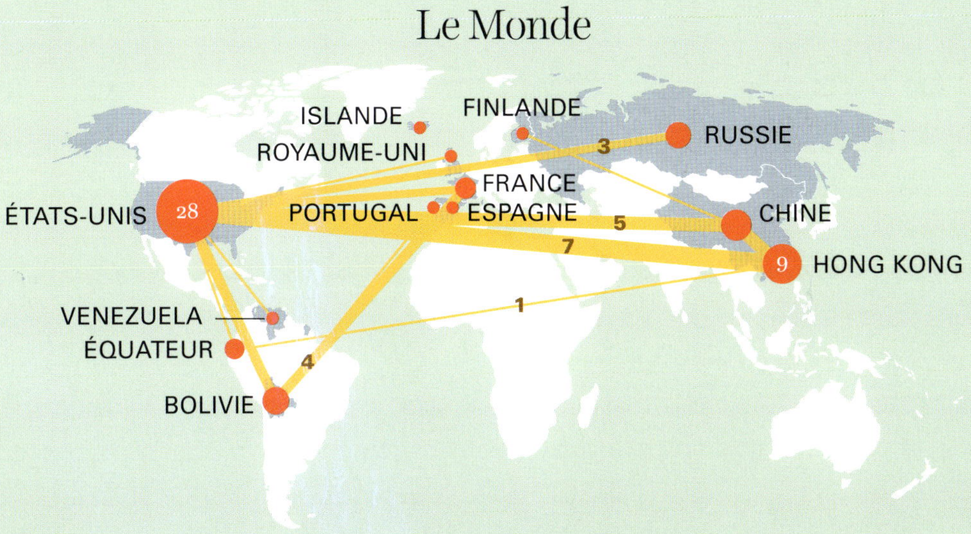

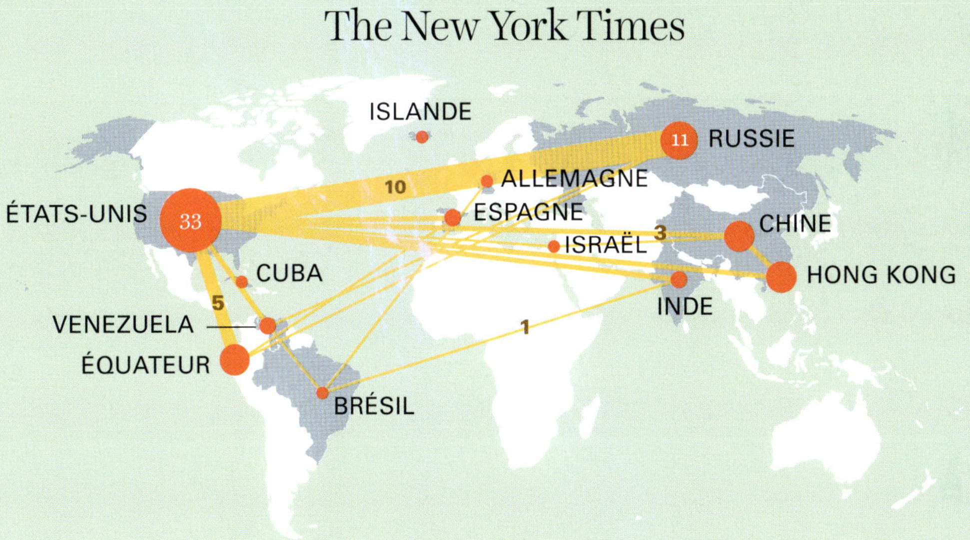

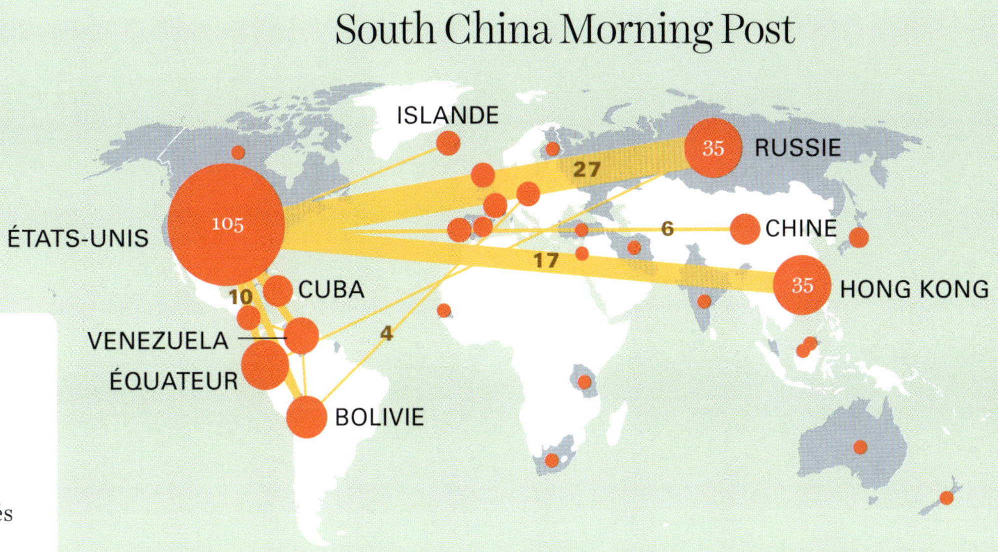

L'Affaire Edward Snowden : réseau mondial de co-citations
(juin-juillet 2013)

Nombre de citations

Nombre de co-citations (pays cités ensemble dans le même article)

6
Lire le monde

Cartographier le monde en un instantané s'est presque avéré une impossible gageure, même en ayant beaucoup négligé l'instabilité de la vie économique. Tout bouge et la photo est floue ou, au moins, trop vite obsolète. Pourtant, le monde actuel et probablement celui de demain ressemblent beaucoup au monde d'il y a cinq siècles.

Voilà pourquoi, plutôt que d'ouvrir sur le futur, il est plus judicieux de proposer des pistes de lecture du monde qui déroulent des fils rouges dans le temps long. Les structures anthropologiques, selon deux grands auteurs français bien différents, Philippe Descola et Emmanuel Todd, mais pourtant convergents, offrent d'intéressantes perspectives d'interprétation de la diversité globale et de sa reproduction. On découvre grâce à eux que les structures de parenté et les visions du monde propres à chaque société ne s'organisent et ne se répartissent pas géographiquement de façon aléatoire, et peuvent surtout nous offrir des grilles de lecture éclairantes pour appréhender le monde dans son ensemble. L'urbanisation de l'humanité depuis plus de 10 000 ans, n'est pas plus un semis de point aléatoire. Si, avec le géographe Jacques Lévy, on cartographie simultanément la population totale et les agglomérations dans leur histoire longue, on constate que le monde devient progressivement une seule ville. Ce qui permet de finir sur un feu d'artifice…

Replacer le monde dans sa longue durée

EN ÉTUDIANT LES SOCIÉTÉS SUR LEURS RAPPORTS À LA TERRE ET AUX ANIMAUX OU EN S'INTERROGEANT SUR LEURS STRUCTURES FAMILIALES, PHILIPPE DESCOLA ET EMMANUEL TODD PRÉSENTENT DES LECTURES ANTHROPOLOGIQUES CONTEMPORAINES PARTICULIÈREMENT GLOBALES DE L'ENSEMBLE DES SOCIÉTÉS.

Dans les questions d'actualité qui nous intéressent, la violence, le politique, la nature, l'éducation, la santé, etc. sont des sujets universels. En les traitant à l'échelle mondiale, on peut comprendre des situations aussi compliquées que les formations politiques, les systèmes familiaux, l'environnement, l'alimentation et tant d'autres.
C'est cette approche visant à nous donner des grilles de lecture globales du monde que nous proposent les anthropologues. Et au cœur de la réflexion anthropologique se trouvent l'étude des visions du monde et celle des structures de parenté, qu'étudient Philippe Descola et Emmanuel Todd.
Dans son grand ouvrage *Par-delà Nature et Culture* (2005), Philippe Descola est parti d'une critique en profondeur de l'opposition, classique dans la culture occidentale, entre Nature et Culture, pour établir une typologie des sociétés selon leurs rapports aux non-humains (terre, animaux, plantes…). Comment ? Par l'étude de la manière dont les sociétés vont différencier humain et non-humain en se fondant sur une double opposition : entre psychisme et caractères physiques (intériorité/physicalité) ; et entre assimilation à une même essence, ou au contraire, différenciation (différence/ressemblance). Ce qui le conduit à formuler quatre ontologies, autrement dit quatre manières qu'ont les sociétés de distribuer les propriétés aux existants (objets, plantes, animaux, personnes) : animisme, totémisme, analogisme et naturalisme. Ces quatre systèmes de relations produisent des cosmologies qui sont très différentes d'une région à l'autre du monde.

Schématisation des quatre ontologies

De Philippe Descola

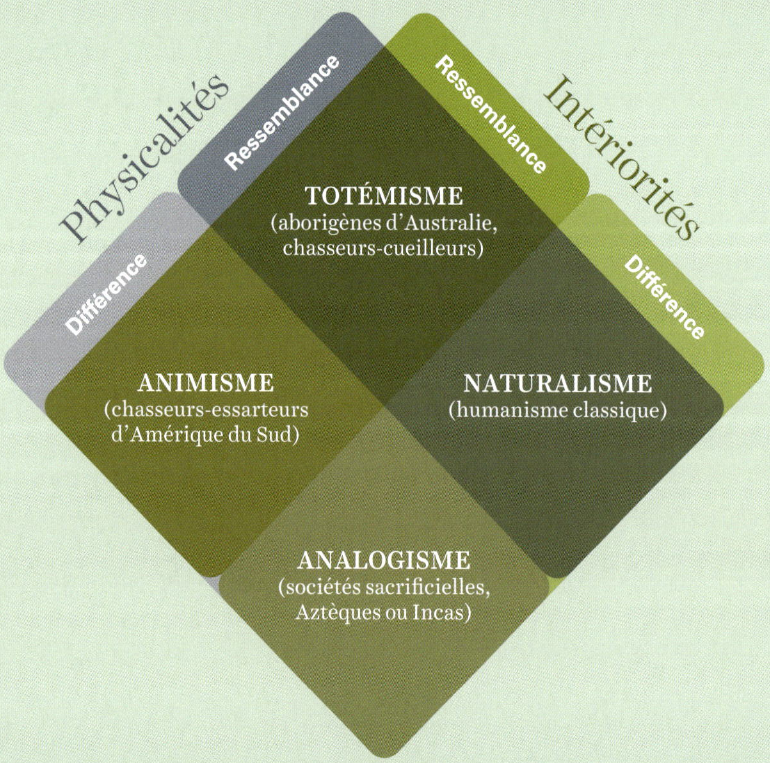

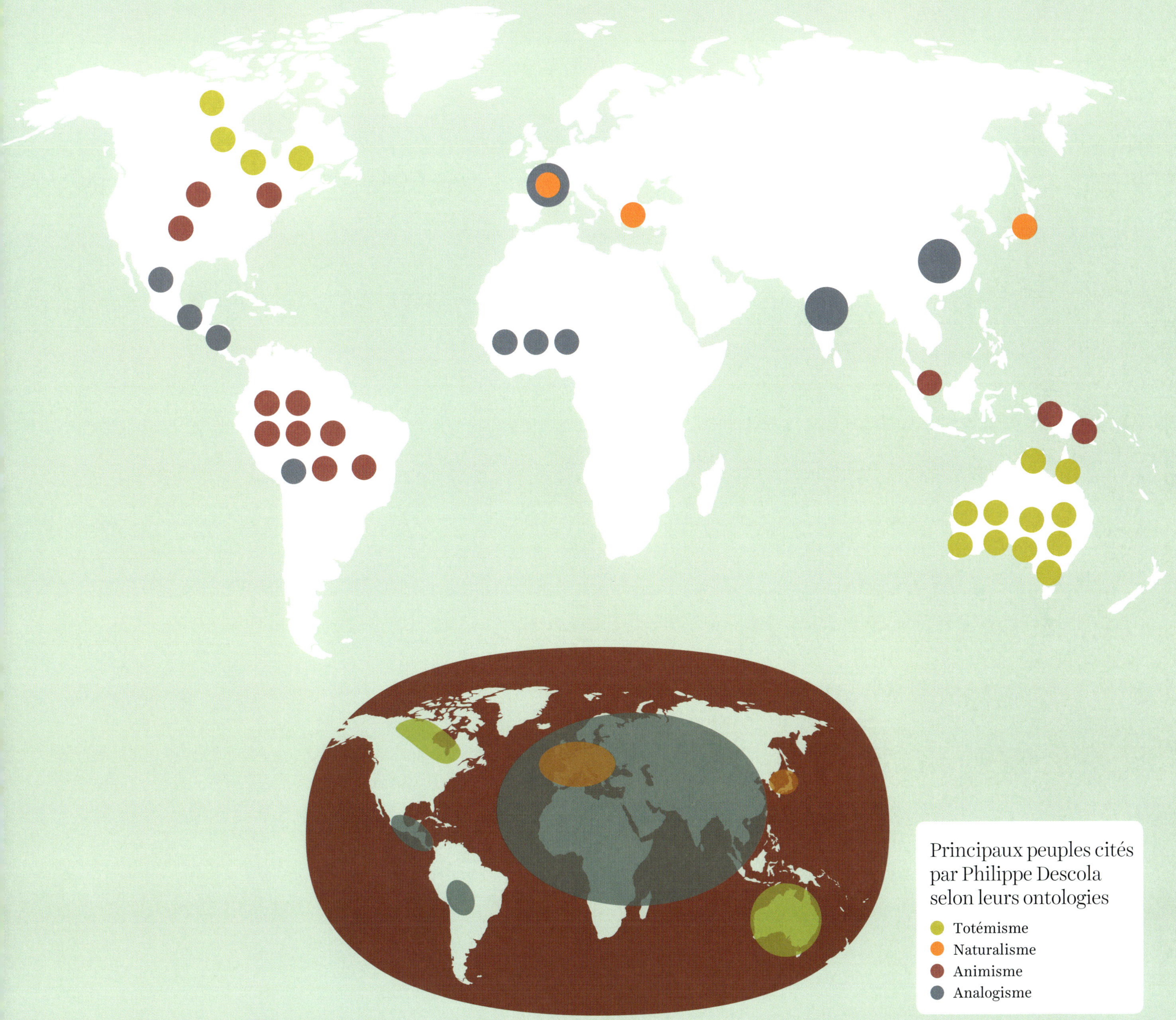
Principaux peuples cités par Philippe Descola selon leurs ontologies
Totémisme
Naturalisme
Animisme
Analogisme

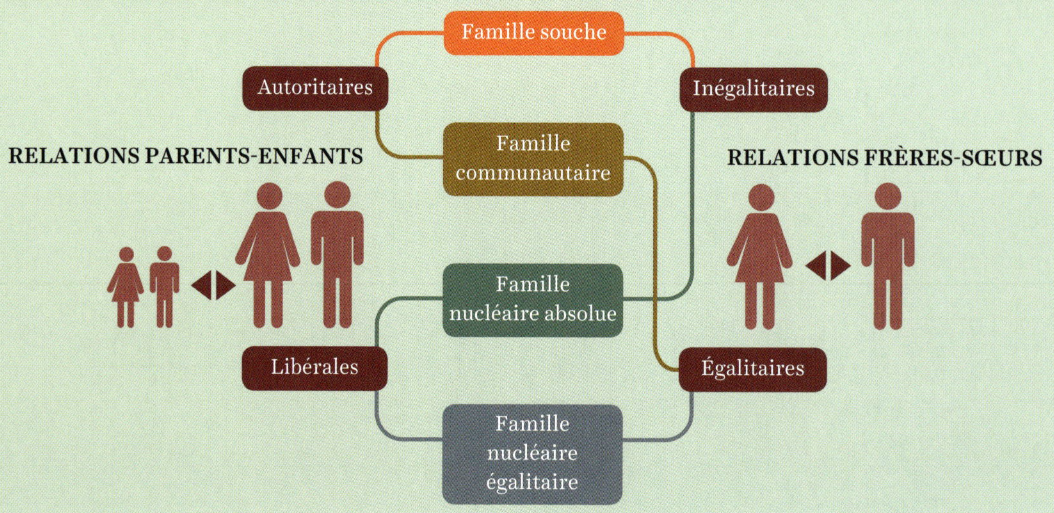

Principaux systèmes familiaux endogames

D'après Emmanuel Todd

De son côté, le démographe et anthropologue Emmanuel Todd a bâti une ambitieuse synthèse répertoriant les systèmes familiaux à l'échelle mondiale, travail où la cartographie joue un grand rôle. Todd a, dès le début des années 1980, effectué des synthèses rapides montrant que les systèmes familiaux peuvent en partie expliquer la géographie des idéologies et des régimes politiques (*La Troisième Planète*, 1983) et celle des inégalités de développement économiques (*L'Enfance du monde*, 1984).
Il enrichit les classifications familiales effectuées par Frédéric Le Play (1806-1882), précurseur de la sociologie française, et montre les coïncidences troublantes entre la carte des structures de parenté et celle de l'organisation politique plus globale des sociétés. Ce planisphère apparaît encore aujourd'hui comme un point de départ audacieux pour échapper à l'homo œconomicus et montrer combien les systèmes sociaux comme les familles, les pouvoirs politiques, juridiques ou culturels peuvent être mis en corrélation à l'échelle mondiale. Grâce aux cartes, Todd propose une géodynamique des pouvoirs autoritaires, des démocraties ou du capitalisme très éclairante pour la géopolitique du monde actuel. Il fut le premier à prévoir l'effondrement du communisme (*La Chute finale*, 1976) ou à montrer pourquoi les États-Unis sont surtout… impuissants (*Après l'Empire*, 2002).
Philippe Descola, lui, ne pratique pas la même cartographie systématique mais s'appuie sur des études de cas particuliers pour développer des exemples de chacune des ontologies qu'il a définies. Prenons le naturalisme, creuset de tout le discours savant occidental. Le naturalisme affirme que le réel est régi par la nécessité : rien n'advient sans une cause. Cette vision du monde nous est tout simplement devenue « naturelle », que l'on conçoive la causalité comme résultant d'un principe transcendant ou non. Or, pour Descola, il n'en n'est rien, cette vision du monde n'est en fait qu'une des quatre ontologies qu'il répertorie.
Le travail de Descola n'a pas de prétention géographique, mais la localisation des exemples étudiés nous a permis, néanmoins, d'esquisser une structure spatiale à l'échelle du globe. Cette interprétation est, d'évidence, un tour de force, une généralisation très excessive, une simple grille de lecture. Les cas pris en compte par Descola relèvent surtout des « peuples des ethnologues ». Mais il ne craint pas d'y inclure Platon ou Aristote, la Chine ou le Japon anciens, l'Inde brahmanique. Lorsque la profondeur historique est mieux connue, il peut nuancer : ainsi l'Europe devenue naturaliste à la Renaissance est inscrite dans un vieux fond analogiste. Cette géographie dessine des auréoles emboîtées, ce qui n'est pas sans rappeler un vieux modèle diffusionniste : les formes sociales les plus anciennes seraient en périphérie, les plus récentes au centre. Resterait à prouver qu'une ontologie est plus ancienne qu'une autre…
On n'est pas loin, cependant, du « principe de conservation en zone périphérique » qu'Emmanuel Todd utilise au début de son travail sur *L'Origine des systèmes familiaux*. Dès sa cartographie des années 1980, Emmanuel Todd va très loin dans le détail de l'analyse des familles qui ne sont plus seulement endogames ou exogames, asymétriques, égalitaires

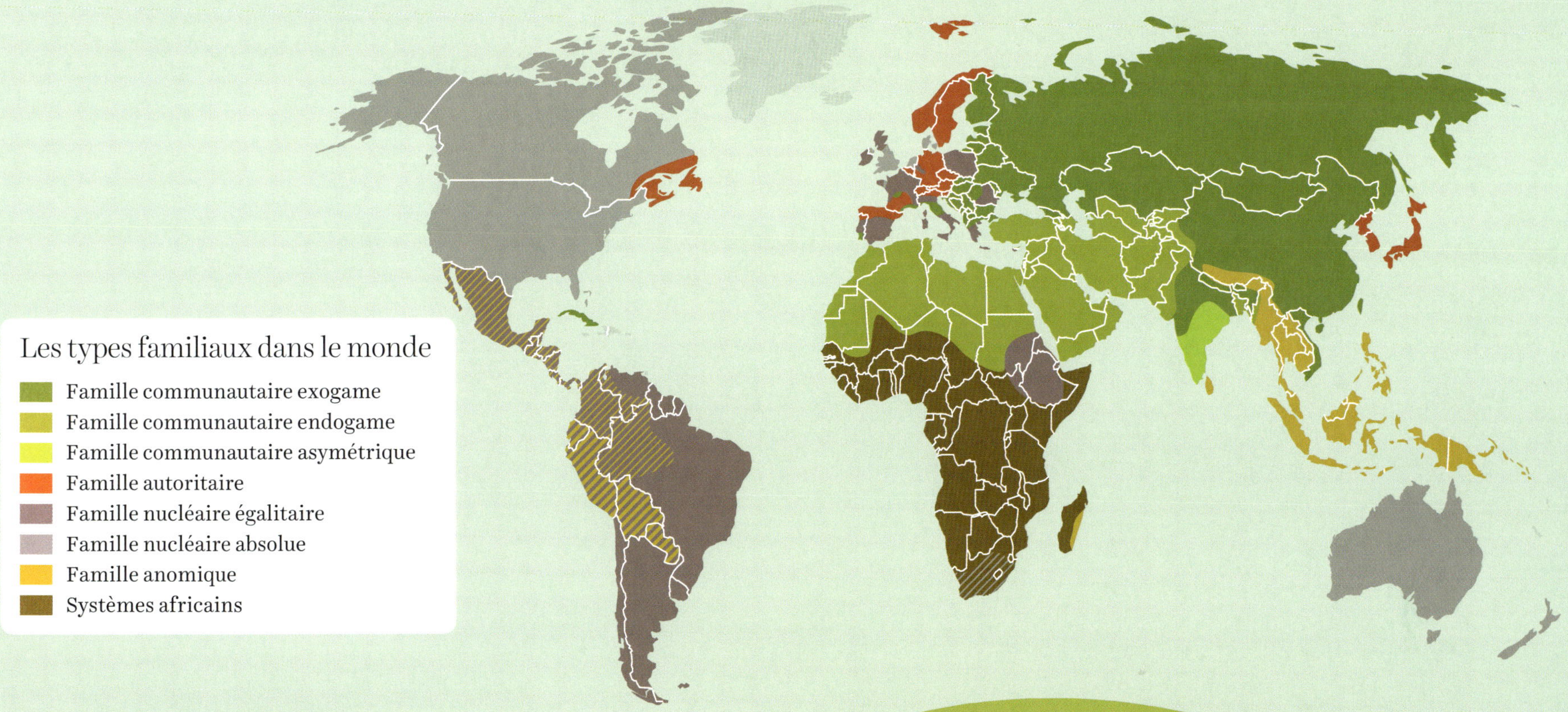

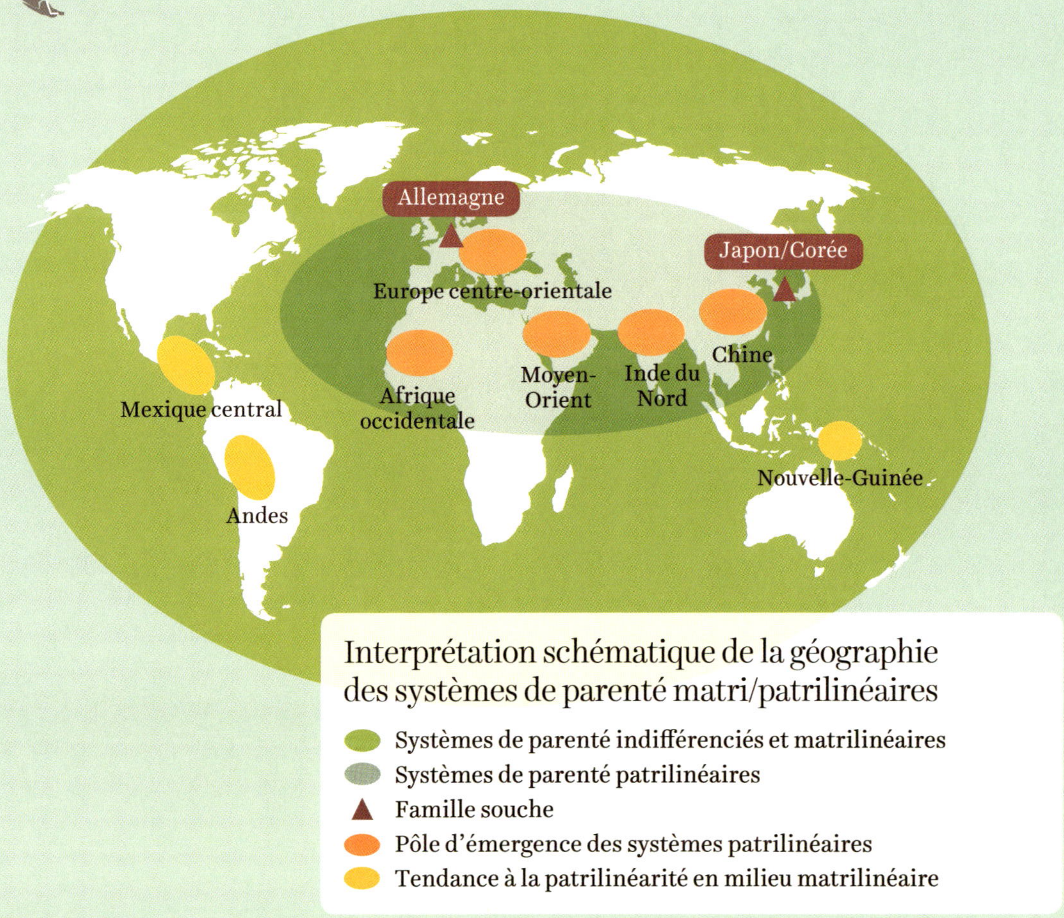

ou non comme le pensait Frédéric Le Play. Il introduit des indicateurs comme les systèmes de filiation impliquant types d'alliance, transmissions, héritages, propriétés, etc. Notre carte (ci-contre, en bas à droite) est éloignée de celle qu'on pourrait tirer de ses derniers travaux mais elle met en évidence qu'une étude fine de la géographie d'un phénomène peut fournir des explications inédites à l'histoire du monde. Ainsi, le principe patrilinéaire, selon lequel la transmission de la propriété, des noms de famille etc., passe par le lignage masculin, et qu'il voit surgir à Sumer (actuel Irak) il y a 5 000 ans est la matrice des empires nés de conquêtes militaires dans presque toute l'Eurasie, notamment en Chine, Inde, Russie et monde arabe.

CHRISTIAN GRATALOUP,
GILLES FUMEY

Le Monde se fabrique par ses villes

QUE NOUS DISENT CES CARTES ? QU'UNE SEULE MÉTROPOLE D'AUJOURD'HUI A LA TAILLE DE TOUT UN CONTINENT D'IL Y A QUELQUES MILLIERS D'ANNÉES, TANDIS QUE LES CINQUANTE PLUS GRANDES AGGLOMÉRATIONS ACTUELLES CUMULENT DAVANTAGE D'HABITANTS QUE LA PLANÈTE TOUT ENTIÈRE SEULEMENT TROIS SIÈCLES AUPARAVANT…

Cet ensemble de cartes propose de rendre visible une double transformation dans le temps long de l'histoire humaine. D'une part, elles donnent à voir la dynamique des populations dans des sous-ensembles de l'écoumène sous la forme d'un cartogramme sur lequel les surfaces des unités territoriales de la carte évoluent au rythme de leur démographie. D'autre part, l'histoire des villes est rendue par des symboles qui, à la même échelle, proportionnent leur taille à celle de l'agglomération concernée. Les cartes analytiques montrent la situation à un moment particulier de cette histoire, tandis que la carte synthétique cumule l'ensemble du processus, en conservant les mêmes paramètres de construction et d'expression graphique. Pour les territoires comme pour les villes, il y a un début timide, une longue stagnation, des mouvements erratiques de contraction et d'expansion puis, finalement, une croissance massive et continue.

Cette approche diachronique donnant à chaque individu le même poids, où qu'il se trouve, permet de comprendre une idée simple, mais fondamentale : l'urbanisation ne s'est pas produite dans un espace mondial déjà consistant, elle n'est pas venue couronner un tableau déjà achevé.

Tout au contraire, la croissance des villes (ici des grandes villes) accompagne d'un bout à l'autre l'expansion démographique de l'humanité. La hausse de la productivité dans l'agriculture joue bien sûr un rôle mais qui n'est pas dissociable de l'évolution de la vie urbaine. C'est en effet dans les villes que les avancées de l'agronomie se sont produites, surtout depuis les différentes « révolutions vertes » qui se succèdent depuis le XVIIIe siècle.

Par ailleurs, les progrès de l'accessibilité qui ont rendu la croissance des villes possible en permettant à la fois l'accès à des ressources lointaines et les mobilités intra-urbaines ont pu se réaliser grâce à des innovations

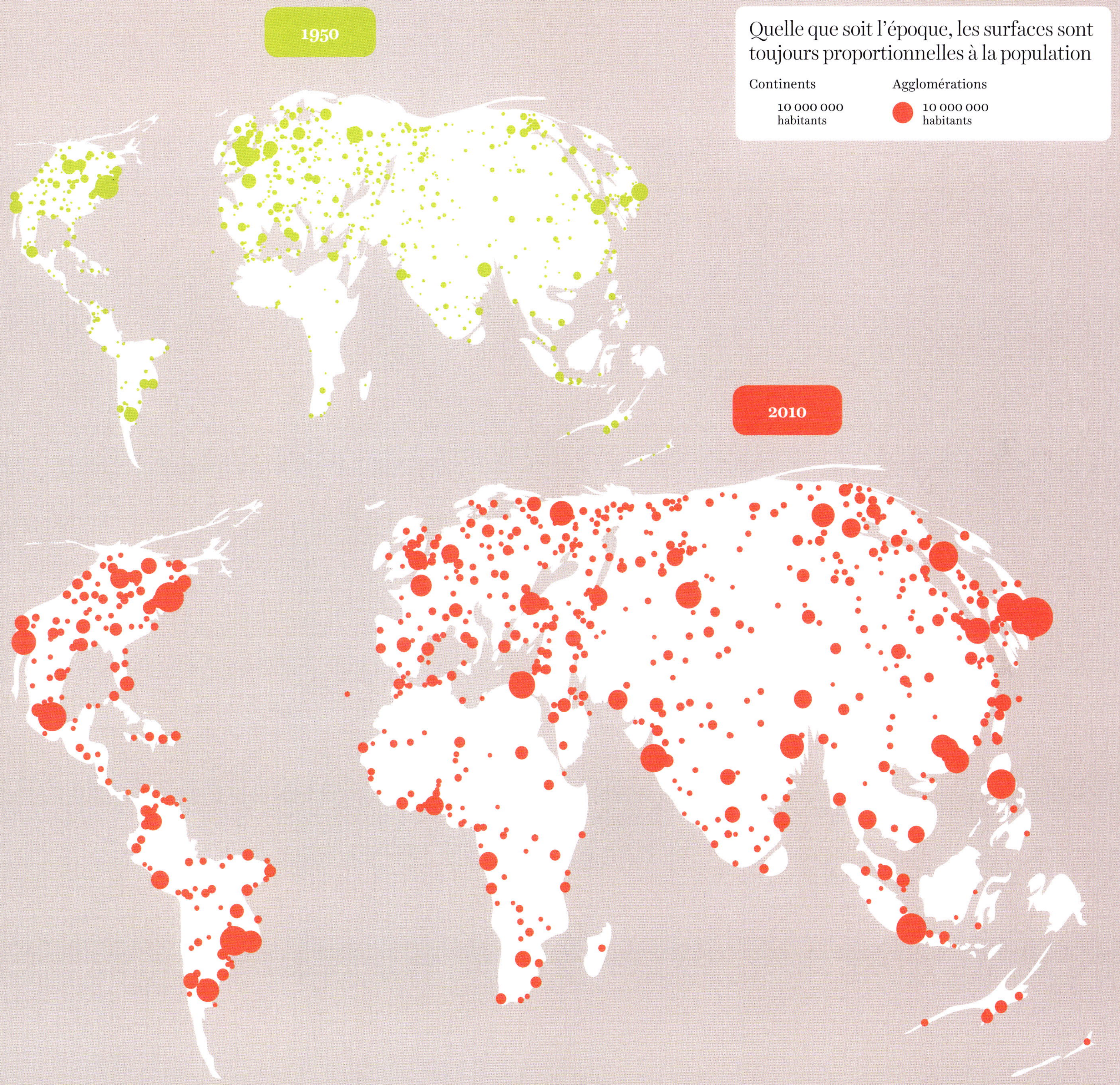
1950
Quelle que soit l'époque, les surfaces sont toujours proportionnelles à la population
Continents
10 000 000 habitants
Agglomérations
10 000 000 habitants
2010

Démographie mondiale : une chronocartographie

Quelle que soit l'époque, les surfaces sont toujours proportionnelles à la population

Continents
10 000 000 habitants

Agglomérations
10 000 000 habitants

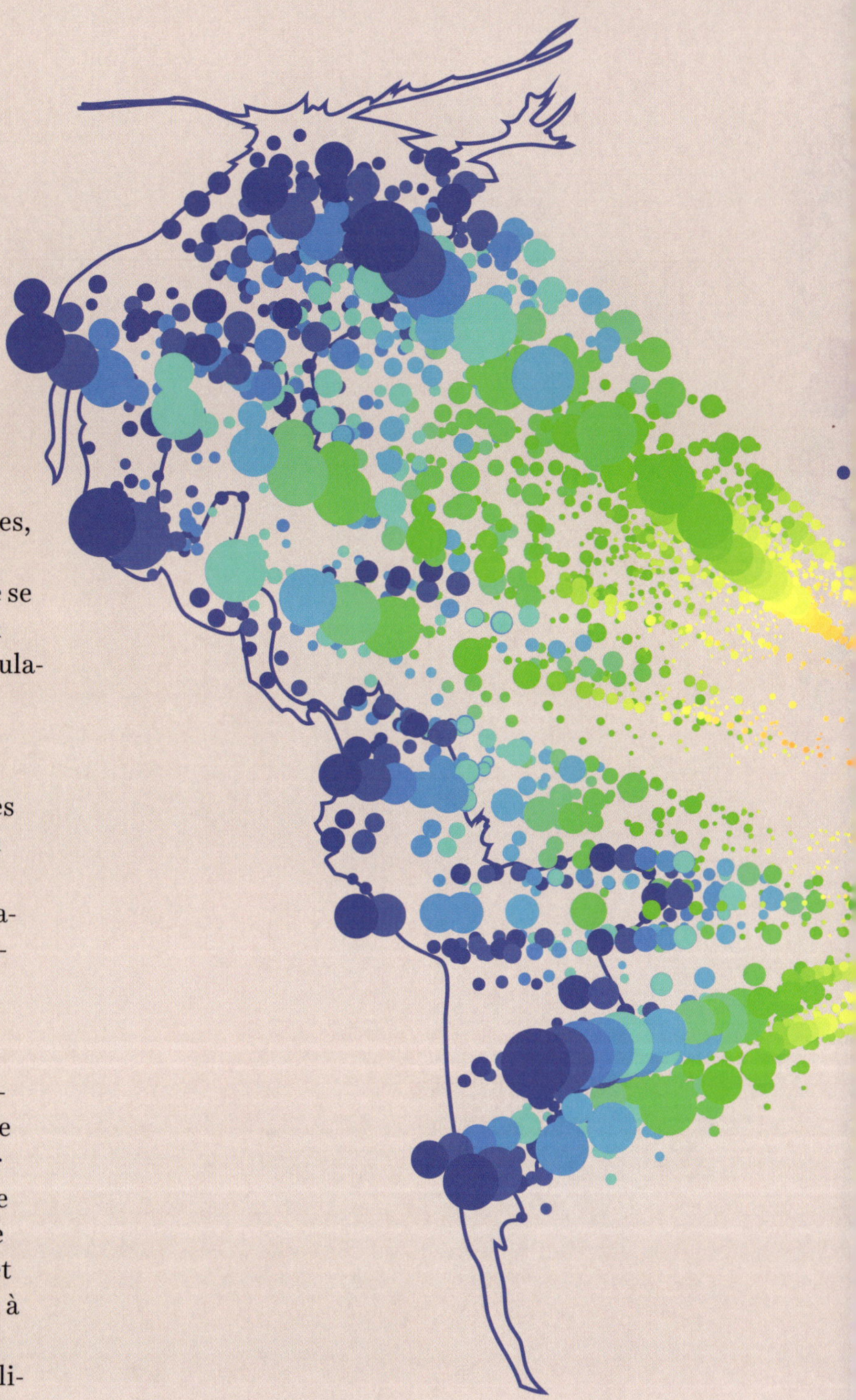

produites dans les villes. Enfin et surtout, ce sont les changements culturels multidimensionnels – scientifique, technique, esthétique, éthique, affectif –, favorisés par la force créative de l'urbanité, qui ont permis à la dynamique du développement (et à l'idée même de développement) de prendre son essor. En tout cas, depuis la Révolution industrielle jusqu'à aujourd'hui, on n'a observé aucun processus de développement qui ne passe pas par un processus massif et irréversible d'urbanisation. On peut donc faire l'hypothèse selon laquelle l'urbanisation est la modalité principale par laquelle les morceaux du monde et, désormais, le Monde pris comme un tout, se connectent et interagissent. Sans ses villes, le Monde ne serait qu'un tout petit espace.

Que nous disent ces cartes de l'avenir ? La fin de l'urbanisation absolue (le « déversement » des populations non urbaines dans les villes) se profile : comme on l'observe en Asie, les derniers gros « stocks » d'habitants du monde rural basculent dans l'urbanisation et, dans quelques décennies, il n'y aura tout simplement plus de réserve migratoire. Ce phénomène se trouve renforcé par la stabilisation démographique générale. Si la population mondiale cesse d'augmenter vers 2050, comme les projections démographiques le prédisent, la croissance in situ des aires urbaines sera elle aussi très affaiblie. Et rien n'augure aujourd'hui quelque tendance significative à la désurbanisation. C'est donc l'urbanisation relative, l'augmentation (ou la diminution) de l'intensité et de la qualité urbaines reposant sur une combinaison de densité et de diversité, qui deviendra le ressort unique de l'urbanisme. Le débat public sur l'urbanité désirable prendra encore plus de place : voudra-t-on une ville rassemblée ou un urbain dispersé et fragmenté ? Avec quelle exposition à l'altérité, quelle place pour l'espace public, quelle mobilité, quelles civilités – quel modèle d'urbanité ? Aux habitants de la planète d'en décider.

Jacques Lévy

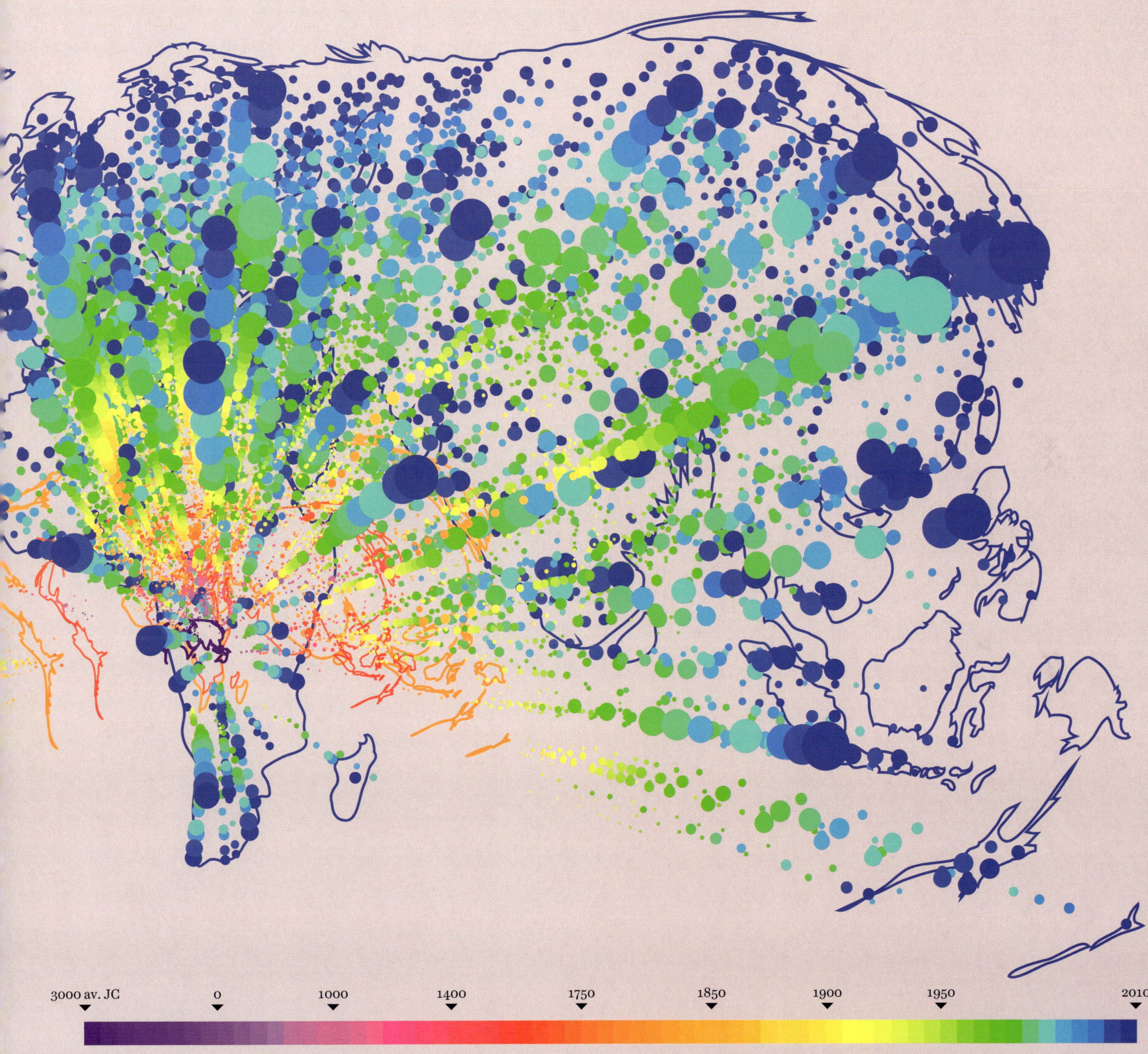
3000 av. JC
0
1000
1400
1750
1850
1900
1950
2010

Il faut imaginer Atlas heureux

Bien avant de ne pouvoir les survoler, les peintres ont figuré des villes vues du ciel. Bien avant de ne pouvoir le parcourir, les cartographes ont dessiné le monde. C'était au temps de la Renaissance, de ce que nous nous obstinons encore à appeler Renaissance, parce que ce mot porte avec lui l'entrain d'une croyance enfantine – celle de l'enfance de l'Europe, au temps où commençait le grand récit de l'occidentalisation du monde.

Ce récit n'a plus cours ; de là d'inévitables nostalgies. Nous savons bien aujourd'hui tout ce que ce grand récit passait sous silence, les voix qu'il faisait taire, les visages et les paysages qu'il laissait dans l'ombre. Nous nous méfions désormais de ce projet grandiose qu'on nommait « Histoire universelle », dans lequel le temps se déploie de manière inexorable et implacable mu par un principe unique et indiscuté. Et peu importe que ce principe se nomme Rome, Dieu ou Progrès. Nous nous en méfions, et à juste titre, car nous savons que l'universel n'est souvent rien d'autre que l'universalisation d'un point de vue particulier.

Or il en va du point de vue en histoire comme de la projection en cartographie : aucun n'est meilleur que l'autre, chacun est rigoureusement trompeur en ce sens qu'il permet de tout voir, sinon le point de vue lui-même. Le moyen de feinter avec sa tyrannie ? Il n'y en a qu'un, toujours le même : dépayser notre regard, désorienter les certitudes, décaler la perception. Critiquer l'eurocentrisme, c'est comprendre que l'Europe occidentale ne dispose d'aucun privilège de savoir sur le monde, pas même celui de l'ethnocentrisme : le nom le plus commun que se donnent toutes les sociétés particulières est celui des « hommes ». Toutes (ou presque) se pensent au centre du monde ; toutes, dès lors qu'elles ont développé une culture écrite, ont aspiré

à totaliser les chroniques du monde dans une seule et même histoire universelle.
Cette universalité de l'aspiration à l'histoire universelle, dans le temps et dans l'espace, est une vérité d'évidence qui doit être opposée à tous ceux qui défendent aujourd'hui une généalogie courte et étriquée de l'histoire globale. Elle n'est ni d'aujourd'hui ni d'ici. Voici pourquoi l'histoire n'est pas seulement convoquée, dans cet atlas, comme un aimable préalable à l'exposé plus grave des problèmes du monde contemporain. Elle ne précède rien et n'explique pas davantage – au sens où expliquer c'est déplier et mettre à plat, alors que l'histoire est plutôt ici un vent qui, parcourant l'atlas, froisse en tous sens les cartes qu'il assemble.
Nul ordre ici, pas de fil du récit qui viendrait agencer la chronique de cette communauté de destin et de danger qu'on appelle aujourd'hui le Monde : l'atlas ne vise à rien d'autre qu'à en exposer les désordres. Voici pourquoi il n'est pas seulement plaisant qu'il soit beau à regarder : en tant qu'il organise (mais de manière libre et enjouée) une forme visuelle du savoir, il a inévitablement à faire avec l'art contemporain. On aurait d'ailleurs tort de ne pas considérer avec suffisamment de sérieux le « tournant spatial » qui affecte le devenir de la création contemporaine, lorsque tant d'artistes utilisent aujourd'hui la ressource cartographique dans une pensée globale qui se veut, de manière indissociable, d'expression et d'engagement.
Plus désormais que l'histoire, la géographie met en récit la globalité du monde, et la carte est l'un de ses moyens narratifs. C'est qu'elle peut rendre visible tout à la fois le mouvement et l'inertie, l'anachronisme et la simultanéité. Tandis que l'historien hésite de plus en plus à produire un récit lisse et continu du passé et préférera souvent aux robustes certitudes d'une histoire globale lourdement globalisante les lignes de fuite et les embardées des histoires connectées, le cartographe est dos au mur. Il lui faut bien remplir les blancs de la carte, tous les blancs de la carte, et ainsi se risquer dans une pensée de la totalité. Cette énergie ne va pas sans l'idéologie optimiste qui l'accompagne : du rêve du village global à la représentation d'une ville mondiale, on valorise implicitement la circulation, le métissage, l'ouverture. Les gens heureux n'ont pas d'histoire ? La géographie vient à leur secours.
Il serait évidemment déloyal, pour l'historien qui feuillette un atlas géographique, de jouer les rabat-joie en rappelant tout ce que la carte ne montre pas. Le monde n'est pas fait d'histoire mondiale,

mais de tout un monde d'histoires. La plupart sont proprement irreprésentables, et on peut défendre l'idée que l'honneur des sciences sociales consiste précisément à leur faire bon accueil, faisant front à l'épaisseur du monde. Mille intrigues fragiles, ténues et fugaces font, en constellations, la beauté du monde. Ce sont elles qui permettent aujourd'hui de ne pas en désespérer tout à fait. Mais elles s'entendent trop faiblement pour être saisies dans les beaux aplats de couleur d'un atlas global.

On nomme aujourd'hui anthropocène ce nouvel âge du globe où nous sommes. Il est caractérisé par le fait que l'activité humaine est devenue la principale force géologique de transformation de la Terre, avec une intensité et une rapidité pour l'instant incontrôlables. Les conséquences épistémologiques de cette mutation majeure sont pour la plupart d'entre elles impensées : elles remettent en cause des catégories si essentielles (en particulier la distinction entre histoire naturelle et histoire humaine) qu'il faudra du temps à l'humanité pour les intégrer dans une culture commune. Pourtant, le temps viendra peut-être à manquer. Voici pourquoi l'atlas global, tout pimpant qu'il puisse paraître, est aussi lourd que ceux qui lestaient nos cartables d'écolier. Il est lourd de responsabilité, de gravité, de décisions collectives à prendre pour l'avenir. Une figure mythologique symbolise cette charge. Celle, précisément, de la punition d'Atlas. Ce titan était le frère de Prométhée, châtié par les dieux de l'Olympe pour leur avoir volé le feu qui a donné la vie aux statues d'argile devenues homme et femme. Atlas, quant à lui, est le porteur, celui qui supporte et qui endure. Il fut pour son orgueil condamné à tenir écartés l'un de l'autre la Terre et le Ciel, Gaïa et Ouranos. Voici le fardeau terrible qui pèse sur ses épaules – et voici ce que notre contemporanéité, celle de l'anthropocène, rend plus lourd encore. Car comment désormais séparer la Terre habitée de ses enveloppes atmosphériques ? Comme cet Atlas Mnemosyne qu'imaginait l'historien de l'art Aby Warburg, et qui exposait un montage de temps et d'images animé par l'anachronisme et le rapprochement inattendu, Atlas porte ici un savoir grave et joyeux – un « gai savoir inquiet » pour le dire avec Georges Didi-Huberman. Contrairement à Sisyphe, dont le rocher ne cesse de dévaler la montagne, Atlas est devenu lui-même la montagne. Il porte la voûte céleste sur son dos. Peut-être faut-il tout de même l'imaginer heureux.

Patrick Boucheron

Les auteurs

Gilles Fumey
est géographe, professeur à l'université Paris-Sorbonne et dirige le Pôle alimentation à l'ISCC (CNRS). Il a publié notamment *Géopolitique de l'alimentation* (Sciences humaines, 2008) et *Manger local, manger global* (CNRS, 2010). Il tient la chronique « L'Œil du géographe » dans le magazine *La Vie*.

Christian Grataloup
a successivement été professeur de collège, professeur de classes préparatoires et formateur d'enseignants, maître de conférences à l'université de Reims et, depuis seize ans, professeur à l'université Paris-Diderot. Ancien élève de l'ENS Cachan, agrégé et docteur en géographie, il est spécialiste de géohistoire. Principales publications : *Géohistoire de la mondialisation* (Armand Colin, 2011), *L'Invention des continents* (Larousse, 2009), *Faut-il penser autrement l'histoire du Monde ?* (Armand Colin, 2011).

Patrick Boucheron
est historien, professeur à l'université Paris 1 Panthéon-Sorbonne. Spécialiste d'histoire médiévale, il a publié, notamment, *Histoire du monde au XV*[e] *siècle* (Fayard, 2009), *L'entre-temps : conversation sur l'histoire* (Verdier, 2012), *Conjurer la peur : Sienne, 1338. Essai sur la force politique des images* (Seuil, 2013).

Benoît Antheaume
est directeur de recherche émérite à l'IRD (UMR 8586). Depuis la Nouvelle-Calédonie et la Nouvelle-Zélande, où il a été affecté plusieurs années, il a travaillé sur les îles et États du Pacifique.

Myriam Baron
est professeur des universités en géographie, université Paris Est Créteil, Lab'Urba (EA 3482). Ses travaux visent à construire une géographie de la science articulant différentes échelles. Elle participe actuellement à un inventaire mondial des lieux de productions scientifiques et de leurs coopérations.

Boris Beaude
est géographe, chercheur au laboratoire Chôros de l'École polytechnique fédérale de Lausanne. Il a enseigné à Sciences Po-Paris, et est spécialiste de la dimension spatiale d'Internet. Il a notamment publié *Internet, changer l'espace, changer la société* (FYP, 2012) et *Les fins d'Internet* (FYP, 2014).

Pierre Beckouche
est professeur à l'Université Paris 1 (Panthéon Sorbonne), dont il a dirigé l'UFR de géographie (2000-2005). Directeur du GIS « CIST » (2010-2014), il est également conseiller scientifique d'Ipemed.

Manouk Borzakian
est géographe et chargé de cours à l'EPFL (Lausanne). Ses recherches portent sur la dimension spatiale des pratiques culturelles, en particulier les jeux et le cinéma.

Julien Champigny
est géographe, enseignant en classes préparatoires à Saint-Ouen et Saint-Maur-des-Fossés. Ses travaux portent sur les espaces imaginaires, notamment ceux formulés par la bande dessinée.

Guy Chemla
est professeur des universités et directeur de l'UFR de géographie et aménagement de Paris-Sorbonne. Il est spécialiste des questions d'aménagement et des questions alimentaires.

Denis Eckert
est géographe, directeur de recherche au CNRS (UMR LISST, Toulouse). Il travaille sur les villes scientifiques dans le monde, leurs dynamiques et leurs relations. Il a dirigé plusieurs programmes sur ce thème (ANR Géoscience avec M. Grossetti, projet Netscience du Labex SMS).

François-Xavier Fauvelle-Aymar
est directeur de recherche au CNRS (laboratoire Traces, Toulouse) et spécialiste de l'histoire ancienne de l'Afrique.

Pascal François
est inspecteur d'Académie, inspecteur pédagogique régional de l'académie de Créteil, et maître de conférences à Sciences Po-Paris.

Claude Grasland
est professeur de géographie à l'université Paris-Diderot, directeur du GIS CIST et membre de l'UMR 8504 Géographie-cités. Ses recherches actuelles portent sur l'analyse de la mondialisation à travers l'étude des flux matériels (commerce) et immatériels (médias).

Brice Gruet
est maître de conférence en géographie. Il travaille sur les risques naturels, la ville, le patrimoine, et le sacré dans son rapport à la modernité.

Laurent Jégou
est maître de conférences en géomatique à l'université Toulouse 2, UMR LISST. Il travaille sur le codage géographique, le traitement et la géovisualisation des données de publication scientifique.

Hervé Le Bras
est historien et démographe, directeur d'études à l'EHESS, directeur de recherches à l'Ined, chaire « territoires et populations » du collège d'études mondiales.

Emmanuel Lézy
est géographe, maître de conférences à l'université Paris-Ouest-La Défense. Spécialiste des cultures amérindiennes, il a publié notamment *Guyane, Guyanes, une géographie sauvage de l'Orénoque à l'Amazone*, (Belin, 2008), prix Ptolémée, et « Autour du livre de Philippe Descola », *Études rurales*, n°187, 2007.

Julien Loiseau
est maître de conférences en histoire de l'Islam médiéval à l'université Montpellier 3. Il a publié dernièrement *Les Mamelouks, XIIIe-XVIe siècle. Une expérience du pouvoir dans l'Islam médiéval*.

Benjamin Lysaniuk
est chercheur au CNRS (UMR 8586 PRODIG). Ses travaux s'articulent principalement autour des notions de santé et d'environnement.

Fabrizio Macaglia
est maître de conférences en géographie à l'université François Rabelais de Tours et membre du laboratoire Citeres du CNRS. Ses travaux de recherche portent sur les dimensions informelles des politiques publiques territoriales, notamment dans le domaine de la gestion des déchets.

Olivier Milhaud
est maître de conférences en géographie à l'université Paris-Sorbonne. Spécialiste de la géographie de l'espace carcéral, il est également agrégé, normalien, président des Cafés géographiques.

Marta Severo
est maître de conférences à l'université de Lille 3 en sciences de la communication et de l'information. Elle travaille sur les thèmes de la communication du territoire. Depuis 2012, elle est responsable de l'axe de recherche « médias et territoire » du CIST.

Martine Tabeaud
est une géographe française, spécialiste de climatologie, professeur émérite à l'université Paris 1 Panthéon-Sorbonne et a dirigé le laboratoire Espace, nature et culture du CNRS. Elle occupe aussi les fonctions de déléguée scientifique pour la géographie à l'AERES.

Jean Louis Tissier
est professeur de géographie (émérite) à l'université Paris 1, et membre du CNRS (UMR 8504 Géographie-cités). Ses recherches portent sur l'histoire de la géographie, les rapports entre géographie et littérature.

Sylvain Venayre
est professeur d'histoire contemporaine à l'université de Grenoble. Il a notamment publié *Panorama du voyage* (Les Belles Lettres, 2012).

Alexandre Nicolas
est cartographe et géomaticien, il a participé à de nombreuses publications de géographie et de géopolitique, dont dernièrement *Atlas des montagnes*, *Atlas des mafias* et *Les Vignobles mythiques*. www.le-cartographe.net

Delphine Papin
et Flavie Holzinger
sont journalistes-cartographes au journal *Le Monde*.

Sources

La planète de l'Homo sapiens
Le dictionnaire de la préhistoire, dirigé par André Leroi-Gourhan, PUF, 1988 ; Pascal Picq, *Les Origines de l'homme,* Tallandier, 1999

Passages et obstacles à la mobilité des hommes
Anne-Marie Sémah et Josette Renault-Miskovsky, *L'Évolution de la végétation depuis deux millions d'années,* Errance, 2004

Ils ont peuplé l'océan Pacifique
Benoît Antheaume et Joël Bonnemaison, *Atlas des îles et États du Pacifique Sud,* Reclus-Publisud, 1988 ; Christian Grataloup, *Géohistoire de la mondialisation*

L'Afrique en son âge d'or médiéval
François-Xavier Fauvelle Aymar, *Le Rhinocéros d'or. Histoires du Moyen Âge africain,* Alma, 2013

La Babel linguistique du XVe siècle
Bernard Comrie, Stephen Matthews et Maria Polinsky, *Atlas des langues,* Acropole, 2004

Le Premier Monde
Philippe Beaujard, *Les Mondes de l'océan Indien,* Armand Colin, 2012 (deux tomes)

Pourquoi l'Europe ?
Christian Grataloup, *Géohistoire de la mondialisation. Le temps long du Monde,* Armand Colin, 2010

Dans la nasse de l'esclavage
François-Xavier Fauvelle-Aymar ; Olivier Pétré-Grenouilleau, *Les Traites négrières. Essai d'histoire globale,* Gallimard, 2004

L'Europe, un grand prédateur
Jean Meyer, *L'Europe et la conquête du monde,* Armand Colin, 1996

L'Europe est très contagieuse !
Frédérique Audoin-Rouzeau, *Les Chemins de la peste : le rat, la puce et l'homme,* Tallandier, 2007

Le Sud, garde-manger des riches
International Coffee Organization ; Starbucks Coffee ; FAO, 2012

Un « tout petit » monde scientifique
WoS, SCI, 2000-2008 ; base UMR LISST

La beauté et ses canons régionaux
Société internationale de chirurgie esthétique et plastique (ISAPS), 2011. Miss World organisation (pour le classement des Miss Monde)

Le football français, kaléidoscope identitaire
lfp.fr ; compilation de Véronique Malecot, à partir des données de la FIFA

Le sport, affaire de riches ?
The New York Times ; Olympic.org

L'Europe et le changement climatique
Office statistique ONU ; Eurostat pour les pays européens et IEA ; statistiques-mondiales.com ; compilation satellitale MACCII ; PNUD

Énergie, des choix risqués
Global Seismic Hazard Assessment Program ; World Nuclear Association

Une nouvelle colonisation par les terres agricoles
Land Matrix ; National Academy of Sciences of the United States.

Derrière les barreaux
International Centre for Prison Studies, prisonstudies.org, 2010

Quand les virus prennent l'avion
OMS ; GaWC

L'obésité, une pandémie de civilisation ?
The Lancet, *The Future Challenge of Obesity,* 2011 ; Organisation mondiale de la santé (OMS), 2013

Les pays poubelles
Secretariat of Basel Convention, Vital Waste Graphics 3, 2012, OCDE Indicators, Environment at Glance 2013. Industrial and Hazardous Waste. ShipBreaking Platform, Annual Report 2012 ; Secretariat of Basel Convention of Transboundary Movements of Hazardous Wastes and Their Disposal, Vital Waste Graphics (2004, 2006, 2012)

Le monde refabrique-t-il des différences ?
Christian Grataloup, *Géohistoire de la mondialisation. Le temps long du Monde,* Armand Colin, 2010

Officiellement, le monde parle « européen »
Bernard Comrie, Stephen Matthews, Maria Polinsky, *Atlas des langues,* Acropole, 2004

Jeunes et personnes âgées, sur les bras des actifs
ONU, 2013

Les mondes d'Internet
Internet World Stats et Google Transparency Report, 2013 ; Boris Beaude et Ogier Maitre, Chôros, EPFL

Qu'est-ce qu'un événement mondial ?
Dow Jones - Factiva (2011/2013) ; Géomédia, flux RSS internationaux des journaux du 3 juin au 14 juillet 2013 (pour l'affaire Snowden)

Replacer le monde dans sa longue durée
Philippe Descola, *Par-delà nature et culture,* Gallimard, 2005
Emmanuel Todd, *La Troisième Planète,* Seuil, 1983 ; Emmanuel Todd, *L'Origine des systèmes familiaux T1,* Gallimard, 2011

Le Monde se fabrique par ses villes

Cet ouvrage a été fabriqué par Koryo
en Union européenne en octobre 2014.
DÉPOT LÉGAL novembre 2014
ISBN 978-2-35204-366-9